MEERESFRÜCHTE
FRUITS DE MER

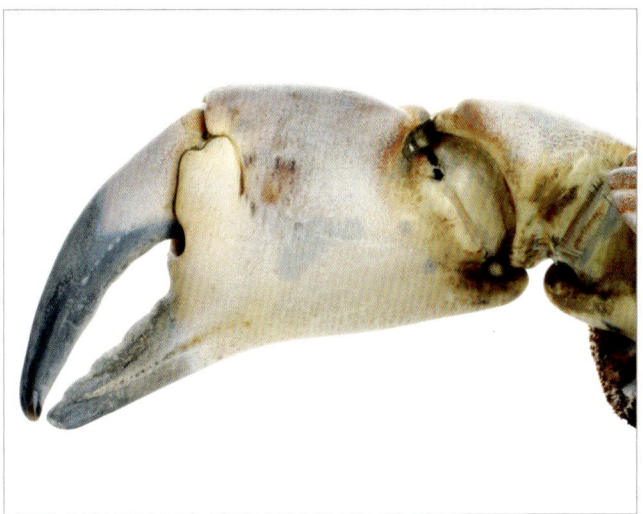

Die erste Ausgabe des Werks „Die See" befasste sich mit dem Culinarium der Meeresfische. Außer diesen Wirbeltieren hat das Meer aber noch eine ganze Reihe anderer Köstlichkeiten zu bieten. Die Meeresfrüchte, das ist ein Sammelbegriff für alle anderen essbaren Lebewesen im Wasser. Auf eine ordentliche „Plat aux fruit de mer" gehören dann auch Austern, Muscheln, Strandschnecken, Wellhornschnecken, Kaisergranat, Garnelen und Taschenkrebse. Dazu ein Dip, Weißbrot und ein Glas Rosé-Champagner. Was braucht man mehr? All diesen wunderbaren Dingen ist dieses Buch gewidmet. Wir wünschen Ihnen viel Spaß beim Lesen.

Edition Port Culinaire

WIE ALLES BEGANN

Kopffüßer im Schneckenhaus

Die Ammoniten entwickelten sich vor 400 Millionen Jahren und waren lange eine erfolgreiche Spezies. In der Kreidezeit verschwanden diese Weichtiere plötzlich. Ähnlichkeit haben sie mit dem Nautilus. Dieser Kopffüßer hat bis heute überlebt.

Vor rund 540 Millionen Jahren machte die Natur eine großartige Erfindung.
Sie versah die weichen kleinen Lebewesen, die das Wasser bevölkerten, mit stützenden Skeletten. Von nun an waren der Größe und Formenvielfalt der Fauna kaum noch Grenzen gesetzt. Innerhalb kürzester Zeit – erdgeschichtlich gesehen, denn es waren rund 50 Millionen Jahre – explodierte das Leben. Abgeleitet vom Erdzeitalter Kambrium nennt man diese Phase daher die kambrische Explosion oder auch kambrische Radiation. Die Natur experimentierte mit innenliegenden Stützen, den Knochen, und „bastelte" erste Fische, später Echsen, Saurier und Säugetiere. Der Stamm der Wirbeltiere war entstanden.
Zeitgleich entwickelte sich eine andere Linie, die Wirbellosen. Hier kam ein anderes Prinzip zum Einsatz. Die stützenden Hartteile wurden außen angebracht. Außenexoskelette waren erfunden. Einige Vertreter dieser Linie fingen an, ihre statische Konstruktion aus Chitin zu bilden, einer Masse, die von der äußeren Hautschicht abgesondert wird. Bei einigen Arten erreichte diese Schicht enorme Stärke und Härte, und wurde so zum genialen Schutz vor Feinden. Der Nachteil – ein starrer Panzer macht unbeweglich. Dies wurde durch die Ausbildung von einzelnen Segmenten, ähnlich ein wie bei einer Ritterrüstung ausgeglichen. Daher leitet sich auch der Name dieser Stammgruppe ab, die Gliedertiere. Diese Gruppe wird unterteilt in die Taxa, eine systematische Gruppe von Lebewesen, Ringelwürmer und Gliederfüßer. Sie stellen mit gut 75% aller Tierarten die erfolgreichste biologische Gruppe dar.
Für dieses Buch ist nur ein Teil der Gliederfüßer interessant, denn zu diesem Stamm gehören Insekten, Spinnen und Skorpione. Aber eben auch alle Krebse, denen wir natürlich einen großen Teil dieser Ausgabe widmen.
Ein ähnliches Entwicklungskonzept weist eine andere Gruppe der Wirbellosen auf, die Weichtiere. Sie bauen Schalen aus Kalziumkarbonat und Proteinen auf, die sie schützen. Einige Arten wie die Sepien, bilden ein Innenskelett aus Kalk, den sogenannten Schulp. Er hat sich entwicklungsgeschichtlich aus den Kammerschalen der Ur-Kopffüßer, den Ammoniten, gebildet. Vorteil dieser Schalen ist, dass sie kontinuierlich mit dem Tier wachsen. Die Panzer der Gliederfüßer hingegen sind starr und müssen komplett abgestreift werden, wenn das Tier wächst.
Heute leben an die 50.000 Weichtierarten auf der Erde: Muscheln, Schnecken und Kopffüßer. Viele dieser Tiere gehören heute zu den teuersten kulinarischen Spezialitäten, aber auch unsere Vorfahren die Urmenschen haben solche Tiere schon gesammelt und verzehrt.

Armfüßer – Weichtiere im Muschellook

Die Armfüßer, zu denen auch dieser Mucrospirifer gehört, waren einst eine artenreiche Gruppe.

Heute sind nur noch wenige Arten erhalten geblieben. Am hinteren Ende der von zwei Kalkschalen

geschützten Tiere befand sich ein fleischiger Stiel, mit dem die Tiere am Meeresboden ankerten.

Abb. 3

Abb. 2

Abb. 1

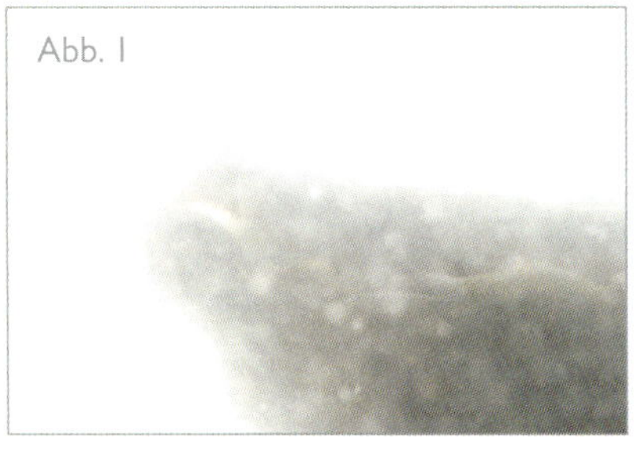

Meeresfrüchte und Algen gehören zu den feinsten Köstlichkeiten, aber auch für das Ökosystem Meer sind sie von größter Bedeutung. Die Aufgaben, die an Land Insekten und Pilze haben, übernehmen im Wasser Muscheln und Krebse. Die Population der Muscheln ist so nicht nur eine Nahrungsressource sondern eine riesige Bio-Filteranlage. Denn diese Weichtiere verzehren Schwebstoffe, Plankton und Algen, die sonst durch ungehinderte Vermehrung zu einem Umweltproblem würden. Der Studioversuch mit einer irischen Felsenauster zeigt die gewaltige Filterleistung. Meerwasser wurde mit einem Nahrungsbrei getrübt (Abb. 1), in wenigen Minuten hat die Auster das Wasser des 5 Liter Beckens filtriert, die Nahrung aufgenommen und das Wasser geklärt (Abb. 2 und 3). In der Natur filtriert eine Auster, abhängig von Größe und Wassertemperatur, 20 bis 25 Liter Meerwasser pro Stunde, die wesentlich kleinere Miesmuschel schafft gut 2 Liter. Rechnet man diese Leistung hoch, so werden muschelreiche Meere wie die Nordsee gut einmal pro Tag komplett durchgefiltert. Als Gesundheitspolizei fungieren auch die Krebse. Die Größeren verzehren vermodernde Pflanzen und tote Tiere, auch Artgenossen. Die Kleinen sind Bestandteil des Zooplanktons und fressen pflanzliches Plankton. Sie selbst sind gleichzeitig direkt oder indirekt die wichtigste Nahrungsgrundlage für große Tiere, wie Fische, Kopffüßer, sogar Wale. Letztlich sind auch wir Menschen auf sie angewiesen.

IMPRESSUM

Fotografie, Creative Direction:
Thomas Ruhl

Text: Thomas Ruhl, Martina Raguse,
Sybille Kärcher

Art Direction: Petra Gril

Projektleitung: Carola Gerfer-Ruhl

Produktion:
Edition Port Culinaire
c/o Ruhl Studios
Werderstraße 21
D-50672 Köln
info@port-culinaire.de
www.port-culinaire.de, www.ruhl-studios.de

Erschienen im:
© 2008 Neuer Umschau Buchverlag GmbH
Theodor-Körner-Str. 7
D-67433 Neustadt a. d. Weinstraße
www.umschau-buchverlag.de
ISBN 978-3-86528-281-1

Druck und Bindung:
NINO Druck GmbH
Neustadt/Lachen-Speyerdorf

Wir danken dem Unternehmen Deutsche See für die Unterstützung bei der Recherche, der Hilfe beim Lektorat und der Beschaffung der Produkte für dieses Buch. Ohne Deutsche See wäre dieses Buch so nicht machbar gewesen.

Dieses Werk einschließlich aller seiner Teile ist urheberrechtlich geschützt. Jede Verwertung außerhalb der Eigennutzung ist ohne Zustimmung des Verlages sowie des Autors Thomas Ruhl nicht erlaubt. Das gilt insbesondere für die Vervielfältigung, Übersetzung, Mikroverfilmung oder die Einspeisung ins Internet oder die Erstellung von elektronischen Medien wie CD ROM und Video. Alle in diesem Buch enthaltenen Angaben, Rezepte etc. wurden vom Autor nach bestem Wissen erstellt und von ihm und dem Verlag mit größtmöglicher Sorgfalt überprüft. Gleichwohl sind – wie wir im Sinne des Produkthaftungsrechts betonen müssen – inhaltliche Fehler nicht vollständig auszuschließen. Daher erfolgen die Angaben etc. ohne jegliche Verpflichtung oder Garantie des Verlages oder des Autors. Beide Seiten übernehmen deshalb keinerlei Verantwortung und Haftung für etwaige inhaltliche Unstimmigkeiten.

INHALT

001	Meeresfrüchte – Fruits de mer
002	Wie alles begann
004	Kleine Tiere, große Bedeutung
Warenkunde, Lexikon & Geschichten	
008	**Die Krebs- oder Krustentiere**
014	Hummer
016	Europäischer Hummer
018	Amerikanischer Hummer
020	Die Reise der Hummer
026	Von Erouy nach Germany oder Hummer auf großer Fahrt
032	Fluss- oder Edelkrebs
034	Galizischer Flusskrebs
036	Signalkrebs
038	Yabbie
040	Marron
042	Kaisergranat
044	Auf der Jagd nach dem Langoustino
052	Bärenkrebs
054	Langusten
056	Karibik-Languste
057	Rosa oder Mauretanische Languste
058	Gewöhnliche oder Europäische Languste
060	Südafrikanische Languste
062	Echte Krabben
064	Taschenkrebs
066	Seespinnen
068	Königs- oder Kamtschatkakrabbe
070	Samtkrabbe oder Wollige Schwimmkrabbe
072	Blaue Schwimmkrabbe
074	Winkerkrabbe
076	Crab Island – Ein Krabbenparadies in Südostasien
084	Schlamm- oder Mangrovenkrabbe
086	Flower Crab
088	Einsiedlerkrebs
090	Heuschreckenkrebs
092	Garnelen
093	Sägegarnele
094	Western White Shrimp
095	Black Tiger Prawn
096	Eismeergarnele, Tiefseegarnele
097	Nordseegarnele
098	Hommage an die „Nordsee Krabbe"
104	Rosenberg-Süßwassergarnele
106	Die Rote Riesengarnele / Carabiniera
107	Kalibrierung
108	Entenmuschel
110	Handling-Tipps für Krustentiere
112	**Kopffüßer**
114	Oktopus
116	Tintenfisch, Kalmar
118	Getrockneter Tintenfisch / Kalmar
120	**Muscheln**
122	Muschelzucht, Wildfänge und Handel
124	Gärten voller blauer Muscheln
126	Miesmuschel
128	Grünschalenmuschel
130	Kammmuscheln
132	Große Pilgermuschel
133	Jakobs- oder Pilgermuschel
134	Kleine Pilgermuschel
135	Chlamys multistriata
136	Herzmuschel
137	Große / Stachelige Herzmuschel, Dickrippige oder Knotige Herzmuschel, Erdbeerherzmuschel
138	Gewöhnliche / Essbare Herzmuschel
140	Venusmuscheln, Gegitterte Venusmuschel
141	Nordische Venusmuschel, Braune / Glatte Venusmuschel, Weiße Venusmuschel
142	Indopazifische Venusmuschel, gemeine Venusmuschel, Schrift-Vernusmuschel
143	Rauhe Venusmuschel
144	Teppichmuscheln
145	Japanische Teppichmuschel
146	Die Muschelsammler
148	Scheidenmuscheln, Messerscheide
149	Kurze Scheidenmuschel, Kleine japanische Scheidenmuschel / Bambusmuschel
150	Samtmuscheln
151	Meermandel, Violette Samtmuschel, Sattelmuschel
152	Trogmuscheln
153	Weiße Trogmuschel, Bunte Trogmuschel
154	Archemuscheln, Arche Noah, Genarbte Arche, Felsen-Klaffmuschel, Geoduck
155	Lyonsia Muscheln, Hufmuscheln, Lazarus Schmuckkästchen, Mondmuschel, Dicke Mondmuschel
156	Koffermuscheln, Sägezahnmuschel
157	Gebänderte Dreiecksmuschel / Sägezähnchen, Tellmuscheln, Strahlige Tellmuschel, Afrikanische Tellmuschel
158	Austern
159	Wilde Austern
160	Pazifische Felsenauster
161	Portugiesische Auster
162	Europäische Rundauster
163	Zackenauster, Chinesische Auster
164	Sylter Royal
166	Die Reisen der Austern
172	Handling Tipps für Muscheln

174	**Meeresschnecken**	
176	Wellhornschnecken	
177	Strandschnecken, Knotige Birnenschnecke, Gemeine Uferschnecke	
178	Meerohren / Abalone	
179	Europäische Abalone	
180	Abalonezucht auf Sylt	
182	Tritonshörner, Knotiges Tritonshorn, Gemeines Tritonshorn	
183	Purpur- / Stachelschnecken, Herkuleskeule	
184	Stachelschnecke / Riesen Murex, Stachelschnecke / Schuppenapfel	
185	Treppenschnecke, gekielte Felsschnecke	
186	Pantoffelschnecke	
187	Westindische Spitzschnecke	
188	Flügel- / Spinnen- / Fingerschnecken, Riesenflügelschnecke	
189	Rote Fechterschnecke, Hundsflügelschnecke, Flügelschnecke „Kleiner Bär"	
190	Napfschnecken	
192	Veränderliche Flügelschnecke, Flügelschnecke, Täubchenschnecke, Echte Tulpenschnecke, Gemeines Täubchen	
193	Pferdeschnecke / Trapez-Bandscheke, Nabelschnecken, Hornschnecken, Schlüssellochschnecken	
194	Kegelschnecken	
195	Ringkegelschnecke, Generalkegelschnecke, Schmetterlingskegel, Turbanschnecken	
196	Sonnenuhrschnecke, Perspektivschnecke, Tonnenschnecke, Riesen-Fass-Schnecke	
197	Gepunktete Tonne, Nixenschnecke, Blutender Zahn, Helmschnecke	
198	Porzellanschnecke, Kaurischnecke, Tigerschnecke, Buckelschnecke	
199	Babylonischer Turm	
200	Olivenschnecken, Zelt-Olivenschnecken, Randschnecken, Feigenschnecke, Bänderfeigenschnecke	
201	Eischnecke, Flamingozunge, Walzenschnecken	
202	Kreiselschnecken, Mitraschnecken, Gemeine Bischofsmütze	
203	Pyramidenschnecken, Beilpyramide, Schraubenschnecken, Bohrer-Schraubenschnecke, Gewickelte Schraubenschnecke	
204	Stachelhäuter	
205	Seeigel	
206	Seegurken	
208	Quallen und Medusen	
210	Seesterne	
211	Seenadeln	
212	**Makro- und Großalgen**	
214	Multitalent Alge, „Functional Food" Algen als Nahrungsmittel, Natriumglutamat, Agar und Carrageen	
216	Algenarten und Algenfarming
218	Die Sylter Algenfarm
220	Braunalge
222	Rote Fadenalge
223	Knorpeltang
224	Rotalge
226	Meersalat
227	Grünalgen
228	Plankton, Dinoflagellaten
230	Blaualge
232	Passe Pierre „Alge"
234	Sushi
238	Sushi zubereiten
	Highlights aus den Küchen dieser Welt
240	Portraits der Köche
	Rezepte Kevin Fehling
244	Rosette vom europäischen Hummer mit Bulgur, Wasabi-Erbsencreme und Kokosmilchwolke
246	Geröstetes und Carpaccio vom Langoustino mit Avocadostampf und Waldmeistercreme
248	Süppchen und Tartar vom Taschenkrebs mit gebratener Melone, Wildkräutern und Safran-Aioli
250	Seespinnenbeine auf Spargel mit Avruga-Kaviar und Seeigel-Bisque
	Rezepte Nils Henkel
252	Bärenkrebs mit Tobiko-Vinaigrette und Salat von grüner Papaya
254	Variation von der Königskrabbe mit ein gelegtem Rettich
256	Sautierter Bretonischer Hummer mit Peperoni-Vinaigrette und Erbsenconfit
258	Yabbie-Krebse mit Blumenkohlconfit, Anis-Krebsnage und Petersilienöl
260	Confierte Marronenkrebse mit mediterranem Gemüse
	Rezepte Dieter Müller
262	Überbackene Riesengarnele mit Krustentierschaum, Auberginen-Tomatenconfit und Artischockenspalten
264	Halbe gebratene Languste mit Limetten-Orangensauce auf weißem und rotem Chicoree
266	Gebackene Jakobsmuschel mit Melonenspiegel auf Gewürzzwiebel-Brioche und gebratenen Rogen im Speckmantel
268	Carabinieras mit roter Currysauce, Taboulé und Minzöl
	Rezepte Olaf Niemeier
270	Sautierte Jakobsmuscheln an einem Salat von gebratenen Kartoffeln mit japanischem Dressing
272	Riesengarnelen aus dem Wok mit Erbsensprossen und Tomaten, serviert in einer Laksa-Sauce
274	Asiatische Fischküchlein auf einem Beluga Linsensalat und einer süßsauren Gurken-Vinaigrette
	Rezepte Jens Rittmeyer
276	Cassoulet vom Felsen-Oktopus mit Zitronen-Mandelpolenta und Favas, Seeigel-Veloute
278	Geangelter Gabel-Dorsch im Paella-Sud
280	Gegrilltes Hummermedaillon mit Entenzungen-Spieß und Lauchpüree
282	Gegrillter Carabiniera mit Knoblauch-Kräuterbutter und zerdrückten Kartoffeln
284	Gratinierter Bauch vom Schwarzen Schwein mit Tintenfisch, jungen Erbsen und getrockneten Tomaten
286	Marinierte Meeresspinne mit Cannelloni und Tomatenvinaigrette
288	Gefülltes Rotbarbenfilet mit Zitronen-Kartoffelpüree, Entenmuscheln und gefüllter Poverade
290	Salat von gegrillter Atlantik-Languste mit Mango und Frühlingslauch, Zitronengrassauce
	Götz Rothacker
292	Büsumer-Krabbengelee mit zweierlei Gänsestopfleber und eingelegtem Verveine-Pfirsich
294	Gegrillter Tunfisch mit Herzmuscheln, Vanillevinaigrette, Grünem Apfelgelee
296	Königskrabbe mit Bouchotmuscheln, Erdnusscreme und Zimtblüten-Macisschaum
298	Taschenkrebs mit Cavaillon-Melone, Avocado und in Grünem Tee gegartem Octopus
	Rezepte Bernd Stollenwerk
300	Langostinocarpaccio mit Wildkräutersalat, Lavendelmayonnaise und Limonengelee
302	Scampi unter der Parmesankruste mit gebratenen Steinpilzen und Mandelknoblaucheis
304	Flusskrebse und Kalbskopftortellini mit wildem Spargel, Estragon-Gemüsesud
306	Hummer und Königsberger Klops in Tomaten-Kapernnage
308	Jakobsmuscheln auf Aprikosen-Fenchelmarmelade mit gebratenen Pfifferlingen
	Rezepte Joachim Wissler
310	Langoustine mit Thunfischschinken und gegrillter Wassermelone
312	**Index**

Die Krebstiere gehören zur Klasse der Gliederfüßer (Arthropoda) und bilden darin den Unterstamm Crustacea, in dem sie mit ca. 26.000 bekannten Arten eine sehr große Gruppe darstellen. Krebstiere besiedeln überwiegend aquatische Lebensräume, wobei der größte Teil der Arten in Salzwasser lebt. Zu den Krebstieren zählen unter anderem Krabben, Hummer aber auch winzige Fkohkrebse und Landtiere wie die Asseln.

DIE KREBS-
ODER
KRUSTENTIERE

Besondere Kennzeichen der Krebstiere sind zwei Paar Antennen und die sogenannten Spaltfüße, die sonst kein Lebewesen der Welt mehr aufweist. Im Kopfabschnitt sind die Spaltfüße zu Mundwerkzeugen umgewandelt. Krebstiere erfüllen in ihren aquatischen Lebensräumen eine ähnliche Funktion wie die Insekten an Land: Sie haben sich an eine Vielzahl von Lebensräumen angepasst, sind von großer ökologischer Bedeutung und spielen eine wichtige Rolle in der Nahrungskette. Vor allem die kleinen Krebstiere vermehren sich in großen Massen und stellen dann eine wichtige Nahrungsgrundlage für Fische und Wale dar. So dient der Krill aus der Ordnung der Leuchtkrebse (Euphausiscea) durch sein massenhaftes Auftreten den Plankton fressenden Walen als Nahrung. Andere, größere Formen, wie z. B. die Krabben, sind häufig Allesfresser, Aasfresser oder Räuber. Krebstiere werden ihrerseits wiederum von anderen Lebewesen verzehrt und sind vor allem auch für uns Menschen als Speisekrebse von großer Bedeutung. Das Fleisch der Krebstiere ist besonders schmackhaft, proteinreich und fettarm.

Lebensraum: Wie bereits erwähnt, finden sich Krebstiere in allen Gewässern dieser Welt, ob salzig oder süß, warm oder kalt. Einige Arten leben sogar an Land.

Beschreibung: Wie alle Anthropoden besitzen die Krebstiere ein Außenskelett (Exoskelett). Der Grundaufbau des Körpers ist in drei Abschnitte gegliedert: den Kopf (Cephalon), die Brust (Thorax) und den Hinterleib (Abdomen). Kopf und Thorax sind meist zu dem so genannten Cephalothorax zusammengewachsen, an den sich der Hinterleib anschließt. Diesen ungegliederten Rückenpanzer nennt man Carapax. An jedem der drei Segmente befinden sich Beine, die sich wiederum aus zwei Elementen zusammensetzen. Dieser Grundbauplan ist natürlich je nach Lebensweise und Lebensraum der Tiere mehr oder weniger stark abgewandelt. Im Laufe der Evolution haben die Körpersegmente und Gliedmaßen durch die Anpassung an verschiedene Lebensweisen eine zunehmende Spezialisierung erfahren. So können sie beispielsweise Funktionen bei der Atmung, dem Schwimmen, der Fortbewegung oder bei der Nahrungsbeschaffung übernehmen, zu Fortpflanzungsorganen umgebaut oder sogar völlig reduziert sein.

Der Chitinpanzer, über den alle Krebstiere verfügen, wächst nicht mit, weshalb die Tiere sich immer wieder häuten müssen. Dabei wird der gesamte Panzer inklusive der Haut der Extremitäten, der Augen und der Kiemen abgeworfen. Danach blähen die Krebse ihren Körper durch Wasseraufnahme auf, so dass der neue Panzer größer angelegt wird. Krebstiere gehören zur Klasse der Crustacea, die sich wiederum in zahlreiche Unterklassen aufteilt. Die kulinarisch bedeutungsvollste und damit für uns interessanteste Unterklasse sind die Höheren Krebse der Ordnung Decapoda (Zehnfußkrebse). Zu ihnen gehören der Hummer (Homarus), die Europäische Languste (Palinurus vulgaris), der europäische Flusskrebs (Astacus astacus), aber auch der Einsiedlerkrebs und die Nordseekrabbe, die eigentlich eine Garnele ist. Die Seespinnen gehören zur Familie der Majidae.

DIE KREBS- ODER KRUSTENTIERE

= 1 cm

Wie groß sind die Tiere im Lexikon?
Aufgrund der enormen Größenunterschiede ist es nicht möglich, die Tiere in ihren natürlichen Größenverhältnissen zueinander darzustellen. Ein Gespür für die tatsächliche Größe liefert der Pfeil. Er entspricht immer der Maßeinheit von 1 cm. Ist ein Tier vergrößert oder verkleinert dargestellt, wächst der Pfeil entsprechend zur Abbildung mit. So lassen sich bei den abgebildeten Lebewesen die reale Größe und die Größenverhältnisse erahnen.

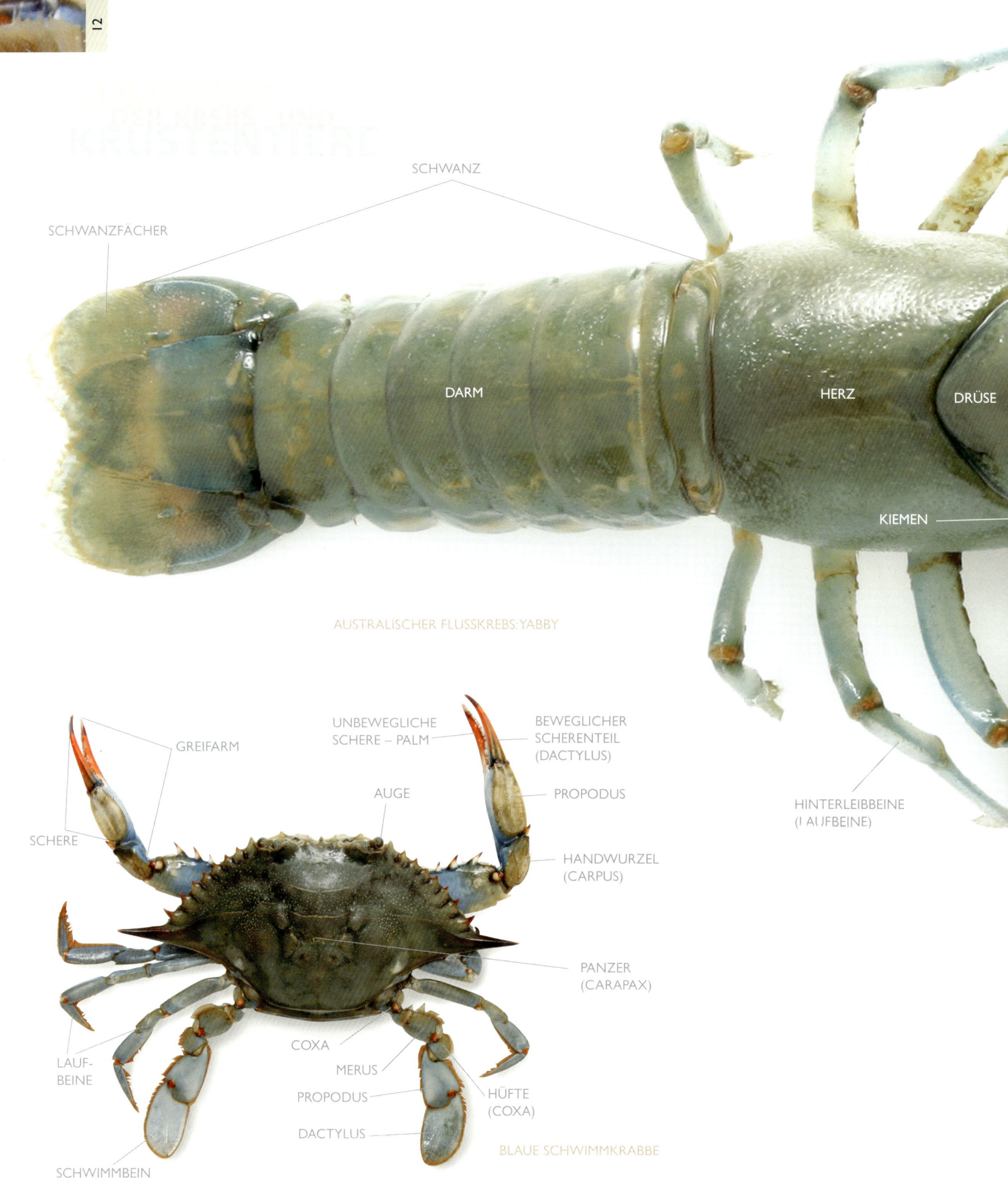

SCHERE

FÜHLER
(ANTENNULA)

FÜHLER
(ANTENNE)

MAGEN   GEHIRN

MUND

AUGE

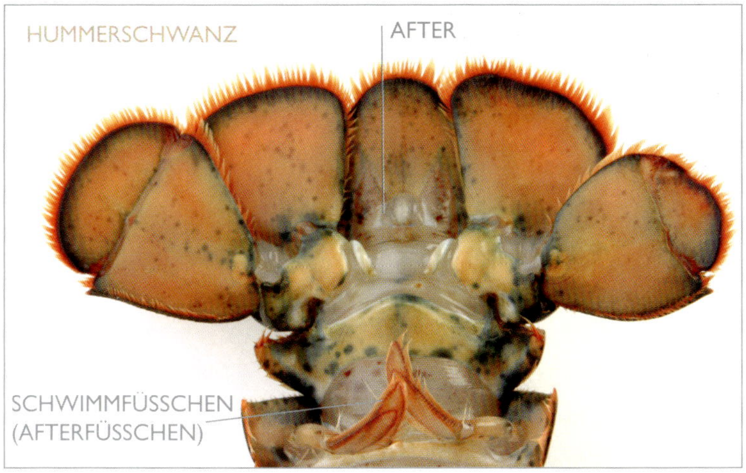

HUMMERSCHWANZ   AFTER

SCHWIMMFÜSSCHEN
(AFTERFÜSSCHEN)

Hummer können sehr alt und in voll ausgewachsenem Zustand bis zu 70 cm lang und 15 kg schwer werden. Die meisten Tiere sind jedoch kleiner als 30 cm und wiegen dann ca. 1 kg. Ihre Farbe ist abhängig vom Futter und von der Farbe des Gesteins in ihrem Lebensraum, natürlich auch von der Art – sie variiert stark von einem kräftigen Blau bis hin zu dunklen Violetttönen, Orange und Rot. Die tiefrote Farbe erhält der Hummer erst beim Kochen, denn nur die roten Pigmente der Schale sind hitzebeständig. Absolut auffälliges Merkmal der Hummer sind seine gewaltigen Scheren, die hervorragende Werkzeuge sind. Dabei ist meist die rechte Schere stärker ausgeprägt und dient zum Beutefang und zum Zerschneiden und Knacken dieser Beute. Die kleinere linke Schere wird dagegen zum Zerkleinern der Nahrung eingesetzt. Interessant: Auch bei Hummern gibt es „Linkshänder" – bei ihnen ist die linke Schere stärker ausgeprägt und die rechte kleiner. Hummer sind nachtaktiv und ernähren sich von Aas, lebenden Fischen, Muscheln und anderen Meeresbewohnern. Die Weibchen laichen nur alle zwei Jahre, dann allerdings können sie je nach Größe bis zu 100.000 Eier unter ihrem Schwanzteil tragen. Nach ca. 11 Monaten schlüpfen die Jungen und verbringen dann ihre ersten 5 bis 6 Lebenswochen an der Meeresoberfläche, wo sie sich von Kleinstorganismen ernähren. Während dieser Zeit sind sie natürlich besonders durch Fressfeinde wie Kabeljau, Schellfisch, aber auch andere Hummer gefährdet.

DER HUMMER
LAT. HOMARUS

Die Hummer (Homarus) sind eine Gattung aus der Familie der Hummerartigen (Nephropidae) innerhalb der Ordnung der Zehnfußkrebse (Decapoda). Vor allem aber sind sie sicherlich die edelsten Vertreter auf der breit gefächerten Meeresfrüchtepalette. Sie sind weltweit verbreitet, wobei die bekanntesten Spezies wohl der Amerikanische Hummer (Homarus americanus) und der Europäische Hummer (Homarus gammarus) sind. Der oft als Norwegischer Hummer bezeichnete Kaisergranat zählt zu einer anderen Gattung der Hummerartigen, was seiner kulinarischen Bedeutung aber keinen Abbruch tut.

Im Sommer leben Hummer in flachen Küstengewässern mit bevorzugt felsigem Boden, im Winter zieht er sich dann in Gewässer von bis zu 50 Metern Tiefe zurück.

Lebensraum: Der Europäische Hummer (Homarus gammarus) ist in weiten Teilen der europäischen Küstengewässer beheimatet. Von Skandinavien bis hinunter nach Spanien und Nordafrika ist er auf der europäischen Seite des Atlantiks sowie im Mittelmeer anzutreffen. Eine einzige deutsche Population lebt rund um Helgoland in der Nordsee. Im Sommer bevorzugen die Tiere das flache Küstenwasser, während sie sich im Winter in Wassertiefen von bis zu 50 Metern zurückziehen. Der Europäische Hummer ist heute ein selten gewordener Fang.

Das liegt zum einen an der Überfischung und zum anderen an der zu intensiven Nutzung der Küsten durch den Menschen. Die Hummer rund um Helgoland leiden zusätzlich noch unter der Erwärmung der Nordsee, so dass die jungen Hummer zu früh schlüpfen, ohne dass ein ausreichendes Nahrungsangebot vorhanden ist.

Beschreibung: Während der amerikanische Hummer bis zu 15 kg erreichen kann, ist der europäische Vertreter deutlich kleiner und leichter. Er erreicht bei einer Körperlänge von bis zu 60 cm ein Gewicht von maximal 9 kg. Der Europäische Hummer ist meist kobaltblau, dunkelblau, grünlich bis hin zu schwarz gefärbt. Die Seitenpartien und die Bauchseite sind bräunlich bis gelblich und mit hellen Sprenkeln versehen. Der Rückenpanzer ist glatt, die Scheren sind sehr groß und leicht abge-

DER EUROPÄISCHE HUMMER
GAMMARUS

flacht. Zur Fortbewegung hat der Hummer drei Paar Kieferfüße sowie ein Brustbeinpaar, auf dem die Scheren sitzen.

Hummer sind Einzelgänger, die nachts auf Nahrungssuche gehen und sich überwiegend von toten Meerestieren ernähren. Da Hummer sehr langsam sind, gerät ihnen eher selten ein lebendes Tier zwischen die Scheren. Tagsüber, vor allem aber während der Häutungsphase, verstecken sich Hummer in Höhlen und Felsspalten.

Da der chitinhaltige Panzer der Tier nicht mitwächst, müssen sie sich in regelmäßigen Abständen häuten. In den ersten Lebensjahren kommt es bis zu neun Mal pro Jahr zu dieser Prozedur, ausgewachsene Tiere häuten sich dann nur noch alle zwei Jahre.

Kulinarisches: Hummer ist eine echte Delikatesse. Der Hummer hat weißes, feines und sehr aromatisches Fleisch. Da das Hummerfleisch einen sehr milden Eigengeschmack hat, eignet es sich für eine Vielzahl von Zubereitungsarten. Vom Grillen bis Gratinieren sind der Phantasie keine Grenzen gesetzt.

DER AMERIKANISCHER HUMMER
LAT. HOMARUS AMERICANUS

Lebensraum: Der Amerikanische Hummer (Homarus americanus), auch Nordhummer oder Maine Hummer genannt, lebt an der Küste Nordamerikas, von Labrador bis North Carolina. Vor allem an der amerikanischen Ostküste kommt er in großen Populationen vor, so dass dort der Hummer – verglichen mit seinen eher rar werdenden europäischen Verwandten – keine Seltenheit auf den Speisekarten ist. Er bevorzugt kaltes und flaches Wasser mit vielen Felsen, in denen er sich vor Feinden verstecken kann. Im Sommer findet man ihn in Felsnischen oder unter Steinen, im Winter wandert er dann in tieferes Wasser, wo er sich bis auf Kopf und Fühler in den Sandboden vergräbt.

Beschreibung: Der Amerikanische Hummer kann bis zu 70 cm lang und bis zu 15 kg schwer werden. Das größte jemals gefangene Exemplar war mit 107 cm Länge und einem Gewicht von 13,5 kg allerdings eine echte Ausnahmeerscheinung. Insgesamt ist der Amerikanische Hummer aber in jedem Fall größer als sein europäischer Verwandter. Seine Färbung ist grau bis hellgrau gefleckt auf gelblich orangenem Panzer. Der Panzerrand des Amerikanischen Hummers ist breiter gewellt, der des Europäischen Hummers ist glatt. Wie alle Hummer kann die amerikanische Art bei Gefahr durch das Herunterklappen seines Hinterleibes mit großer Geschwindigkeit fliehen. Durch einen einzigen Schlag mit dem Hinterleib kann er bis zu 8 Meter weit rückwärts schnellen.

Die Laichzeit des Amerikanischen Hummers ist von Juli bis August. Die Weibchen werden mit ungefähr 6 Jahren geschlechtsreif, ihre Körperlänge beträgt dann ca. 25 cm. Die Eier werden an die abgeflachten Schwimmbeine am Hinterleib geheftet. Zum Schutz des Geleges krümmen die Weibchen ihren Hinterleib unter den Vorderkörper. Nach etwa 11 Monaten schlüpfen die Jungen und treiben während der ersten 5–6 Lebenswochen an der Wasseroberfläche, wo sie sich von Kleinstorganismen ernähren. Danach sinken sie auf den Meeresboden ab.

Kulinarisches: Wie bei den europäischen Verwandten ist sein Fleisch weiß, fein und aromatisch und gilt heute vor allem als teure Delikatesse. Das war nicht immer so: Hummer galt früher vor allem an der Ostküste Amerikas durch sein zahlreiches Vorkommen als Grundnahrungsmittel. In einem der ersten Streiks der Geschichte setzte im 18. Jahrhundert das Dienstpersonal durch, dass nicht öfter als drei Mal in der Woche Hummer auf dem Speiseplan stehen durfte. Wie sich die Zeiten ändern!

DIE REISE DER HUMMER

Viele der bretonischen Hummer, die im Handel angeboten werden, stammen aus Irland. Erst auf dem Weg zum Endverbraucher werden aus diesen Angelsachsen Bretonen.

Don't touch Mrs. Lobster

Irland, die grüne Insel. Sie verfügt über 7.500 Kilometer Küstenfläche. Hier werden alle Arten von Seefischen gefangen, aber auch High-End-Produkte der europäischen Spitzengastronomie, wie Jakobsmuscheln, Austern und Hummer. Die Qualität der Fänge ist gut und die angelandeten Mengen beachtlich. Trotzdem spielt irisches Seafood auf den Speisekarten der europäischen Topgastronomie keine Rolle.

Das liegt vor allem daran, dass die Iren kein nationales Vermarktungskonzept haben, sondern ihre edlen Meerestiere günstig nach Frankreich verkaufen. So werden aus irischen Hummern bretonische. Die Nachfrage nach Krustentieren aus der Bretagne ist nämlich seit Jahrzehnten so hoch, dass die französischen Bestände den Bedarf mittlerweile nicht mehr decken können. Um die heimischen Bestände vor einem solchen Schicksal zu bewahren, entwickelt das irische BIM, Bord lascraigh Mhara (gälisch; Irish Sea Fisheries Board) mittlerweile vorrausschauende Konzepte zur nachhaltigen Sicherung der wertvollen irischen Meerestierbestände.

Das wollen wir uns vor Ort anschauen. Wir fahren dafür ins Fischernest Union Hall. Es liegt geschützt in einer Bucht, umsäumt von einer spektakulären Felsenszenerie längs der Küstenlinie. Wir treffen Dr. Bridget Lehane vom Inshore Development Office. Gemeinsam gehen wir an Bord.

Unser Skipper ist Vincent, ein Inshore-Fisherman, der an der Küste je nach Saison Krebse oder Fische fängt. Die Hummersaison ist hauptsächlich im Sommer, denn dann halten sich die Tiere küstennah auf. Im Winter wandern sie in Meerestiefen um 50 Meter ab. Vincent ist ein typischer irischer Fischer der neuen Generation. Wie viele seiner Kollegen stammt er aus einer alten Fischer-Dynastie, und sein Vater und der Vaters seines Vaters und alle Väter davor haben Fische gefangen. Die Einstellung vieler Menschen zu Meer und Natur ist eine romantische, eine verklärte. Fast hat die unendliche Weite und Tiefe des Wassers für sie etwas Göttliches, Heiliges. Ein Fischer sieht das ganz anders. Für ihn ist das Meer eine Ressource, die seinen Lebensunterhalt sichert und die er sich zunutze macht. Mit der neuen Generation, zu der Vincent gehört, kehrt aber ein steigendes Umweltbewusstsein in die alten Familien ein. Die Notwendigkeit von Reglements wird erkannt und nachhaltige Fischerei für wichtig erachtet.

Wir verlassen die geschützte Bucht, und die kräftigen Westwinde packen uns. Starke Böen und ansehnliche Wellen treiben ihr Spiel mit dem kleinen Boot und uns. Die Hummerkörbe haben einen Tag auf dem Grund auf ihre Beute gewartet. Des nachts sind dann die Hummer aus ihren Verstecken unter Steinen und Felsnischen herausgekrochen, um nach Nahrung zu suchen: Muscheln, Fische und Aas. Aus dem Hummerkorb strömt der verführerische Duft eines toten Stöckers. Da lohnt es sich schon, den Weg in die Falle zu suchen. Konstruktionsbedingt gibt es jedoch leider kein Zurück. Aber auch andere Krebse erliegen dem Reiz des Köders. Taschenkrebse, Schwimmkrabben und Seespinnen finden ihren Weg in den Käfig. Nun holen wir diese Käfige ein. Sie sind leicht zu finden, denn die signalfarbenen Schwimmer sind zusätzlich mit Ortungssendern ausgerüstet. Die Körbe selbst sind mit starken Tauen verkettet, sodass einer nach dem anderen an Bord gehievt und geöffnet wird. Jede Menge Krustentiere werden in unsere trockene Welt befördert – trocken? Na ja, hier in Irland ist sie das nicht wirklich …

Einige der wunderschönen blauen Hummer sind recht kapital. 2 kg bringt ein großes Weibchen auf die Waage. Der Schwerste, den Vincent hier gefangen hat, brachte es auf 4,5 kg, gewaltig groß. Ein Tier mit diesem Gewicht und entsprechenden Ausmaßen ist aber kulinarisch nicht mehr wertvoll. Ein solcher Methusalem ist sicher schon 30 oder 40 Jahre alt, zäh und faserig. Er gehört zurück ins Wasser, sofern der Fischerstolz das zulässt.

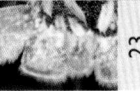

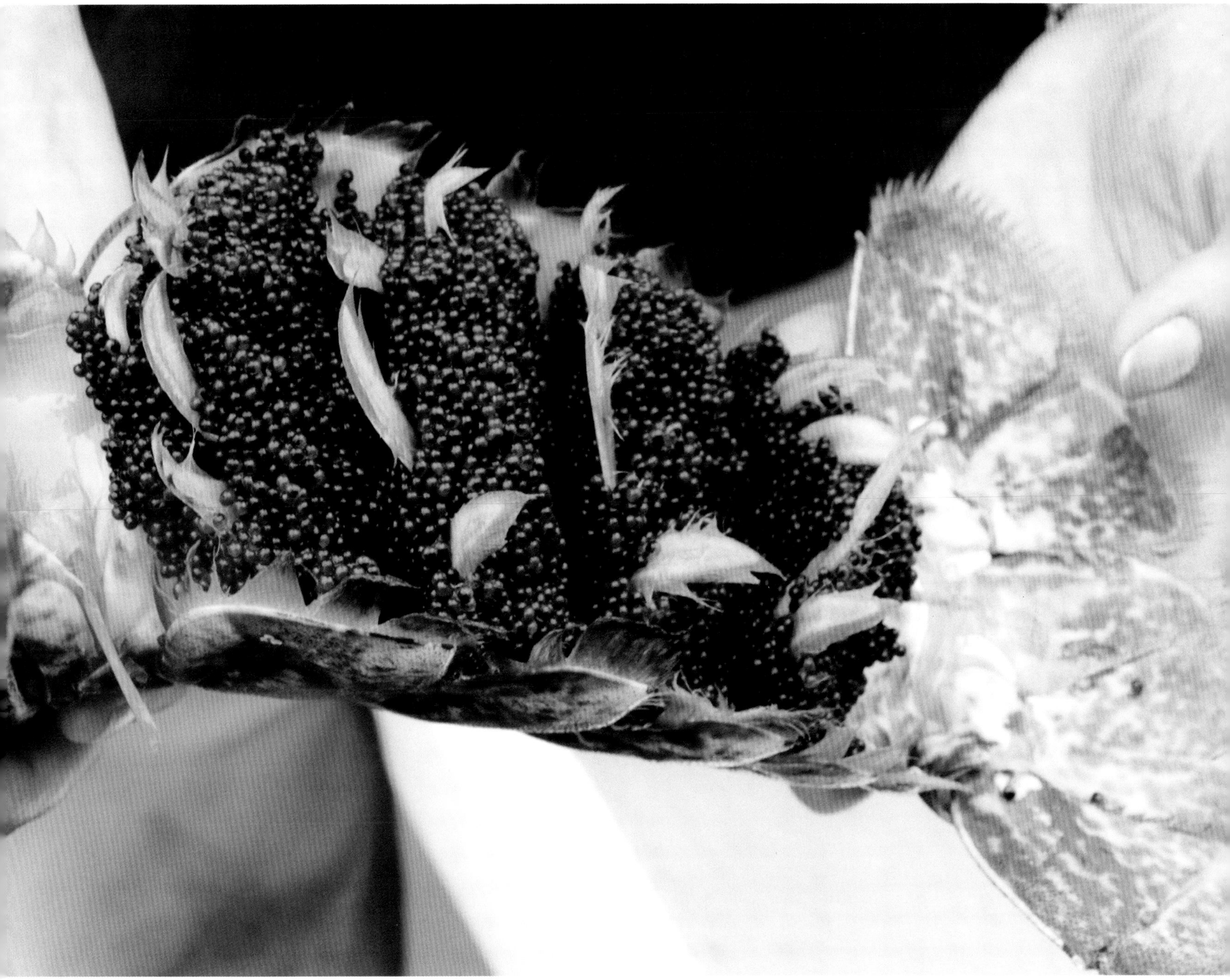

DER „KAVIAR" DER HUMMER

Die weiblichen Tiere tragen unter ihrem Schwanz Tausende von Eiern.

Der europäische Hummer, speziell der bretonische, gilt als der beste. Besonders

die Schwanzteile der weiblichen Tiere werden von Gourmets geschätzt.

Dort findet sich auch das begehrte Corail, die tiefroten Eierstöcke,

die als besondere Delikatesse gelten.

Bridget Lehane schätzt unser 2-kg-Exemplar gerade mal auf 9 Jahre. Also noch eine junge Dame. Ein Hummerweibchen wird mit etwa 6 Jahren geschlechtsreif und kann dann alle 2 Jahre bis zu 100.000 Eier hervorbringen. Die trägt es sicher und geschützt unter dem Schwanz. Zunächst entwickeln sich daraus Larven, später Babyhummer. Wäre unsere Mrs. Lobster in der Bretagne gefangen worden, wäre das ihr Ende gewesen. Nicht so hier in Irland. Ihre Rettung ist Dr. Bridget Lehane. Sie stellt die gefangenen Hummerdamen quasi unter Naturschutz. Ausnahmsweise macht sie das an Bord. Normalerweise warten die Mitarbeiter des BIM am Hafen auf das Eintreffen der Schiffe. Alle weiblichen Hummer werden vermessen, gewogen und registriert. Zur Wiedererkennung fädelt Dr. Lehane einen roten Plastikstreifen mit einem individuellen Code durch das Ende einer Panzerplatte des Schwanzes.

Zusätzlich erfolgt das „V-Notching". Dabei wird ein V-förmiges Stück aus der Schwanzflosse geknipst. So gekennzeichnet ist das Tier für Handel und Verzehr tabu und muss wieder ausgesetzt werden. Die Hummerdamen stehen also weiter für die Produktion von Hummerbabys zur Verfügung.

Nach etwa 4 Jahren wächst das V heraus. Aber die meisten Fischer erneuern es aus Eigenmotivation, wenn sie ein geschütztes Weibchen fangen. Denn ein besseres Instrument der Arterhaltung gibt es wohl kaum. Natürlich gehen die Fischer nicht ganz leer aus. Das BIM zahlt ihnen immerhin 40% des Marktpreises für jedes Weibchen.

In Nordamerika und auf Helgoland laufen Nachwuchsprogramme zur Arterhaltung, die allerdings weniger erfolgreich sein sollen.

Das größte Problem für die Hummer aber ist, genau wie für Fische, die Erwärmung der Meere – und damit verbunden die Veränderung des Nahrungsangebots für die Larven. Durch zu warmes Wasser schlüpfen die Tiere frühzeitig, finden aber nicht das passende Futter und verenden.

Den Tieren, die in den Handel gelangen, werden zum Schutz der Artgenossen die Scheren zugebunden. Denn Hummer sind Einzelgänger und fechten untereinander harte Revierkämpfe aus. Können sich die Gegner nicht wie in der Natur zurückziehen, sind schwere, oft tödliche Verletzungen die Folge.

Zum Teil werden die Hummer vor dem Verkauf in Käfigen im Meer gehalten. Dann zehren sie zwar problemlos von ihrer Substanz, magern dadurch allerdings ab, und die Qualität des Fleisches wird schlechter.

Grundsätzlich müssen Hummer vor der Zubereitung noch leben, da ihr Fleisch post mortem schnell ungenießbar wird.

V-NOTCHING
SCHUTZPROGRAMM

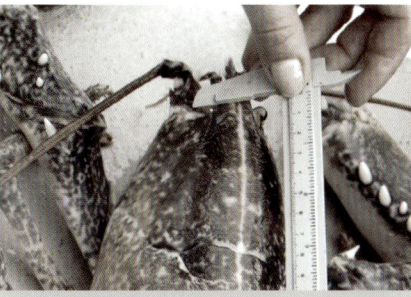

Von den britischen Inseln ist der Weg an die französische Küste historisch wie geographisch nicht weit. Die traditionelle Regionalsprache der Bretagne brachten vermutlich keltische Einwanderer von den britischen Inseln mit hierher. Wie in den britischen Küstengebieten leben auch an der französischen Küste die Menschen noch vom Ertrag des Meeres.

An der Côte d'Armorique in Erquy fahren Kapitän André Thiery und seine Crew jeden Tag hinaus aufs Meer, um Hummer, Seespinnen und Taschenkrebse zu fangen. Das konnte ich mir nicht entgehen lassen, denn fast nichts ist so interessant, wie die Menschen kennen zu lernen, die am Anfang des Weges eines kulinarischen Produktes stehen. Schon hier werden die Weichen für die unterschiedlichen Qualitätsschienen gestellt. Neben der Herkunft sind bei Meerestieren die Fangmethode, die Sortierung, die Lagerung und natürlich die Schnelligkeit des logistischen Systems von entscheidender Bedeutung.

Dem Kutter Coucoune sieht man die schwere Arbeit auf dem Meer an. Heute ist ein ruhiger Tag, und der Atlantik hat wenig Seegang. Die heftigste Zeit ist der November, dann ist Fangsaison für die Coquilles Saint-Jacques. Die Kutter müssen sich dann durch die tosende See weit hinausbegeben. Fangmengen und -zeit sind hier in der Bretagne streng reglementiert und die Boote werden von der Fischereibehörde sogar aus der Luft per Hubschrauber überwacht. Daher schimpfen die Bretonen auf die Fischer der englischen Kanalinseln, die sich an solche Reglements nicht halten und durch diese Nichteinhaltung der Schonzeiten gerade die Bestände der Jakobsmuscheln gefährden. Die eigentliche Schuld aber tragen die Gourmets, die ungeachtet der Saison auf die kulinarischen Genüsse nicht verzichten wollen.

Die Coucoune tuckert aus dem Hafen. Weiter draußen treffen wir Coco, eine gute alte Bekannte der Seemänner.

Die Robbendame hat ein Ponton zur Lagerung von Seespinnen zu ihrer Heimat gemacht.

Die Fanggründe von Kapitän Thiery liegen vor dem Kap Ferelle in 25–30 Meter Tiefe und 3–5 Kilometer von der Küste entfernt. Die Hummerfallen sind einfache Drahtkörbe mit einer Einstiegröhre für die Tiere und einer Fischkarkasse als Köder. Aber sie sind effektiv. Schon der erste Korb, den die Fischer nach oben ziehen, beherbergt ein Prachtexemplar. Nun steuert der Kutter Boje für Boje an und die Crew zieht die daran mit Seilen befestigten Hummerkörbe hoch. In den meisten finden sie Beute. Seesterne, Seeigel, Hummer, Seespinnen und Taschenkrebse, allen wurde der Duft des Köderfischs zum Verhängnis. Hummer sind die seltenste Beute. Eiertragende Weibchen müssen eigentlich wieder ins Meer zurückgesetzt werden, trotzdem gelangen immer wieder solche Tiere in den Handel.

Hier in der Bretagne wird das wesentlich lockerer gehandhabt als in Irland. Der Europäische Hummer ist wie bereits erwähnt etwas kleiner und nicht so kräftig wie der Amerikanische. Das jährliche Fangergebnis von ca. 2.500 Tonnen deckt etwa 50% des europäischen Marktes. Daher wird der Bedarf zunehmend durch amerikanische Ware ergänzt. An der Küste von Maine und Neufundland liegen die Fänge jährlich bei 40.000 Tonnen.

SZENENWECHSEL

VON ERQUY NACH GERMANY
ODER HUMMER
AUF GROSSER FAHRT

Seespinnen gehören zur Familie der Steinkrabben. Mit den echten Krabben sind sie nur entfernt verwandt. Vermutlich haben sie sich aus Einsiedlerkrebsen entwickelt. Der weichhäutige Schwanzteil hat sich zurückgebildet und befindet sich sozusagen eingeklappt unter dem Körper. Auf dem kleinen Foto oben rechts ist ein Männchen und darunter ein Weibchen mit Eiern zu sehen.

Die rauen Seemänner gehen erstaunlich behutsam mit der wertvollen Ware um. Natürlich geht es auch darum, die Krebse nicht zu beschädigen. Andererseits merkt man den Männern an, dass sie die Tiere respektieren, als Lebewesen achten und nicht nur als Ware verstehen. Auch zu ihrer Arbeit auf dem Meer haben die Seemänner ein besonderes Verhältnis. Verschmitzt lächelnd zaubert der Kapitän eine eiskalte Flasche Rosé hervor und öffnet diese, sozusagen als Einstimmung. Jetzt wird erst einmal getrunken. Wohlgemerkt: Es ist morgens 10 Uhr und der Arbeitstag ist noch lange nicht zu Ende.

Hummer, aber auch Seespinnen nehmen in Gefangenschaft keine Nahrung auf, leben also von der Substanz. Daher verlieren sie zunehmend an Fleischmasse. Trotzdem werden die gefangenen Seespinnen in schwimmenden Pontons zwischengelagert. Diese Flöße ankern in Küstennähe. Unter einem Bretterverschlag, der vor Sonne und Räubern schützt, leben die Tiere für kurze Zeit in Drahtkörben. Hier an der Lagerstätte bevorraten die Fischer Ware, um schlechte Fänge auszugleichen oder die Lieferung aufrechtzuerhalten, wenn die Boote wegen schlechten Wetters nicht auslaufen können. Die Seemänner haben während der Fahrt ihren Fang sortiert und die Tiere ausgewählt, die direkt in den Versand gehen. Ein gutes Netz voller Seespinnen darf nun vorerst wieder ins Wasser.

SPINNEN
DER SEE
LAT. MAJIDAE

Es ist Nachmittag. Die Coucoune läuft wieder in Richtung Heimat. Eric, der jetzt das Ruder übernehmen darf, ist freiwilliger und unbezahlter Mitarbeiter von Kapitän Thiery. Er lebte in Paris und hat während eines Urlaubs hier im Ort den Kapitän kennen gelernt. Begeistert von der Landschaft und von der Mentalität der Menschen hier verkaufte er sein Haus in Paris, zog mit Sack und Pack und Familie hier an die „Pays de Granit Rosé", wie die Gegend auch bezeichnet wird. Nun im Rentenalter verbringt er seine Zeit damit, seinem Freund André beim Fischen zu helfen. Mittlerweile ist Ebbe eingetreten und die Coucoune kann nicht bis an die Hafenmole fahren. Darum ankert das Schiff etwas weiter draußen und die Crew paddelt ihren Fang mit dem kleinen Beiboot ans Ufer. Von hier aus geht es direkt zur Pêcherie d'Armorique. Im genossenschaftlich strukturierten Distributionszentrum direkt an der Küste geht nun alles sehr schnell. Hier treffen die Fänge der verschiedenen Boote zusammen. Die Ware wird kommissioniert, sortiert und verpackt. Die Krebse werden natürlich lebend versandt. Fische werden ausgenommen und wandern auf Eis. Und die Seeteufel verlieren hier schon ihr dämonenhaftes Gesicht. In den Hallen der Pêcherie werden 10 Tonnen Fisch pro Tag verarbeitet. Nur kurze Zeit nach dem Eintreffen der Fänge sind sie in Kühltransportern unterwegs nach Paris in die großen Markthallen von Rungis. Zum Abschluss des Tages gehe ich mit den Fischern noch auf ein paar Gläser Wein in die Bar am Hafen.

Vor den Hummerscheren sollte man Respekt haben.

Die kräftigere dient zum Knacken der Nahrung,

die etwas schlankere führt die Beute zum Mund.

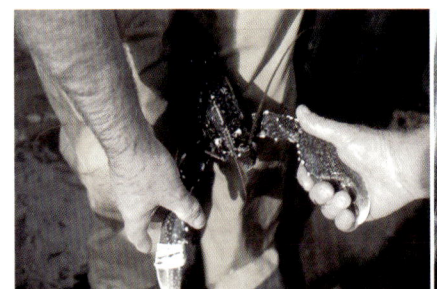

DIE MÄNNER
UND DAS
MEER

EINE GROSSFAMILIE

Süßwasserkrebse gehören wie der Hummer, dem sie sehr ähnlich sind, und der Kaisergranat zu den Astacura, den langschwänzigen Bodenkrebsen. Weltweit zählt man über 300 Arten, die ausschließlich im Süßwasser leben. Die meisten davon, etwa 250 Spezies, sind im Norden des amerikanischen Kontinents beheimatet, der Rest in Europa und Australien. In Asien und Afrika dagegen sind sie ursprünglich nicht heimisch. Hier ist der Lebensraum Süßwasser durch Krabben, den Kurzschwanzkrebsen, besiedelt.

Flusskrebse erreichen erstaunliche Größen. Eine tasmanische Art bringt es auf 6 kg. Die kleinsten unter ihnen mit 3 cm Körperlänge leben in Nordamerika.

Lebensraum: Der Edelkrebs (Astacus astacus) ist ein Süßwasserkrebs, der bevorzugt in größeren Bächen, kleineren Flüssen, Seen und Weihern lebt. Dabei versteckt er sich tagsüber gerne in Höhlen, die er sich im Uferbereich gräbt, er nutzt aber auch Wurzelwerk und hohl aufliegende Steine als Schlupfwinkel. Außer auf der Iberischen Halbinsel, in Nordengland und Irland ist er überall in Europa zu Hause. Nach dem Ausbruch der Krebspest im letzten Jahrhundert und durch Auswirkungen der Umweltverschmutzung ist der Edelkrebs selten geworden. Weil die Bestände durch die Krebspest stark dezimiert wurden, zählt er heute zu den bedrohten Tierarten. In Deutschland ist er nur noch in wenigen Gewässern im süddeutschen Raum zu finden, und diese Bestände gründen sich fast ausnahmslos auf Besatzmaßnahmen.

Beschreibung: Der Edelkrebs (Astacus astacus) ist die größte einheimische Krebsart. Die Weibchen können bis zu 16 cm lang werden, die Männchen sogar bis zu 20 cm. Am Kopf des Krebses sitzen zwei Fühlerpaare, von denen eines etwa ein Drittel der gesamten Körperlänge ausmacht. Um die Augen herum befinden sich zwei Paar hörnerähnliche Gebilde (Postorbitalseiten), die zum Schutz der Augen dienen. Zum Festhalten seiner Beute

Der Edelkrebs oder auch Europäischer Flusskrebs (Astacus astacus) kann zwischen 15 und 20 Jahre alt werden und ist die größte in Europa heimische Krebsart.

und zur Verteidigung besitzt der Edelkrebs zwei Scheren, die auf der unteren Seite rötlich gefärbt sind. Im Bereich des Scherengelenks befindet sich ein leuchtend roter Fleck. Die Färbung der Edelkrebse schwankt je nach seinem Lebensraum. Meist ist sie dunkel- bis rotbraun. Lebt der Krebs jedoch auf blauem Mergelboden, nimmt er auch eine bläuliche Färbung an.

Kulinarisches: Schon im Mittelalter galt der Edel- oder Flusskrebs als Delikatesse. Im 19. Jahrhundert wurde er als ausgezeichnete Fastenspeise überaus beliebt, ein reger Handel mit den Krebsen begann. Besonders schmackhaft ist das zarte Fleisch der Scheren und der Schwänze.

DER GALIZISCHE FLUSSKREBS
LAT. ASTACUS LEPTODACTYLUS

Lebensraum: Der galizische Flusskrebs (Astacus leptodactylus) bevorzugt sommerwarme, nährstoffreiche Gewässer der Niederung oder Fließgewässer mit nur geringer Strömung. Er lebt allerdings auch in sehr schlammigen Gewässern, weshalb er auch Sumpfkrebs genannt wird. Ursprünglich kommt dieser Flusskrebs aus den Flusszuläufen des Schwarzen und des Kaspischen Meeres. Nach dem Auftreten der Krebspest wurde er auch in einigen Gewässern Mitteleuropas eingesetzt, da man dachte, er sei gegen diese Krankheit immun. Alle heutigen Vorkommen in Mitteleuropa beruhen auf diesen Besatzmaßnahmen. Mittlerweile weiß man allerdings, dass der galizische Flusskrebs zwar widerstandsfähiger gegen Verschmutzung ist als der Edelkrebs, gegen die Krebspest allerdings ist er nicht resistent.
Die heute bei uns angebotenen galizische Flusskrebs stammen überwiegend aus der Türkei und dem Iran.

Beschreibung: Der galizische Flusskrebs ist wie sein Verwandter, der Edelkrebs, ein großwüchsiger Krebs. Er wird meist zwischen 16 und 18 cm lang, ist allerdings schlanker gebaut als der Edelkrebs. Charakteristisch für den galizischen Flusskrebs sind die lang gestreckten Scherenfinger. Die Scheren selbst sind nicht eingebuchtet. Die Seiten des Rückenpanzers (Carapax) vor und hinter der Nackenfurche sind rau und mit kleinen Dornen besetzt. Die Färbung der Tiere ist meist hell sandfarben bis hellbraun und blau.

Kulinarisches: Aus galizischen Flusskrebsen lassen sich herrliche Suppen herstellen, insgesamt ist ihr Scheren- und Schwanzfleisch sehr delikat.

Der Signalkrebs (Pacifastacus leniusculus) ist ein dem Edelkrebs sehr ähnlicher, ursprünglich aus Nordamerika stammender Flusskrebs, der auch in Europa als Neozoon vorkommt. Unter Neozoon versteht man Tiere, die durch den Menschen in fremde Gebiete verbracht wurden und sich dort dauerhaft angesiedelt haben.

Lebensraum: Ursprünglich stammt der Signalkrebs (Pacifastacus leniusculus) aus Nordamerika, und zwar aus dem Gebiet westlich der Rocky Mountains. Als in den sechziger Jahren des letzten Jahrhunderts in Europa die Krebsbestände mehr und mehr durch die Krebspest dezimiert wurden, begann man mit der Ansiedlung des Signalkrebses in Europa, und zwar zunächst in Skandinavien. Man nahm damals an, dass der Signalkrebs gegen die Krebspest immun sei. Tatsächlich erwies er sich zwar als resistent, stellte sich aber selber als Überträger heraus.

Signalkrebse leben bevorzugt in kühlen Fließgewässern, gerne mit einem leicht alkalischen pH-Wert (7 bis 8) und einer höheren Wasserhärte (10–25 °dGH).

Da er im Gegensatz zum Edelkrebs auch höhere Temperaturen gut vertragen kann, ist er aber auch in stehenden Gewässern, z.B. kleinen Seen, zu finden. Signalkrebse graben sich unter Steinen und Wurzeln Höhlen, die sie jedoch nicht zwangsläufig über längere Zeit bewohnen. Interessant ist auch, dass Signalkrebse recht große Strecken (ca. 2 km) über Land laufen können, um ein anderes Gewässer zu erreichen.

Beschreibung: Signalkrebse werden nicht ganz so groß wie die europäischen Edelkrebse. Die Weibchen können bis zu 12 cm, die Männchen bis zu 16 cm lang werden. Mit bis zu 200 g Körpergewicht werden die Männchen nicht nur größer, sondern vor allem auch deutlich schwerer als die nur rund 80 g schweren Weibchen. Außerdem besitzen die Männchen deutlich größere Scheren. Der Panzer des Signalkrebses ist glatt und hat im Gegensatz zu dem der Edelkrebse keine Dornen. Seine Grundfarbe ist braun mit einer Tendenz zu oliv. Die Scherenoberseite ist als Gelenk mit einem weißen Fleck gekennzeichnet, die Unterseite der Scheren ist rot und dient beim Heben der Scheren als Warnfarbe. Wie alle Flusskrebse ist auch der Signalkrebs ein Allesfresser, der unter anderem Aas und Pflanzenteile frisst.

Kulinarisches: Ebenso wie bei den Edel- und Galizierkrebsen ist das Scheren- und Schwanzfleisch der Signalkrebse sehr aromatisch und delikat.

Der Yabbie ist eine australische Flusskrebsart aus der Ordnung der Zehnfußkrebse (Decapoda), hier gehört er zur Gattung der Cherax.

DER YABBIE
LAT. CHERAX DESTRUCTOR

Lebensraum: Der Yabbie (Cherax destructor), auch Australischer Flusskrebs, lebt in Fließ- und Stillgewässern Australiens. Die Krebse werden allerdings überwiegend in Farmen zu Speisezwecken gezüchtet. Durch ihre Farbpracht, ihre friedliche Art und ihre leichte Haltungsmöglichkeit erfreuen sie sich zunehmender Beliebtheit in der Süßwasser-Aquaristik.

Beschreibung: Der Yabbie sieht äußerlich dem Hummer ähnlich, unterscheidet sich allerdings deutlich durch seine Färbung, die von weißblau bis dunkelblau reichen kann. Häufig besitzen die Tiere sogar ansprechend rot gefärbte Scherengelenke. Männchen und Weibchen sind gleich groß und erreichen Längen von 15 bis 25 cm. Yabbies sind sehr fortpflanzungsfreudig: Bis zu drei Mal pro Jahr können sie Gelege von jeweils bis zu 350 Jungtieren hervorbringen. Der Yabbie wird manchmal mit dem ähnlich aussehenden Marron verwechselt, der allerdings deutlich größer ist.

Kulinarisches: Der Yabbie ist ein begehrter Speisekrebs, der sich auch bei uns zunehmender Beliebtheit erfreut.

Lebensraum: Der Marron (Cherax canii) gehört zur Familie der Parastacidae, die in Südamerika, Madagaskar, Neuseeland, Neu Guinea und Australien vorkommen. Das Verbreitungsgebiet des Marron befindet sich in Westaustralien sowie im Norden des Kontinents. Überwiegend wird der beliebte Speisekrebs in Aquakulturen gezüchtet und dann an Gourmets in aller Welt verschickt. Eine wild lebende, sehr nah verwandte Art ist der Cherax tenuimanus, der ausschließlich im westaustralischen Margaret River lebt.

Beschreibung: Der Marron (Cherax canii) ist der größte Vertreter der Cherax-Gruppe. Er kann eine Länge von bis zu 40 cm und ein Gewicht von beinahe 2 kg erreichen. Die Kebse haben 5 Kämme am Hinterkopf und zwei spitze Zacken auf der Oberfläche des Schwanzfächers. Anders als beim Cherax tenuimanus sind die Scheren des Cherax canii frei von feinen Härchen. Besonders auffällig sind hin und wieder vorkommende, strahlend blau gefärbte Exemplare, die beinahe unnatürlich wirken. Dabei handelt es sich um eine Albino-Variante des Krebses, der sonst braun oder schwarz gefärbt ist. Der Marron ist ein Einzelgänger und innerartlich sehr aggressiv. Bei Fütterungen lassen sich sogar klare soziale Hierarchien erkennen: Zunächst fressen die besonders großen Tiere, erst dann dürfen auch die kleineren zur Mahlzeit schreiten. Logische Konsequenz: Die größeren Exemplare wachsen noch schneller, die kleineren können sich noch schlechter wehren, und das führt gelegentlich bis zum Kannibalismus.

Kulinarisches: Bei Gourmets besonders geschätzter Speisekrebs, der sich wachsender Beliebtheit erfreut.

Ein echter Riese unter den Süßwasserkrebsen ist der in Australien vorkommende Cherax canii, auch Marron genannt.

Lebensraum: Der Kaisergranat lebt im Atlantik, dem Mittelmeer und in der Nordsee. Die Tiere bevorzugen kühlere, küstennahe Gewässer, wo sie auf weichen, schlammigen Böden in Tiefen zwischen 50 und 800 Meter in selbst gegrabenen Gängen leben. Diese Verstecke verlassen die Tiere nur nachts, um auf Nahrungssuche zu gehen. Die Hauptfanggebiete für Kaisergranat liegen im dänischen Skagerrak, vor Island, Schottland, Irland, Norwegen, Frankreich (Atlantik) und in der Adria.

Beschreibung: Der Kaisergranat ist mit dem Hummer verwandt, aber wesentlich kleiner und schlanker. Die Weibchen erreichen eine Körpergröße von maximal 20 cm, männliche Tiere werden maximal 24 cm lang. Die meisten im Handel angebotenen Exemplare sind im Schnitt zwischen 12 und 14 cm groß.

Das Hauptmerkmal des Kaisergranats sind seine beiden Scheren, die aber, verglichen mit denen des Hummers, deutlich länger und schmaler sind. Die innenliegenden Kanten der Scherenglieder sind mit hellen Stacheln besetzt. Außerdem verfügt der Kaisergranat über Antennen, die sehr dünn, aber wesentlich länger als seine Scheren sind. Der Panzer ist hell, lachsrosa gefärbt und verändert seine Farbe auch beim Kochen nicht sehr. Die Weibchen laichen nur alle zwei Jahre, wobei sie bis zu 4.000 Eier produzieren, die erst beim Anheften an den Unterleib befruchtet werden. Danach tragen die Weibchen die Eier acht bis neun Monate an ihrem Unterleib mit sich.

Kulinarisches: Das helle und zarte, leicht süßlich schmeckende Schwanzfleisch des Kaisergranats gilt als Delikatesse, wohingegen die Scheren kulinarisch betrachtet keine Bedeutung haben. Da das Schwanz-

DER KAISERGRANAT
LAT. METANEPHROPS SPP.
BZW. NEPHROPS NORVEGICUS

fleisch geschmacklich dem der Languste ähnelt, wurde es bei uns früher auch als „Langustenschwänze" in der Gastronomie angeboten. Diese Bezeichnung ist absolut irreführend und darf für Kaisergranatschwänze regulär nicht verwendet werden. Ebenso verwirrend sind Bezeichnungen wie „Kaiserhummer", die im deutschen Handel nicht verwendet werden dürfen. In Frankreich heißt das Tier übrigens „langoustine", was sprachlich unserem Begriff für die Languste gleicht. In Italien dagegen nennt man den Kaisergranat „Scampi" – werden bei uns allerdings Scampi angeboten, handelt es sich häufig um Garnelen.

Der Kaisergranat (Nephrops norvegicus) wird auch Kaiserhummer, Norwegischer Hummer oder Schlankhummer genannt. Er gehört zur Familie der Hummerartigen (Nephropidae) und zählt zur Ordnung der Zehnfußkrebse (Decapoda). Bei uns ist der Kaisergranat besser unter der italienischen Bezeichnung Scampi (Singular: Scampo) bekannt.

Vom Weltall aus gesehen ist die Bretagne der westlichste Zipfel Frankreichs. Von ihrer Küste aus gelangt man nach Norden in den Ärmelkanal, nach Westen öffnet sich die gigantische Weite des Atlantiks. Die Bretagne verfügt über 2.730 km Küste. Das ist immerhin ein Drittel der gesamten Küstenlinie Frankreichs. Über 160.000 Tonnen bester Fisch und edle Schalentiere werden hier jedes Jahr angelandet. Was in den Netzen der bretonischen Fischer zappelt, findet sich kurze Zeit später auf den Speisekarten der europäischen Spitzengastronomie wieder: Loup de mer, Steinbutt, Hummer, Kaisergranat und Langusten, um nur einige zu nennen…

Die Kraft des Meeres

Die Bretagne hat einen gewaltigen Tidenhub. Es gibt auf der Welt kaum andere Küsten, an denen der Unterschied zwischen Ebbe und Flut so groß ist. Das führt zu gewaltigen Strömungen unter Wasser. Die Fische sind dadurch ständig gefordert kräftig zu schwimmen, ein Training wie bei einem Leistungssportler. Und genau wie bei diesem bildet sich auch bei den Fischen ein festes Muskelfleisch. Darum sind die Fische hier besser als anderswo. Selbstverständlich spielt auch die extrem gute Wasserqualität und die Fülle an nahrhaftem Plankton beziehungsweise die große Anzahl von gutem Fisch für die Raubfische eine große Rolle.

Die Reise zu den Fanggründen

Die Solo ist eines der kleinen Fangboote in Loctudy, einem kleinen Seehafen in der Südbretagne. Die Fischer hier und in den Nachbarhäfen fangen vornehmlich Kaisergranat. Zwei Drittel des gesamten französischen Fangs werden an diesem Küstenstreifen angelandet. Als „Beifang" findet man Loup de mer, Taschenkrebse, Makrelen oder Saint Pierre im Netz. In Deutschland nennt man den Sankt Petersfisch auch Heringskönig, weil er oft die Schwärme dieser Fische begleitet.

Es ist 5 Uhr morgens; dunkel und kalt, obwohl es Mitte August ist. Ich klettere die rutschige Metallleiter zum Boot hinab. Der Kapitän Stefan Pophic ist ein wortkarger Mann. Mehr als ein „Bonjour" ist als Begrüßung von ihm nicht zu erwarten. Sein Bootsmann Thierry ist schon gesprächiger. Doch kurz nach der Abfahrt wird dieser erst einmal unter Deck ein wenig Schlaf nachholen und erst wieder auftauchen, wenn wir die Fanggründe erreicht haben.

Die Solo tuckert langsam aus dem Hafen, vorbei an den vorgelagerten Leuchtfeuern und Felseninselchen. Die Nacht ist sternenklar, ich friere, obwohl ich wetterfest gekleidet bin und vertreibe mir die Zeit mit dem Zählen von Sternschnuppen.

Zum Glück ist der Atlantik ungewöhnlich ruhig, denn die lange Dünung dieses Ozeans bringt oft sogar den Gleichgewichtssinn erfahrener Seefahrer durcheinander.

Langsam geht die Sonne auf, aber noch wird sie von Hochnebel verschleiert.

Bald haben wir die Fanggründe erreicht. Ich bin erstaunt, wie viel Technik das kleine Boot beherbergt. Ein Sonar zeigt die Position der Fischschwärme, ein Bordcomputer stellt durch unterschiedlich farbige Linien die Streifen dar, die durch andere Boote bereits abgefischt worden sind. Und ein Tiefenmesser sagt dem Kapitän, wie weit er seine Netze herunterlassen muss und gibt Auskunft über die Beschaffenheit des Bodens.

In der Mitte über allen Instrumenten steht der Fernseher. Hier läuft gerade ein Shoppingkanal. Der Kapitän sitzt in seinem zentral montierten Autositz und amüsiert sich köstlich über die Angebote.

AUF DER JAGD
NACH DEM BRETONISCHEN
LANGOUSTINO

EIN KORB VOLLER
KÖSTLICHKEITEN

Überfischung treibt den Preis

Die große Dichte der Linien auf dem Computerbildschirm gibt mir zu denken, denn sie zeigen, wie intensiv hier gefischt wird.

Ist der Fischreichtum hier so groß, dass man so dicht abfischen kann und das jeden Tag? Tatsächlich werde ich über die Artenvielfalt und die Fangmengen überrascht sein, aber in den letzten Jahren ist der Ertrag erheblich zurückgegangen. Die große Nachfrage nach gutem Fisch treibt die Fischer immer öfter aufs Meer.

Kam ein Kapitän früher mit 200 kg Kaisergranat zurück in den Hafen, so ist es heute höchstens ein Viertel dieser Menge. Für die Kapitäne ist das kein großes Problem, denn entsprechend stiegen die Preise. Also für weniger Arbeit auf See mehr Geld. Früher lag der Preis für Kaisergranat bei maximal 8 Euro. Heute erlebe ich Auktionen für mittelgroße Ware, die Preise fast verdoppelt haben.

Die Netze werden zu Wasser gelassen

Wir sind gut 2 Stunden gefahren und es ist jetzt kein Land mehr in Sicht. Auf dem Meer nur das Leuchten der anderen Fischkutter.

Kapitän Pophic hebt die Metallklappe zur Kajüte und brüllt „Thierriiiie". Der sanft Geweckte steigt empor und zieht sich schlaftrunken das Ölzeug an. Es geht los. Der Kapitän drosselt die Geschwindigkeit auf 5 Knoten. In diesem Tempo wird geschleppt. Die Motorwinden werden in Gang gesetzt. Ketten rasseln, die Scherbretter, die später unter Wasser die Netze offen halten, gleiten hinab. Zwei Netze, nebeneinander aufgerollt, werden über das Heck zu Wasser gelassen. Das Ganze hängt an dicken Stahlseilen, die nun unser Fanggerät hinab in die Tiefe gleiten lassen. Gefischt wird kurz über dem Grund in 75 Metern Tiefe. Ich bin gespannt, was wir alles zu Tage fördern werden. Steinbutt wird sicher nicht dabei sein, denn der lebt in tieferem Wasser, ein paar Fahrtstunden weiter draußen. Doch jetzt kehrt erstmal wieder Ruhe ein. Das Netz wird nun gut 2 Stunden getrawlt, bevor es eingeholt wird. Der Bootsmann nutzt die Zeit, um noch eine Mütze voll Schlaf zu nehmen.

Wir frühstücken, wir haben Baguette und einige der hervorragenden bretonischen Salamis, die ich am Vortag auf dem Markt gekauft habe. Dazu trinken wir Badoit oder Vitell. Bei dieser morgentlichen Kälte würde ich für einen Kaffee mein letztes Geld geben. Beim Anblick der an Bord befindlichen Kaffeetassen und des Kaffees behalte ich es jedoch lieber.

Der erste Fang

Auf die gleiche Weise wie zuvor wird der Bootsmann geweckt. Das Boot stoppt und fährt zurück. Das Netz hängt an einem Felsen fest. Ein kurzes Rucken und das Gerät ist wieder frei. Kein Problem für das stabile Geflecht. Das Boot nimmt wieder Fahrt auf. Kurze Zeit später wird das Netz dann eingeholt.

Man sieht der Motorwinde die harte Arbeit förmlich an. Der Sterz, das Ende des Netzes, wird am Bord gehievt. Die Fische zappeln. Thierry öffnet das Netz und der Fang fällt in die darunter stehenden Wannen. „Ein schlechter Fang", sagt der Bootsmann und auch unser Kapitän schaut nicht gerade glücklich.

Zunächst werden die Netze für den nächsten Fang wieder ins Wasser gelassen. Nun wandert Wanne für Wanne auf den Sortiertisch. Vom ersten Fang sind, nach Ermessen der Schiffsbesatzung, gut zwei Drittel unbrauchbar. Ich wundere mich ein wenig, denn das, was da zum Teil ins Wasser zurückgeht, ist meiner Meinung nach gut zu verwenden. Die Fischer hier sind verwöhnt. Natürlich sind viele Fische zu klein und die Seespinnen haben zu dieser Jahreszeit wenig Fleisch. So heißt es dann für viele zurück in die Freiheit. Einige haben jedoch nicht überlebt. Sie werden zum Festmahl für die Möwen, die sich zu Hunderten um das Boot versammeln, sobald das Netz hochgehievt wird.

Große Artenvielfalt

Der erste Fang liefert 2 Körbe voll Kaisergranat, die nach 2 Größen sortiert werden. Einige Katzenhaie, 2 Loups de mer, einige etwas zu kleine Saint Pierre und ein paar Taschenkrebse, Seezungen und reichlich Wittling, atlantische Makrelen, alles andere wandert ins Meer zurück.

Die Artenvielfalt ist faszinierend, der Reichtum an unterschiedlichen Krebsarten und Fischen ist enorm. Kleine Conger, Rotzungen, Loup de mer und dorschartige Fische entdecke ich. Darunter eine Spezis, die mir unbekannt ist. Vom Kapitän erfahre ich, dass der „rote Aal" eine Roussette ist. Er hat viele Gräten, darum landet er in Frankreich zumeist in den Bouillabaisse-Töpfen. Der Stöcker, eine Makrelenart, ist am häufigsten vertreten. Wie würde man ihn zubereiten? Am besten beizen oder als Sashimi, roh mariniert. Entfernt man die Fettschicht unter der Haut, erhält man ein feines Filet. „Nein, der ist nicht zum Essen", sagt Thierry, „den verkaufen wir nur an andere Fischer. Die nutzen ihn dann als Köder für ihre Hummerfallen." Eine exzellente letzte Mahlzeit für die Krebse, denke ich.

An Bord wird der Fisch direkt ausgenommen, die Krebse werden in Körben unter fließendes Wasser gehalten und lebend angelandet.

Attraktion unter Wasser

An diesem Tag werden die Netze viermal zu Wasser gelassen. Der 2. Fang war sehr gut. Das Verhältnis von Kaisergranat zu Fisch war hoch, und der Krebs bringt im Moment den besten Preis. So sind die Fischer am Ende doch noch zufrieden. Ich bin froh, dass gegen Mittag die Sonne den Hochnebel verdrängen konnte und die Kälte langsam aus meinen Knochen weicht.

Neben dem Boot taucht eine schwarze Flosse auf. Sie gehört zu einem Mondfisch, einem flachen, kreisrunden Geschöpf, das nah an der Wasseroberfläche umhertaumelt. Es sieht aus, als spiegele sich der Mond im Wasser. Ich schaffe es nicht, schnell genug meine Kamera zu holen, um die Phantasiegestalt zu fotografieren. Das Schiff ist zu schnell vorbei. Ich ärgere mich!

GUTES GELD
FÜR DES
KAISERS GRANAT

Ab zur Auktion

Gegen 17.30 Uhr ist das Schiff zurück. Es wird auch Zeit, denn der Verkauf läuft schon auf Hochtouren. Der Fang geht direkt in die Fischhalle, hier ist alles sehr sauber und hygienisch. Alle Ecken sind abgerundet, es gibt keine Kanten und Fugen, der besseren Reinigung wegen. Es riecht nicht nach Fisch. Die Ware wird schiffsweise aufgestellt. Eine Auktionseinheit, bestehend aus einer elektronischen Anzeigentafel, einem Elektrowagen, Mikro, Lautsprecher und einem Auktionator, der mit seinem Gerät verwachsen zu sein scheint, rollt von Fang zu Fang und bietet ihn an. Die Käufer folgen diesem Ding aus einer anderen Welt, bieten und kaufen.

Unser Kapitän sieht zufrieden aus. Sicher verdienen die Kapitäne hier mehr Geld als ich. Angesichts der hier erzielten Preise glaube ich das. Nun wird mir auch klar, wie die Kosten für ein gutes Fischgericht in einem Top-Restaurant zustande kommen.

Ein gutes Essen: die Belohnung aller Mühen

Apropos Essen, ich mache mich auf den Weg in den Norden. Ins L´Hôtel de Carantec, um im Restaurant von Patrick Jeffray gute bretonische Küche zu genießen. Ich bin müde und erschöpft, das habe ich mir jetzt verdient. Ich nehme dazu eine Fahrt von 1 1/2 Stunden in Kauf, denn trotz der guten Produkte ist es nicht einfach, in der Bretagne gut zu essen. Anders als im übrigen Frankreich sind gute Restaurants eher selten. Aber die Bretonen sind ohnehin keine typischen Franzosen.

In den letzen Jahren besinnt sich das Volk hier sogar mehr auf seinen keltischen Ursprung. An jeder Ecke findet man bretonische Flaggen, auf kunsthandwerklichen Produkten werden Runen angebracht und mehr und mehr Schilder, auch öffentliche Straßenschilder, sind zweisprachig: in Französisch und Bretonisch, eine Sprache, die eher an Gälisch als an Französisch erinnert.

Patrick Jeffray ist zwar Bretone, aber trotzdem ein begnadeter Koch. Sein Restaurant liegt über einer herrlichen, zerklüfteten Bucht gegenüber der englischen Küste. (An diesem Teil der Küste werden übrigens die meisten Hummer gefangen.) Große Panoramafenster liefern einen phantastischen Ausblick. Ebenso phantastisch ist die 2-Sterne-Küche. Der Tartar vom Hering in Verveinesauce, die Austern, der Hummer und die Taube: absolut empfehlenswert.

Ebenso empfehlenswert ist das Hotel Le Temps de Vivre in dem malerischen Nachbarort Roscoff. Das modern eingerichtete „Designhotel" ist in einem gut renovierten historischen Gebäude untergebracht. Besonders schön sind die Turmzimmer und die Zimmer mit dem Namen „Pieds dans l´eau" (übers.: Füße im Wasser). Bei Flut steht man quasi mit den Füßen im Wasser, denn dann ist das Meer den Fenstern so nah, dass man vom Zimmer aus ins Wasser greifen kann.

ZURÜCK IM
HEIMISCHEN
HAFEN

DER BÄRENKREBS

Lebensraum: Bärenkrebse leben in allen tropischen und subtropischen Meeren der Welt, zwei Arten sind auch im Mittelmeer anzutreffen: der bis zu 10 cm lange Kleine Bärenkrebs (Scyllarus arctus) und der etwas über 30 cm lange Große Bärenkrebs (Scyllarus latus). Die Hauptart der Bärenkrebse in den indopazifischen Gewässern ist der hier abgebildete Thenus orientalis, der bis zu 25 cm Länge erreichen kann.

Beschreibung: Bärenkrebse sehen sonderbar aus. Obwohl sie mit den Langusten verwandt sind, fehlen ihnen die langen Antennen. Stattdessen haben sie am Kopf schaufelartige Fortsätze mit gezackten, scharfen Rändern, die sie zum Graben in schlammigen oder sandigen Böden benutzen. Bärenkrebse haben außerdem auch keine Scheren. Alle Arten sehen sich sehr ähnlich, sind meist unauffällig grau oder braun gefärbt und unterscheiden sich vor allem durch ihre Größe.

Kulinarisches: Bärenkrebsen kommt in der Fischereiwirtschaft nicht die gleiche Bedeutung zu wie den Hummern oder Langusten. Dabei ist ihr Fleisch sehr wohlschmeckend. Kenner erklären, dass der aus dem indopazifischen Raum stammende Thenus orientalis am besten schmecke. Vor allem das Schwanzfleisch gilt als Delikatesse.

Die Familie der Bärenkrebse umfasst ca. 50 Arten. Bärenkrebse (Scyllaridae) zählen zur Ordnung der Zehnfußkrebse (Decapoda) und zur Unterordnung der Langustenartigen (Palinuridae).

53

DIE LANGUSTEN
HANDELSBEZEICHNUNG: JASUS SPP.

Lebensraum: Langusten sind große, hummerähnliche Krebstiere, die in felsigen, 30 bis 100 Meter tiefen Küstengebieten mit gemäßigten Wassertemperaturen leben. In Europa werden sie vor allem im Mittelmeer gefangen, kommen aber auch entlang der englischen Küste vor. Vorwiegend leben sie allerdings in den tropischen und subtropischen Meeren dieser Erde. Langusten aus europäischen Gewässern werden manchmal auch als Stachelhummer bezeichnet.

Beschreibung: Anders als der Hummer besitzt die Languste keine Scheren, sondern nur ein Werkzeug zum Öffnen von Muschelschalen am vordersten Beinpaar. Besonders auffällig sind die über körperlangen, bis zu 70 cm messenden Antennen. Mit ihnen erzeugen die Tiere ein knarrendes Geräusch, mit dem sie Feinde abschrecken, aber auch Geschlechtspartner anlocken können.
Die Europäische Languste zeichnet sich durch eine tiefrote Färbung des Panzers mit einer Doppelreihe weißer Flecken aus. Die Langusten vor der Küste Mauretaniens dagegen sind rosafarben, die Langusten, die im Golf von Guinea vorkommen, sind grün.
Die nachtaktiven Langusten ernähren sich von toten und lebenden Schnecken, Muscheln und anderen kleinen Meeresbewohnern.
Langusten werden allgemein bis zu 50 cm lang und bis zu 2 kg schwer, es gibt allerdings auch Exemplare, die ein Gewicht von bis zu 8 kg erreichen können.

Kulinarisches: Langusten zählen zu den teuersten Krustentieren und können geschmacklich leicht mit dem Hummer mithalten. Ihr Fleisch ist weiß und zart, allerdings meist etwas trockener als das des Hummers. Langusten sollten lebend gekauft werden. Frische Langusten erkennt man daran, dass sie sehr aktiv sind und zappeln, wenn man die Stirnhörner über den Augen berührt. Der kräftige Schwanz muss bei der lebenden Languste immer leicht gekrümmt sein. Langusten, deren Schwanz lang gestreckt ist, gelten auch in gekochtem Zustand als ungenießbar.

Langusten (Palinuridae) gehören wie der Hummer zur Ordnung der Zehnfußkrebse (Decapoda) und hier wiederum zur Unterordnung der scherenlosen Panzerkrebse (Palinura).

Karibische Warmwasser-Langusten sind im
Westatlantik zu Hause. Man findet sie an der
Ostküste der USA von North Carolina,
Kuba, den Bahamas bis Brasilien.

DIE ROSA ODER MAURETANISCHE LANGUSTE
MAURITANICUS

Lebensraum: Die Rosa Languste (Palinurus mauritanicus) ist im Ostatlantik vom westlichen Irland bis nach Süd-Senegal zu finden und kommt auch im westlichen Mittelmeer vor. Sie lebt auf Felsböden, Korallensubstraten und auch auf Schlammböden, bevorzugt in Meerestiefen von 180 bis 600 Metern. Im westlichen Mittelmeer ist sie meist zwischen 400 und 500 Meter Tiefe zu finden.

Beschreibung: Die Rosa oder Mauretanische Languste ist etwas heller als ihre europäische Verwandte. Auch sie kann eine maximale Körperlänge von bis zu 50 cm erreichen. Die meisten Exemplare werden aber höchstens 40 cm lang. Auf den Markt kommt sie meist unter dem Begriff „Languste rosé".

Kulinarisches: Rosa Langusten werden als Delikatesse besonders geschätzt. Bretonische Langoustiers fahren mit ihren Booten sogar bis an die Küsten Senegals und bringen die Tiere dann lebend, in Käfigen unter ihren Booten, zurück in den Heimathafen. Das Schwanzfleisch ist ganz besonders aromatisch und delikat!

Normalerweise werden Langusten 2 kg schwer und bis zu 50 cm lang. Die Europäische bringt es auf ein Gewicht bis 8 kg und nähert sich damit dem gewaltigen Hummer.

DIE GEWÖHNLICHE ODER
LAT. PALINURUS
ELEPHAS

Lebensraum: Die Gewöhnliche oder Europäische Languste (Palinurus elephas) ist im Ostatlantik vom südwestlichen Norwegen bis nach Marokko zu finden. Außerdem ist sie auch im Mittelmeer sowie an den Küsten der Azoren, Madeiras und der Kanaren anzutreffen. Sie lebt auf Felsböden, in einer Tiefe von 5 bis 150 Metern.

Beschreibung: Europäische Langusten werden bis zu 50 cm lang und bis zu 2 kg schwer. Die meisten Exemplare erreichen allerdings eine maximale Körperlänge von rund 40 cm. Sie sind sehr prachtvoll gefärbt und durch die weißen Flecken am Hinterleib leicht zu erkennen. Wie alle Langusten ist die Europäische Languste nachtaktiv, tagsüber versteckt sie sich in Spalten und Höhlen.

Kulinarisches: Das Schwanzfleisch der Langusten zählt zu den echten Delikatessen. Es ist weiß, sehr schmackhaft und gut verdaulich. Besonders berühmt bei Feinschmeckern sind die Langusten aus Sardinien, Menorca und von der kleinen Insel Galiete vor Tunesien.

Lebensraum: Die Afrikanische Languste (Jasus lalandii), auch Kapfelsenhummer genannt, ist vor der Küste von Südafrika zu Hause. Sie lebt im flachen Wasser an der westlichen Küste Afrikas von Namibia bis zur Algoa Bucht und vor Südafrika bis zum Kap der Guten Hoffnung. Afrikanische Langusten bevorzugen die flachen Küstengewässer mit einer Tiefe von maximal 50 Metern und werden normalerweise auf felsigem Untergrund gefunden.

Beschreibung: Die Afrikanische Languste kann eine Gesamtlänge von ca. 46 cm erreichen. Dabei wird der Rückenpanzer (Carapax) bis zu 18 cm lang. Wie seine europäischen Verwandten hat auch der Jasus lalandii sehr lange Antennen, seine Farbe ist rot-bräunlich.

Kulinarisches: Das Fleisch der Afrikanischen Languste ist als Delikatesse begehrt, weshalb die südafrikanische Regierung mittlerweile Fangquoten festgelegt hat.

Die Südafrikanische Languste ist zwar in der Regel etwas preiswerter als ihre europäische Schwester, aber ihr Fleisch kann im Vergleich auch nicht mithalten. Hier lohnt es sich, etwas tiefer in die Tasche zu greifen.

KURZSCHWANZKREBSE – DIE ECHTEN KRABBEN

Mit ca. 5.000 Arten bilden die Echten Krabben (Brachyura) oder auch Kurzschwanzkrebse die größte Unterordnung in der Ordnung der Zehnfußkrebse (Decapoda).

Lebensraum: Echte Krabben (Brachyura) leben überall auf der Welt – die meisten Arten in salzigen Gewässern. Echte Krabben gibt es allerdings auch im Süßwasser, wenige Arten sogar an Land.

Beschreibung: Krabben entsprechen in ihrem Aussehen ziemlich genau dem, wie man sich landläufig einen Krebs vorstellt: Sie haben einen ovalen Körper, meist mächtige Scheren und Augen, die auf Stielen sitzen. Krabben haben einen zu einer kurzen Schwanzplatte umgebildeten Hinterleib (Pleon), der umgeklappt unter dem Kopfbruststück (Cephalothorax) liegt. Dieser Zwischenraum dient den Weibchen als Brutraum. Das erste Beinpaar ist bei Krabben zu großen Scheren umgebildet, die entweder gleich groß oder aber – wie zum Beispiel bei der Winkerkrabbe – unterschiedlich groß ausgebildet sind. Bei manchen Arten sind die Scheren aber auch nahezu verschwindend klein – man sieht, alles ist möglich.
Die Augen der Krabben sitzen auf Stielen. Krabben können übrigens bemerkenswert schnell seitlich laufen.

Kulinarisches: In der deutschen Sprache sind mit dem Begriff Krabben sehr oft Garnelen, speziell die Nordseegarnelen, gemeint. Auch hier trifft man wieder auf die Verwirrung, die durch uneinheitlichen Sprachgebrauch und Bezeichnungen entstanden ist. Denn das, was wir Nordseekrabbe nennen, ist eine echte Garnele.
Von den Echten Krabben gelten einige als wahre Delikatessen, vor allem die Taschenkrebse, die Japanische Riesenkrabbe und die Königskrabbe.

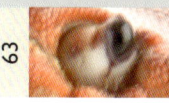

Lebensraum: Der Taschenkrebs (Cancer pagurus) lebt auf den sandigen und felsigen Böden von Nordsee, Atlantik und Mittelmeer. Er ist also ein waschechter Europäer. Die Beute des Taschenkrebses besteht aus Aas, Muscheln und Stachelhäutern. Seine besonders kräftigen Scheren dienen zum Aufbrechen der hartschaligen Nahrung, aber auch zur Verteidigung vor Feinden.

Beschreibung: Taschenkrebse können einen Panzerdurchmesser von bis zu 30 cm erreichen. Der vordere Rand des Panzers ist deutlich sichtbar rundlich gewellt. Seine Farbe kann von gelblich über rot bis hin zu grünlich variieren, sie hat aber immer einen bräunlichen Grundton. Die Scheren des Taschenkrebses sind sehr kräftig und an den Spitzen schwarz gefärbt. Eine Besonderheit dieses Krebses ist es, dass die Scheren – in denen sich übrigens besonders wohlschmeckendes Fleisch verbirgt – nachwachsen, wenn sie ausgerissen werden. Das ist vor allem dann praktisch, wenn ein Vogel diese Krabbe aus dem Meer fischt: Der Taschenkrebs trennt sich einfach von einer Schere, die er dem Vogel überlässt, und fällt zurück ins Wasser. Auch bei der Fortpflanzung gibt es etwas Besonderes. Die Weibchen legen die Eier nämlich erst nach ungefähr einem Jahr ab – der männliche Samen wird so lange in einer gesonderten Samentasche von ihnen aufbewahrt.

Kulinarisches: Das delikate Fleisch der Scheren, der so genannten „Knieper", gilt auf der Nordseeinsel Helgoland als wahre Delikatesse. Es wird mit Mayonnaise als „Kniepersalat" gegessen. Beim Fang der Krebse wurde einst übrigens immer nur eine Schere abgebrochen, der Krebs selbst wieder ins Meer zurückgeworfen. Hier konnte sich dann eine neue Schere bilden, der Artbestand blieb gewahrt. Tierschützer schlugen allerdings ob dieser Methoden Alarm. Obwohl das Abtrennen der Schere für den Krebs kein Problem darstellt. Denn er trennt sich bei Gefahr oft selbst von seinen Zangen. Heute regelt ein Gesetz den Umgang mit Krustentieren. Demnach sind als Tötungmethoden für Krustentiere nur noch das Abkochen in siedendem Wasser oder heißem Wasserdampf zulässig. Pech für die Helgoländer Fischer, aber besser für den Taschenkrebs. Eine weitere Spezialität aus seinem Fleisch ist die so genannte Krebspaste.

DER TASCHENKREBS

Ein kräftiger Taschenkrebs wie dieses Exemplar aus Norwegen bringt es auf eine Panzerbreite von 30 cm. Das Fleisch der Scheren, auch Knieper genannt, ist eine Delikatesse.

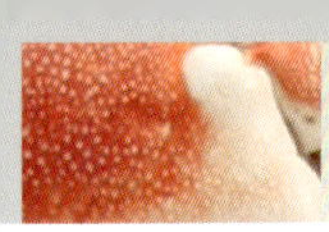

DIE SEESPINNEN
LAT. MAJIDAE

Seespinnen (Majidae), auch Dreieckskrabben genannt, gehören ebenfalls zur Unterordnung der Echten Krabben (Brachyura). Zu ihnen zählen insgesamt etwa 700 marine Arten. Ihr Rückenpanzer (Carapax) ist länger als breit und vorne zugespitzt. Er sieht von oben betrachtet dreieckig aus, was den Tieren ihren Namen gegeben hat.

Lebensraum: Seespinnen (Majidae) sind in allen Meeren der Welt zu Hause. Im Pazifik vor den japanischen Küsten ist die Japanische Riesenkrabbe (Macrocheira kaempferi) anzutreffen, die mit einer durchschnittlichen Beinspanne von 3 Metern die größte lebende Krebsart darstellt. Im Mittelmeer findet sich die Meeresspinne oder Teufelskrabbe der Gattung Maja.

Beschreibung: Die Beine und Scherenfüße der Seespinnen oder Dreieckskrabben sind spinnenartig lang. Körper und Beine sind mit hakenartigen Borsten besetzt, an denen die Tiere Algen und andere Fremdkörper zur Tarnung befestigen. Erwachsene Tiere, die sich nicht mehr häuten, setzen sich sogar Schwämme und Algen auf den Körper, um ihre Tarnung zu vervollständigen. Bei der letzten Häutung kommt es bei den Seespinnen zu einer klaren geschlechtlichen Trennung: Die Scheren der Männchen sind deutlich größer als die der Weibchen.

Seespinnen sind langsame Allesfresser, die sich von Algen, Tieren, Aas und gelegentlich sogar vom eigenen Tarnmaterial ernähren.

Kulinarisches: Seespinnen gelten bei uns vor allem im Mittelmeerraum als Delikatesse. Die Tiere werden lebend gekocht, dann werden Scheren und Körper aufgebrochen, um an das zarte, köstliche Fleisch zu gelangen. Dieses wird dann gerne für Vorspeisen und Salate verwendet.

DIE KÖNIGS- ODER KAMTSCHATKAKRABBE
LAT. PARALITHODES CAMTSCHATICA

Lebensraum: Die Königs- oder Kamtschatkakrabbe (Paralithodes camtschatica) ist eine große Steinkrabbe, die zunächst nur im nördlichen Pazifik, vor allem vor Japan und Alaska beheimatet war. Ende der 1960er Jahre wurde sie dann von russischen Forschern in der Barentsee ausgesetzt, wo sich der Bestand bis heute prächtig entwickelt hat und mittlerweile sogar bis zu den norwegischen Lofoten vorgedrungen ist.

Beschreibung: Königskrabben können ein Gewicht von bis zu 10 kg und eine Rückenpanzergröße von bis zu 25 cm erreichen. Die Beinspannweite der Tiere kann bis zu 180 cm betragen, weshalb sie manchmal auch Monsterkrabben genannt werden.
Die Färbung der Tiere hängt vor allem von ihrer Nahrung ab, am häufigsten sind sie rot, aber auch Blau und Braun kommen als Farben vor. Königskrabben ernähren sich von ziemlich allem, was sie finden, hauptsächlich sind dies Muscheln, Seesterne, Algen und Aas. Wie alle Zehnfußkrebse (Decapoda) verfügen auch sie über 5 Beinpaare, von denen das vorderste die Scheren trägt. Königskrabben können bis zu 30 Jahre alt werden.
Die Weibchen legen zwischen 400.000 und 500.000 Eier, von denen jedoch nur rund 2% das Erwachsenenalter erreichen. Das sind pro Weibchen allerdings immer noch zwischen 8.000 und 10.000 Nachkommen. Die Jungtiere verstecken sich zunächst in Bodengewächsen, um sich vor Fressfeinden zu schützen. Ausgewachsene Tiere haben dann kaum noch natürliche Feinde – dies ist auch ein Grund dafür, dass sie sich in der Barentsee und an der norwegischen Küste so schnell ausbreiten konnten.

Kulinarisches: Das schmackhafte Fleisch der Königskrabben ist bei Feinschmeckern sehr beliebt, weshalb die Tiere auch befischt werden. Norwegen hat mittlerweile Gesetze zum Schutz der Bestände erlassen: Es dürfen nur erwachsene männliche Tiere gefangen werden.

Dieses Monster schmeckt besser als es aussieht.

Die Delikatesse verbirgt sich in den bis zu 80 cm langen Beinen.

DIE SAMTKRABBE ODER WOLLIGE SCHWIMMKRABBE
PUBER

Ihren Namen verdankt diese Krabbe dem dichten Haarbewuchs auf dem Rückenpanzer.

Krebsrot

Krebse, wie auch der Hummer, werden während des Kochens rot. Schuld daran ist das Astaxanthin, ein Molekül mit vier Sauerstoffatomen, das sich reichhaltig in der Krebsschale befindet. Es ist ein natürlicher Farbstoff aus der Gruppe der Carotinoide und besonders für Fische und Meerestiere sehr gesund. Lebt das Tier, ist das Molekül mit Eiweißen gebunden und intensiviert Farben wie Blau, Gelb und Grün. Beim Kochen spaltet sich das Eiweiß ab, und die rote Eigenfarbe des Moleküls wird sichtbar und setzt sich durch.

Gekochte Schwimmkrabbe

Die Schwimmkrabben (Portunidae)

Wie der Name schon verrät, sind diese Krabben in der Lage zu schwimmen.

Dazu haben sie sich ihre Hinterbeine zu Paddeln umgebildet.

Die Ausnahme ist die Strandkrabbe, die auch zu dieser Gruppe gehört.

Beim Schwimmen unterstützen die Härchen an den Beinen den

Vortrieb und der flache Körper verringert den Wasserwiderstand.

Lebensraum: Die Samtkrabbe lebt im Nordatlantik von Norwegen bis zu den Küsten von Nordafrika und in der Nordsee. Sie kommt in der Gezeitenzone in einer Tiefe bis zu ungefähr 80 Meter vor.

Beschreibung: Das Haarkleid der Samtkrabbe (Necora puber) ist schmutzig-braun. Der Rückenpanzer (Carapax) und die Beinpaare sind teilweise hellblau oder violett mit roten Flecken. Die Scheren sind dunkelviolett. Das hintere Beinpaar ist zu Schwimmpaddeln mit deutlichen, dunklen Streifen in Längsrichtung abgeflacht. Besonders auffälliges Erkennungsmerkmal der Samtkrabbe sind die roten Augen.
Die Samtkrabbe kann eine Rückenpanzergröße von ca. 10 cm erreichen.

Kulinarisches: Das Fleisch der Samtkrabbe ist zart und aromatisch und deshalb sehr geschätzt.

Lebensraum: Wie andere Krabbenarten gehört die Blue Crab (Callinectes sapidus) zur zoologischen Ordnung der Brachyura. Wie ihr Name verrät gehört sie zu den Schwimmkrabben (Portunidae). Man findet sie vor allem in den ufernahen Küstengewässern und Lagunen des westlichen Atlantiks, der Karibik und im Golf von Mexiko. Als Räuber und Allesfresser lebt die Blaue Schwimmkrabbe im benthischen, das heißt bodennahen, Bereich, wo sie Jagd auf ihre Beute macht. Zur bevorzugten Nahrung der Krabbe zählen kleine Fische, Meerwürmer, Pflanzen, dünnschalige Weich- bzw. Krustentiere und Aas.

Beschreibung: Die Blaue Schwimmkrabbe hat einen breiten, fast fächerförmigen Körper, der von einem stabilen, mit zwei massiven, horizontalen Stacheln versehenen Panzer geschützt wird. Wie alle Zehnfußkrebse (Decapoden) verfügt sie über fünf gegliederte Beinpaare, von denen das erste Paar verlängert ist und die scharfen Klauenscheren trägt. Zwischen den Scheren, an der „Stirnseite" des Tieres, befinden sich die Augen. An der Körperseite befinden sich auf jeder Seite drei Paar Laufbeine. Am Hinterleib ist die Blue Crab zusätzlich mit einem Paar breiter Schwimmbeine ausgestattet, die paddelartig abgeflacht sind. Der Panzer der Krabbe hat eine olivgrüne bis braune Farbe. Ihren Namen bekommt die Blue Crab von ihren in intensivem Blau gefärbten Beinen. Im Gegensatz zu den Männchen haben die Krabbenweibchen rot gefärbte Scherenspitzen. Weiteres Unterscheidungskriterium der Geschlechter ist die Struktur des Bauchpanzers am Hinterleib der Tiere. Bei den Männchen ist dieses Panzersegment eher meißelförmig und spitz, bei den Weibchen abgerundet und glockenförmig. Zwei bis neun Monate nach der Paarung mit einem Männchen tragen die geschlechtsreifen Weibchen ihre befruchteten Eier für zwei Wochen in einer schwammartigen Ansammlung unter dem Hinterleib. Nach dieser Zeit werden die Eier abgestoßen. Aus ihnen entwickeln sich zuerst Larven, die dann zu Jungtieren heranwachsen. Nach einem bis eineinhalb Jahren sind die Krabben dann ausgewachsen und geschlechtsreif. Jedes Wachstumsstadium der Blauen Schwimmkrabben ist mit einer Häutung verbunden, während der sie den Panzer, der für ihren Körper zu klein geworden ist, abwerfen. Der neue, noch weiche Panzer ist bereits unter dem Alten verborgen. Nach der Häutung dauert es ca. 3–5 Stunden, bis der neue Panzer ausgehärtet ist. In dieser Zeit ist die Blue Crab allen Fressfeinden schutzlos ausgeliefert.

Kulinarisches: Wie auch der Hummer sollte die Blue Crab unbedingt lebend zubereitet werden. Bei toten Schwimmkrabben können Sie nicht mit Bestimmtheit feststellen wann diese Tiere getötet wurden. Wie bei vielen Krustentierarten zersetzt sich nach dem Tod der Tiere der Magen-Darm-Trakt recht schnell und kann ihr empfindliches Fleisch verderben. Der Verzehr verdorbenen Fleisches kann beim Menschen zu schweren Vergiftungserscheinungen führen. Eine geeignete Zubereitungsart für Schwimmkrabben ist das Dämpfen, da es sich hier um einen schonenden Garvorgang handelt. Die Farbe der Krabbenpanzer gibt Aufschluss über den Garzustand des Fleisches: dunkelrote oder rot-grüne Punkte bedeuten, dass die Krabbe noch roh ist. Erst wenn der Panzer sich leuchtend orange färbt, ist das Fleisch durchgegart. Es lohnt sich das Dämpfwasser mit Olivenöl und Weißwein zu aromatisieren. Sind die Krabben gar, kann man sie mit etwas gehacktem Knoblauch und frischer Petersilie bestreuen. Ein paar Tropfen Olivenöl und frisch geriebener Parmesan runden die Krabbe ab.

Soft Shell Crabs

Bei dieser Spezialität handelt es sich um Krabben, die zunächst gehältert

und dann direkt nach ihrer Häutung gehandelt werden. Die Haut ist

dann noch so soft, dass man sie mit der gegarten Krabbe verzehren kann.

In den USA werden häufig Blue Crabs als Soft Shells angeboten.

In Asien zumeist Mangrovenkrabben.

Agressiv und agil, die Blaue Schwimmkrabbe. Mit ihren spitzen Scheren kann sie empfindlich verletzen. Die Weibchen kann man aufgrund ihrer roten Scherenspitzen sehr gut von den Männchen unterscheiden.

Pralles Leben zwischen den Mangroven. Diese Pflanzen sind wichtig für das Ökosystem der Meere. Hier im Schutz der Baumwurzeln ist die Kinderstube vieler Fische. Wie Edelsteine leuchten bei Ebbe die Winkerkrabben aus dem grauen Schlamm.

Winkerkrabben sind typische Bewohner der Mangroven und Gezeitenregionen und kommen weltweit in über 90 Arten vor. Während der Flut sitzen sie in ihren Wohnhöhlen. Bei Ebbe kommen sie heraus, um in ihrem kleinen Revier nach Nahrung zu suchen. Die Männchen tragen imposante rechte Scheren, mit denen sie winkende Bewegungen ausführen. Diese Scheren gehen bei Revierkämpfen mit Rivalen oft verloren, wachsen aber wieder nach. In vielen Kulturen müssen die Winkerkrabben daher auch nicht sterben, wenn sie zum Verzehr gefangen werden. Man nimmt lediglich die Schere und lässt das Tier wieder frei. Bis zum nächten Mal.

DIE WINKERKRABBE
LAT. UCA
FORCIPATA

Es gibt eine ganze Reihe von Inseln und Inselchen rund um den Globus, die sich Crab Island nennen.

Und alle haben ihren Namen einer großen Population von Krabben zu verdanken, die dort heimisch ist.

Auf diesem Crab Island hoffen wir unter anderem auf die Mangrovenkrabbe und die blaue

Schwimmkrabbe zu treffen, tropische Verwandte der Samtkrabbe. Grund genug, einmal hinzufahren.

Um zum hier beschriebenen Crab Island zu gelangen, reist man zunächst nach Kuala Lumpur. Ja genau, die Hauptstadt von Malaysia, die Stadt mit den höchsten Wolkenkratzern der Welt, den Petronas-Twin-Towers. Eine pulsierende Metropole, in der leider nur noch wenig von der ursprünglichen Stadt an der „schlammigen Flussmündung"– nichts anderes bedeutet Kuala Lumpur – zu finden ist. Außer in China Town, wo man wie in jeder Stadt, in der sich Chinesen niedergelassen haben, ein ursprüngliches Stück China findet. Es waren auch die Chinesen, die Kuala Lumpur gründeten und, nach heftigen Auseinandersetzungen mit der einheimischen Bevölkerung, den Orang Asli, manifestierten. Und das Inselchen Crab Island wurde ebenfalls von ihnen besiedelt.

Von Kuala Lumpur aus fährt man mit der Bahn in den 30 Kilometer entfernten Ort Port Klang. Besser noch, man sucht sich einen einheimischen Führer und fährt mit dem Auto. Das ist nicht ganz so spannend, aber so ein Führer ist ungemein hilfreich, denn als Europäer betritt man eine komplett neue Welt, zu der man ohne eine der in diesem Vielvölkerstaat gebräuchlichen Hauptsprachen Malayisch, Chinesisch oder Indisch zu beherrschen, nur schwer Zugang erhält. Unser Führer nennt sich Sangeethau, er ist Hindu indischer Abstammung und spricht außer den bereits erwähnten Sprachen das typische indische Dialekt-Englisch. Das allein macht ihn aber nicht zu einem guten Führer. Wichtig für uns ist, dass er einen kleinen Fischhandel betreibt und gute Kontakte zu den Fischern auf Crab Island unterhält.

Die Fahrt zum Westport von Port Klang nimmt nur eine Stunde in Anspruch. Und das ist auch gut so, denn der ganze Stolz von Sangeethau ist sein dicker Proton – ein recht gutes Auto, das in Malaysia gebaut wird – und seine Klimaanlage, die er zum Beweis ihrer Tauglichkeit auf Gefrierschranktemperatur gestellt hat. Ein harter, sicher nicht gesunder Kontrast zu den 36 °C draußen, die man wegen der hohen Luftfeuchtigkeit wie 44 °C empfindet. Aber Sangeethau sieht das anders: „When I was a boy, I can walk the whole day under the sun. But now I'm so happy with this."

Port Klang befindet sich an der Straße von Malakka. Eine ganze Reihe von kleinen, vorgelagerten Inseln schützt den Hafen vor der offenen See. Flach gebaute Speedboote, die aussehen als ob sie von einem ehemaligen Buskonstrukteur entworfen wurden, halten den öffentlichen Verkehr zu den Inseln aufrecht.

Eines dieser Boote bringt uns nach Crab Island. Die Straße von Malakka ist eine der befahrensten Wasserstraßen der Welt, denn sie ist die kürzeste Verbindung zwischen dem nördlichen Indischen Ozean, dem Südchinesisches Meer und dem Pazifik. Aber sie gilt auch als eine der gefährlichsten Wasserstraßen der Welt, weil Piraten hier nahezu regelmäßig Frachtschiffe entern.

Die US-Regierung hat Malaysia schon des öfteren militärische Hilfe gegen die Piraten angeboten. Jedoch lehnte das selbst gut gerüstete Militär Malaysias stets dankend ab. Bei einem Staat, der von einem muslimischen Sultan geführt wird, ist der Verzicht auf amerikanische Kriegsmarine in den eigenen Hoheitsgewässern durchaus nachvollziehbar.

Kampf der Schlammspringer

Wo die Fische aufeinandertreffen, entwickeln sich sofort

Revierkämpfe. Überall auf der Insel werden

Mangrovenkrabben, von denen es hier wimmelt, angeboten.

CRAB ISLAND –
EIN KRABBENPARADIES IN

Wir erreichen Crab Island. Vor gut 130 Jahren wurde die Insel von chinesischen Fischern besiedelt. Sie begannen mit Fallen den hier in den Mangroven massenhaft vorkommenden „Mud Crabs", wie die Einheimischen sie nennen, nachzustellen. Mit ihren einfachen Booten brauchten sie dann einen ganzen Tag, um das Festland zu erreichen und ihren Fang zu verkaufen. Heute kommen Händler mit schnellen Booten auf die Insel, um die Seafood-Produkte der Region zu erwerben. Auch heute noch leben fast ausschließlich Chinesen auf der Insel. Sie haben ihre Wohnhäuser, Gärten, Geschäfte, Restaurants und Tempel auf Pfahlbauten in den Mangrovensumpf gebaut. Das bietet Schutz vor der Tide und den zahlreichen Giftschlangen der Sümpfe.

Zwischen den gut 1.000 Häusern der Fischer finden sich immer mehr Ferien- und Wochenendhütten von Hobbyfischern, Anglern und Weekend-Krabbenjägern.

Wir stöbern im Mangrovensumpf und in den Geschäften nach Seafood. Neben den Mud-Crabs finden wir eine ganze Reihe verschiedener Winkerkrabben, Schnecken und Muscheln, die hier gefangen werden. Ebenfalls werden die Flower Crabs angeboten, die allerdings nicht im Mangrovensumpf, sondern weiter draußen in der Straße von Malakka gefangen werden. Denn längst lebt man hier nicht mehr allein von der Fallenstellerei nach Krabben. Es wird in der offenen See gefischt und der Schutz der Inseln macht die Region darüber hinaus ideal für Aquakulturen. Denen begegnet man hier zum Teil dicht gedrängt.

Wilde „Tiger Shrimps" werden zum Verzehr in eimem Restaurant vorbereitet.

Fische werden gesalzen und getrocknet, um sie lager- und transportfähig zu machen.

LEBEN MIT DEM MEER

Phuah Kae Keong lernen wir auf Crab Island in der Straße von Malakka kennen. Im Schutze einiger Inseln betreibt er hier eine kleine Fischfarm, die er uns gerne zeigt. Kae Keong ist Nachfahre der chinesischen Fischer, die sich vor langer Zeit hier angesiedelt haben. Und er besitzt auch die Geschäftstüchtigkeit, die viele seiner Landsleute auszeichnet. Zunächst arbeitete er als angestellter Manager auf einer der vielen Fischfarmen dieser Region. Dann machte er sich mit einer eigenen Farm selbstständig. Kae produziert verschiedene Fischarten. Wichtigste Arten sind White Travelly, Tiger Grouper, Giant Grouper und Red Snapper, die er gut und teuer nach Hong Kong verkauft. Neben diesem Geschäft hat der findige Geschäftsmann sich aber noch eine weitere Einnahmequelle erschlossen. Er beherbergt auf seiner schwimmenden Insellandschaft Angeltouristen. Die fährt er mit seinem eigenen Boot zur Farm, lässt sie dort in den eigens hierfür errichteten Hütten übernachten und ihren Fang auf schmucken Veranda-Pontons zubereiten. Nicht schlecht, die Idee!

Geangelt wird natürlich nicht in den Netzgehegen, das durften wir machen und es dauerte 2 Sekunden, bis ein stattlicher Travelly zubiss. Nein, die Hobbyfischer angeln von der Farm aus neben den Netzen. Das ist fast ebenso erfolgreich, denn in der Umgebung der Farm haben sich viele Fische eingefunden, für die das durch die Netze fallende, nicht verzehrte Futter ein gefundenes Fressen ist. Kae Keong füttert nicht wie die meisten seiner Nachbarn mit Pellets, sondern mit eingesalzenen Jungfischen, die er nicht selber produziert, sondern zukauft. Das ist natürlich nicht sehr effektiv und darüberhinaus auch ökologisch bedenklich. So verfüttert er die gewaltige Masse von 3 Tonnen dieses Futters pro Tag um zwischen 5 und 7 Tonnen Fisch pro Jahr zu produzieren. Natürlich ist sein Fisch besser als der mit Pellets gefütterte. Aber bessere Preise erzielt er damit nicht. So stellt sich im Nachhinein natürlich doch die Frage, ob seine Aquafarm ohne den Angeltourismus, anders als es uns Kae Glauben machen will, überhaupt rentabel ist. Zudem berichtet er von einer hohen Mortalitätsrate, 80% bei einigen Arten, die in den letzten Jahren stark zugenommen habe. Kein Wunder, bei der großen Farmdichte in dieser Region, die das Ausbreiten von Krankheiten geradezu provoziert. In einigen Gehegen fallen schwarze Exemplare auf, ein Zeichen dafür, dass die Fische erblindet sind. Da der Einsatz von Antibiotika beschränkt ist, bliebe die Zufütterung von Vitaminen zur Prophylaxe. Aber die sind so teuer, dass sich der Einsatz nicht lohnt. Je nach Art erreichen die Fische nach 1,5 bis 3 Jahren Marktreife. Jungfische werden zugekauft. Die 3 Meter tiefen Netze sind zum Teil gemischt besetzt um eine bessere Ausnutzung des Futters zu erreichen. So gesellen sich zu den behäbigen Groupern einige Brassen, die mit ihrer Schnelligkeit noch einen Teil der Nahrung erwischen, bevor sie durch die Netze fällt und Beute der wildlebenden Verwandten wird. Drei Arbeiter leben ständig auf der Farm. Kae hat sie aus Indonesien angeheuert. Dort ist das ohnehin niedrige Lohniveau noch viel niedriger. Aber indonesische Arbeiter beschäftigen, das macht hier jeder. Trotz vielen kritischen Punkten, die wir hier entdecken, macht die Farm einen sehr ordentlichen Eindruck und es bleibt uns nur, dem sympathischen Phuah Kae Keong viel Erfolg zu wünschen.

Natürlich lassen wir uns auf der Rückfahrt am Abend in einem Restaurant eine Auswahl von Seafood zubereiten. Sangeethau darf als Hindu hier mit uns in einem chinesischen Restaurant essen. Den Malayen, die mehrheitlich Muslims sind, ist das verboten. Das chinesische Essen gilt ihnen als „unrein". Nun, wir fanden es toll. Auf den nächsten Seiten ein paar mitgebrachte Rezeptideen...

Die in diesem Artikel beschrieben Zuchtpraktiken sind natürlich nicht auf großangelegte Produktion und Export ausgelegt. In der EU dürfen auf diese Weise produzierte Fische aus gesetzlichen Gründen auch nicht verkauft werden.

KAE KEONG –
FISCHFARM

FRITTIERTE GEFÜLLTE FLOWER CRAB

Zutaten

6	Flower Crabs
3 g	Frühlingszwiebeln
5 g	Ingwer
200 g	Zwiebeln, gewürfelt
200 g	Matsutake Pilze, gewürfelt
5 g	Sellerie
4 g	Salz
6 g	Hühnerjus
1 g	Pfeffer
100 g	Öl

Füllung

500 g	Kartoffelpüree

Teig

10 g	Mehl
10 g	Glutenmehl
10 g	Tapioka Mehl
5 g	Backpulver
1/2	geschlagenes Ei

Zubereitung

Die Krabben waschen und die Schalen entfernen. Die Schalen ebenfalls waschen, um sie später zu füllen.
1 Liter Wasser in einem Topf kochen, Frühlingszwiebeln und Ingwer zugeben und die Krabben darin 15 Minuten kochen lassen. Die Krabben herausnehmen und abkühlen lassen, dann das Krabbenfleisch herauspulen.
Öl in einem Wok erhitzen. Die Zwiebeln anbraten, bis sie duften, dann Pilze, Sellerie und Krabbenfleisch dazu geben, mit Salz, Pfeffer und Hühnerjus abschmecken und unter Rühren kurz weiterbraten.
Das gebratene Krabbenfleisch in die Schalen füllen, darauf eine Lage Kartoffelpüree geben und mit dem Teig bedecken.
Alles frittieren bis es goldbraun ist. Auf einer Platte anrichten und servieren.

MANGROVENKRABBE MIT KÄSE UND MILCH AUS DER PFANNE

Zutaten

1 kg	Mangrovenkrabben
50 g	Margarine
3	Scheiben Käse
1 g	Curry Blätter
1 g	Chili padi
200 g	Kondensmilch
4 g	Hühnerjus
2 g	Salz
2 g	Zucker

Zubereitung

Die Mangrovenkrabben aufbrechen und dünsten, bis sie gar sind. Abtropfen lassen. Die Margarine in einem Wok erhitzen und Käse, Curry und Chili padi anbraten. Die restlichen Zutaten und die gedünsteten Krabben hinzu geben. Bei mittlerer Flamme braten. Auf Teller geben und servieren.

SALATROLLE MIT JELLYFISH (QUALLE)

Zutaten

300 g	Kohlblätter
150 g	getrocknete Qualle
100 g	Sellerie, geschnitten und blanchiert
100 g	Karotten, geschnitten
100 g	schwarzer Schmarotzerpilz, blanchiert
50 g	rote Chili, gehackt
15 g	Limettensaft
1 g	Chili padi, gehackt
8 g	Zucker
50 g	Lemongras, gehackt
50 g	Ingwerknospe, gehackt
1 g	Kaffirblätter, gehackt
10 g	Pflaumensauce
10 g	Thai Chili Sauce
1 g	Salz
2 g	Sesamöl

Zubereitung

Den Kohl kochen, bis er weich ist, dann direkt abgießen. Die Quallen für eine Stunde in kaltem Wasser tränken, danach schnell (für 3–6 Sekunden) kochen und für weitere 4–8 Stunden (bis sie weich sind) in kaltem Wasser einweichen. Die Quallen mit den anderen Zutaten gut vermischen und eine Weile marinieren lassen. Überschüssiges Wasser auspressen.
Die Quallen-Mischung auf ein Stück Kohlblatt verteilen und fest einrollen. Die Rolle in 3 cm breite Scheiben schneiden. Auf einer Platte anrichten und servieren.

GEDÜNSTETE BLACK TIGER GARNELEN MIT AUSTERNSAUCE

Zutaten

600 g	Black Tiger Garnelen
50 g	Knoblauch, gehackt
50 g	kleine Zwiebeln, gehackt
5 g	Chili padi, gehackt
30 g	chinesische Petersilie
100 g	Pflaumensauce
3 g	Zucker
3 g	Salz
80 g	Hühnerbrühe

Zubereitung

Die Garnelen waschen und 8 Minuten dünsten. Die restlichen Zutaten gründlich vermischen und auf die Garnelen geben. Auf Teller geben und servieren.

GEDÜNSTETE BAMBUS MUSCHELN MIT KNOBLAUCH

Zutaten

600 g	Bambus Muscheln
200 g	Knoblauch, gehackt
3 g	rote Chilli, gehackt
6 g	Hühnerbrühe
50 ml	Wasser
5 g	Fischsauce
3 g	Zucker
3 g	Pfeffer

Zubereitung

Die Bambus Muscheln waschen. Die restlichen Zutaten mischen und auf die Bambus Muscheln geben. Die Muscheln für 8 Minuten dünsten, dann auf Tellern servieren.

Die Weibchen der Mangrovenkrabben sind extrem fruchtbar und legen bis zu 1 Million Eier. Das schmackhafte Tier kann bis zu 2 kg schwer werden. Zum Schutz werden die kräftigen Scheren der Tiere wie beim Hummer zusammengebunden.

Lebensraum: Die Schlamm- oder Mangrovenkrabbe (Scylla serrata) lebt in Flussmündungen und Mangrovenwäldern in Afrika, Australien und Asien. Vor allem im indopazifischen Raum ist diese etwa taschenkrebsgroße Krabbe von hoher wirtschaftlicher Bedeutung. Mangrovenkrabben sind größtenteils sesshaft und leben in einem klar begrenzten Revier. Dadurch sind sie leicht zu fangen, aber auch anfällig für Ausrottung. Man findet sie im Schlamm im Schutze der Mangrovenwurzeln, meist bewohnen sie aber einen Bau innerhalb des Schlammes. Mangrovenkrabben können auch lange Zeiträume außerhalb des Wassers überleben, da sie sowohl im Wasser als auch an Land atmen können.

Beschreibung: Mangrovenkrabben können eine durchaus beeindruckende Größe von bis zu 24 cm und ein Gewicht von bis zu 3,5 kg erreichen. Die Farbe ihrer Panzer reicht von einem tiefen, gesprenkelten Grün bis zu einem sehr dunklen Braun. Wie alle Krabben verfügen sie über mächtige Scheren am ersten Beinpaar. Mangrovenkrabben sind nächtliche Allesfresser, die Jagd auf andere Krabben, Muscheln und Schnecken machen. Auch Kannibalismus tritt bei diesen Krabben häufig auf.

Kulinarisches: Das Fleisch der Scylla serrata gehört zum geschmackvollsten und delikatesten Krabbenfleisch überhaupt. Auf Grund ihrer Größe verfügen sie überdies über einen besonders hohen Fleischanteil.

Ein Flower Crab-Männchen mit intensiver blau-weißer Färbung. Dagegen sind die Weibchen (rechts) eher unscheinbar in der Farbe.

DIE FLOWER CRAB
PELAGICUS

Lebensraum: Die Flower oder Blue Manna Crab lebt in den Flachwasserbereichen der asiatischen Küsten von Indischem und Pazifischem Ozean und des Mittelmeers. Häufig kommen sie in Ostafrika, Südostasien, Japan, Australien und in Neuseeland vor. Für einen Großteil des Tages und der Wintermonate vergraben sich diese Schwimmkrabben in den sandigen oder schlammigen Böden der Küstengebiete, während der Flut kommen sie aus ihrem Versteck um zu Fressen. Als Allesfresser machen Flower Crabs Jagd auf kleine Fische, Muscheln, Schnecken und Aas. Auch Algen stehen auf ihrem Speiseplan. Dank ihrer abgeflachten hinteren Schwimmbeine können sie sich schnell und wendig im Wasser bewegen. Die Flower Crab lebt nicht ausschließlich in mariner Umgebung, sondern kann zudem in Flussmündungen und Mangrovengebieten existieren. Hier werden auch die Larven von den Weibchen abgelaicht. An Land können sie, im Gegensatz zu anderen Krabben, nur sehr kurze Zeit überleben. Daher werden sie nicht lebend gehandelt.

Beschreibung: Flower Crabs gehören zur zoologischen Ordnung der Zehnfußkrebse (Decapoden). Ihr massiver Panzer (Carapax), der die empfindlichen Eingeweide schützt, ist trapezförmig. Mit einer Größe von bis zu 20 cm gehören die Flower Crabs zu den großen Schwimmkrabbenarten. Wie alle Decapoden besitzen sie fünf Beinpaare, von denen das erste am stärksten ausgebildet ist und die Scheren trägt. Seitlich des Körpers befinden sich jeweils drei Laufbeinpaare. Die Beine am Hinterleib der Flower Crabs sind als verkürzte, abgeflachte Schwimmbeine ausgebildet.
Die Männchen haben eine kräftige blaue Färbung, die am Rückenpanzer weiße Muster aufweist. Im Gegensatz dazu sind die Weibchen braun-grün gefärbt.

Kulinarisches: In Asien ist die Flower Crab eine beliebte Delikatesse. Ihr Fleisch ist zart und hat einen leicht süßlichen Geschmack. Üblicherweise sollten Meeresfrüchte nur im Lebendzustand gekauft werden. Da diese Schwimmkrabbe außerhalb des Wassers nur sehr geringe Zeit überleben kann, ist es keine Besonderheit, dass sie im Handel oft tot angeboten wird. Sie bildet damit bei den Krustentieren eine Ausnahme und ist, sofern sie frisch angeboten wird, durchaus genießbar.

Lebensraum: Insgesamt gibt es vier Familien von Einsiedlerkrebsen: Land-Einsiedlerkrebse (Coenobitidae), Linkshändige Einsiedlerkrebse (Diogenidae), Rechtshändige Einsiedlerkrebse (Paguridae) und Tiefseeeinsiedlerkrebse (Parapaguridae). Das Verbreitungsgebiet der Meereseinsiedler ist riesig: So findet man sie im Nordmeer, im Nordatlantik, im Atlantik, im Mittelmeer und in der westlichen Ostsee.
Es gibt 15 Arten von Landeinsiedlerkrebsen. Sie sind in den tropischen und sub-tropischen Küstenregionen des Indopazifik, Atlantik, und im Mittelmeer heimisch. Diese Tiere verbringen ihr ganzes Leben, bis auf das Larvenstadium, an Land. Nur zum lebensnotwendigen Austausch des Wassers in ihren Kiemenkammern müssen sie regelmäßig ins flache Wasser. Die Weibchen setzen außerdem die aus ihren Eiern schlüpfenden Larven im Meer aus. Hier suchen sich die Jungtiere ihre schützenden Schneckenhäuser, bevor sie an Land gehen.
Alle Einsiedlerkrebse leben als Larven und Jungtiere in Küstennähe in einer Wassertiefe von bis zu 100 Metern auf sandigen Meeresböden. Während die Landeinsiedler das Meer nach diesem Wachstumsstadium verlassen, wandern die Meereseinsiedlerkrebse in tiefere Gewässer ab. Einsiedlerkrebse ernähren sich von Kleintieren und vor allem von Aas.

Beschreibung: Ihren Namen tragen die Einsiedlerkrebstiere aufgrund ihrer Angewohnheit in verlassenen Schneckenhäusern zu leben. Diese dienen ihnen zum Schutz ihres weichen, ungepanzerten Hinterleibs (Abdomen) vor Fressfeinden. Im Laufe ihres Wachstums müssen sie das Schneckenhaus immer gegen ein neueres, größeres austauschen.
Alle Einsiedlerkrebse gehören zur biologischen Ordnung der Zehnfußkrebse (Decapoda). Als solche verfügen sie über fünf Gliedmaßenpaare: ein Paar Scherenbeine und zwei Paar Laufbeine, die dem Greifen und der Fortbewegung dienen und aus dem Schneckenhaus herausragen. Darüber hinaus verfügen sie über zwei Paar kleinere verkrümmte Beine, mit deren Hilfe die Einsiedlerkrebse das Schneckenhaus festhalten und mit sich schleppen. Bei den Linkshändigen Einsiedlerkrebsen ist das linke Scherenbein größer ausgebildet, bei den Rechtshändigen das Rechte. Die jeweils größere Schere wird als „Tür" für die Schneckenhausöffnung eingesetzt. Ihre Form passt sich bei der Häutung immer an die Form der Öffnung des neuen Hauses an.

Kulinarisches: Bei uns findet man Einsiedlerkrebse fast nie im Angebot der Fischhändler. Im Mittelmeerraum, in Italien und China werden sie aber gerne gegessen – das Fleisch ihres Hinterleibs ist sehr schmackhaft.

Der Einsiedlerkrebs ist ein ganz besonderer Vertreter der Zehnfußkrebse (Decapoda). Er lebt in einem Schneckenhaus, das er ständig hinter sich herschleppt.

Lebensraum: Heuschreckenkrebse (Stomatopoda) sind räuberische Schalentiere. Sie leben im Flachwassergebieten tropischer und subtropischer Meere. Im Englischen werden Heuschreckenkrebse als Mantis shrimps bezeichnet. Dieser Name verweist auf ihre optische Ähnlichkeit zur Gottesanbeterin (Mantis).

Beschreibung: Es gibt eine Vielzahl verschiedener Arten von Heuschreckenkrebsen. Je nach Art erreichen sie eine Größe zwischen 2 und 70 cm. Sie sind entfernte Verwandte der Krabben und Garnelen. Bekannt sind sie für ihre aggressiven Jagdmethoden. Anatomisch ähneln Heuschreckenkrebse anderen Krebsarten. Ihr Körper teilt sich in den Brustpanzer und in das von einer Segmentschale umgebene Abdomen. Unter dem Hinterleib befinden sich die Laufbeine der Tiere. Auffälligstes Merkmal sind die mit scharfen Stacheln besetzten Fangbeine unter dem Brustpanzer. Das zweite Paar dieser Fangbeine ist besonders lang und unter dem Körper eingekrümmt. Es wird zum Schlagen und Fangen der Beute benutzt. Dabei schnellt das eingekrümmte Beinpaar mit einer Geschwindigkeit von 14 bis 23 Metern pro Sekunde in einem „Tritt" nach vorne und zertrümmert die Schale von Schnecken und anderen Weichtieren, die die Hauptnahrungsquelle des Heuschreckenkrebses darstellen. Die Tritttechnik der Tiere beruht auf einem speziellen Federmechanismus. Die Gegenspielerpaare der Muskeln in den Fangbeinen der Krebse funktionieren wie ein Katapult: haben sie die größtmögliche Kontraktion erreicht, werden sie losgelassen und die Beine schnellen von unten heraus nach vorne. Diese Bewegung läuft 50-mal schneller ab, als das menschliche Auge in der Lage ist, sie zu erfassen. Große Arten erreichen hierbei eine Durchschlagkraft, die einer Pistolenkugel des Kalibers 22 entspricht.

Man unterscheidet zwei verschiedene Gattungen von Heuschreckenkrebsen: „Speerer" und „Schmetterer". Die Fangbeine der Speerer sind je nach Art mit einer Vielzahl von Dornen besetzt. Diese Tiere schlagen ihre Beute mit ausgestrecktem Fangbein und spießen sie mit Hilfe der Dornen auf. Die Fangbeine der Schmetterer haben die Form einer Keule. Sie verwenden im Gegensatz zu den Speerern ihr verdicktes Ellenbogengelenk nicht die Klaue zum Beutefang. Mit dem angewinkelten Fangbein durchschlagen die Schmetterer selbst dicke Schalen von Krebsen und Muscheln.

Kulinarisches: In der Küche verwendet man den Heuschreckenkrebs wie Shrimps. Es sollte allerdings beim Kochen je nach Größe eine geringere Garzeit berechnet werden.

Dank ihrer dünnwandigen Schale können die Schwänze leicht ausgebrochen werden. Die Fangbeine der Tiere enthalten keinen nennenswerten Fleischanteil.

DER HEUSCHRECKENKREBS

Gefährlicher Jäger mit durchschlagender Kraft. Wie eine Gottesanbeterin an Land schnellen bei dem Heuschreckenkrebs die Fangbeine mit hoher Geschwingigkeit nach vorn. Sie sind in der Lage, die dicksten Schalen von Muscheln, ihrer Nahrung, zu zerschlagen.

Garnelen, Shrimps, Scampo, Plural Scampi, Gambas und Krabben. Die Verwirrung angesichts all dieser im Sprachgebrauch üblichen Bezeichnungen für verschiedene Krustentiere ist groß. Der Scampo zählt zum Beispiel überhaupt nicht zu den Garnelen, sondern zu den Langschwanzkrebsen. Auf den Speisekarten der Spitzengastronomie taucht er auch unter den Namen Kaisergranat und Langostino auf. Die Begriffe „Prawns" und „Gambas" bezeichnen Garnelen im Englischen bzw. im Spanischen. Als „Granat" werden im deutschen Sprachgebrauch die Nordseegarnelen bezeichnet. Sie sind auch unter dem Namen Nordseekrabben im Handel. Biologisch gesehen ist dieser Begriff nicht korrekt, da Krabben (z.B. der Taschenkrebs) einen runden Körperbau aufweisen und zu den Kurzschwanzkrebsen zählen. Die englische Bezeichnung „Shrimps" scheint relativ willkürlich für verschiedene Arten von Garnelen verwendet zu werden. Eine Unterscheidung, nach der große Garnelenarten als „Prawns", kleine als „Shrimps" bezeichnet werden, scheint im Englischen nicht einheitlich zu existieren.

Alle der oben genannten kulinarischen Leckerbissen gehören zoologisch zur Ordnung der Zehnfußkrebse (Decapoda). Die Garnelen bilden innerhalb dieser Gruppe eine eigene Unterordnung, die mit dem lateinischen Namen Natantia bezeichnet wird. Alle Arten dieser Ordnung haben zwar die gleiche Stammform, sind aber biologisch nicht unmittelbar miteinander verwandt.

Weltweit gibt es ca. 6.000 verschiedene Arten von Garnelen. Um diese Großfamilie in Kategorien zu unterteilen, gibt es mehrere Ordnungskriterien. Biologisch unterscheidet man Garnelen in Arten, die in der Tiefsee leben und solche, die im küstennahen Flachwasser beheimatet sind. Daneben können Garnelen auch nach ihrem Lebensraum in Süß- und Salzwassergarnelen eingeteilt werden. Nach geographischem Verbreitungsgebiet unterscheidet man die Tiere auch in Kalt- und Warmwassergarnelen, wovon erstere in den kühleren Gewässern der Nordhalbkugel, letztere in den Tropen und Subtropen vorkommen. Für den Garnelenkauf gilt die Faustregel: je kälter das Fanggewässer, desto besser Konsistenz und Geschmack der Garnele. 75% der im Handel erhältlichen Warmwasserarten

Die hier abgebildete Sägegarnele (Palaemon serratus), auch bekannt unter ihrem französischem Namen Bouquet oder Crevette Rose, gilt kulinarisch als besonders gut. Das bis zu 12 cm große Tier liebt bewachsene, felsige Küstenlandschaften.

stammen aus industriellen Aquakulturen in Asien. Hier werden fast ausschließlich die Arten Pacific White Shrimp und Giant Tiger Prawn gezüchtet.

So heterogen die verschiedenen Garnelenarten auf den ersten Blick auch erscheinen mögen, so haben sie doch einige Gemeinsamkeiten. Garnelen sind gute Schwimmer. Anatomisch verfügen alle Arten über einen steifen Brustpanzer (Carapax), der über den Kopf hinweg in eine verhornte Spitze ausläuft, und geißelartige Antennen (Fühler). Der Panzer schützt die Eingeweide wie Herz, Magen, Leber und Kiemen im Brustbreich. Im Gegensatz zu Hummern oder Kaisergranaten sind die Greifwerkzeuge bei fast allen Garnelenarten so zurückgebildet, dass sie nicht mehr als Scheren bezeichnet werden können. Der Hinterleib (Abdomen) ist kulinarisch der wertvollste Teil der Garnele. Sein zartes Fleisch wird von einem dünnen, kielförmigen Gliederpanzer geschützt, der an den Seiten abgeflacht ist und in den Schwanzfächer ausläuft.

Garnelen kommen meist ohne Kopf in den Handel. Aufgetaute Garnelen sollten innerhalb eines Tages verbraucht werden. Sofern nicht anderes auf der Packung vermerkt, muss bei allen handelsüblichen Garnelen vor der Zubereitung der Darm gezogen werden. Dafür ritzt man mit einem scharfen spitzen Messer das Fleisch kurz überhalb des Schwanzfächers ein und zieht den Darm vorsichtig heraus. Garnelen haben ein zart-aromatisches Fleisch. Wie bei allen Krustentieren ist es jedoch sehr empfindlich und wird bei falscher Zubereitung schnell fade und zäh. Zum Braten sollten Sie nur große Exemplare verwenden und diese nur wenige Minuten bei nicht zu hoher Hitze anschwitzen. Generell sollten Sie Garnelen nie in einem Gericht mitkochen, sondern erst am Ende des Garvorgangs, kurz vor dem Servieren, zugeben. Sie ziehen dann ganz von selbst schonend gar.

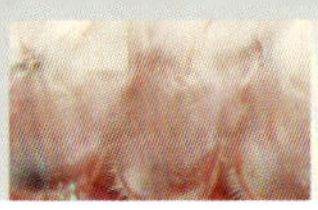

Der zur Familie der Geißelgarnelen (Penaeidae) gehörende Western White Shrimp wird auch Whiteleg Shrimp oder Pacific White Shrimp genannt.

Lebensraum: Die White Shrimps werden fast ausschließlich in Aquakultur in Südamerika, hier vor allem in Ecuador, aber auch zunehmend in Südostasien gezüchtet.

Beschreibung: Der Western White Shrimp hat einen auffällig transparenten Körper und fast weiße Beine. Ausgewachsen werden die Tiere bis zu 23 cm lang und ca. 40 g schwer. Da sie sehr robust sind und sich gut für die Zucht eignen, werden sie gerne in großen Aquakulturbetrieben gefarmt. In Deutschland wird derzeit versucht, die schmackhafte Garnele in Bioqualität zu züchten – mit Erfolg, wie man liest.

Kulinarisches: Das Fleisch der Western White Shrimps ist zarter, süßer und aromatischer als das ihrer Konkurentinnen. Sie wird in Thailand heute sehr häufig gezüchtet und ist dabei, der Black Tiger Prawn den Rang abzulaufen.

DER WESTERN WHITE SHRIMP
ANNAMEI

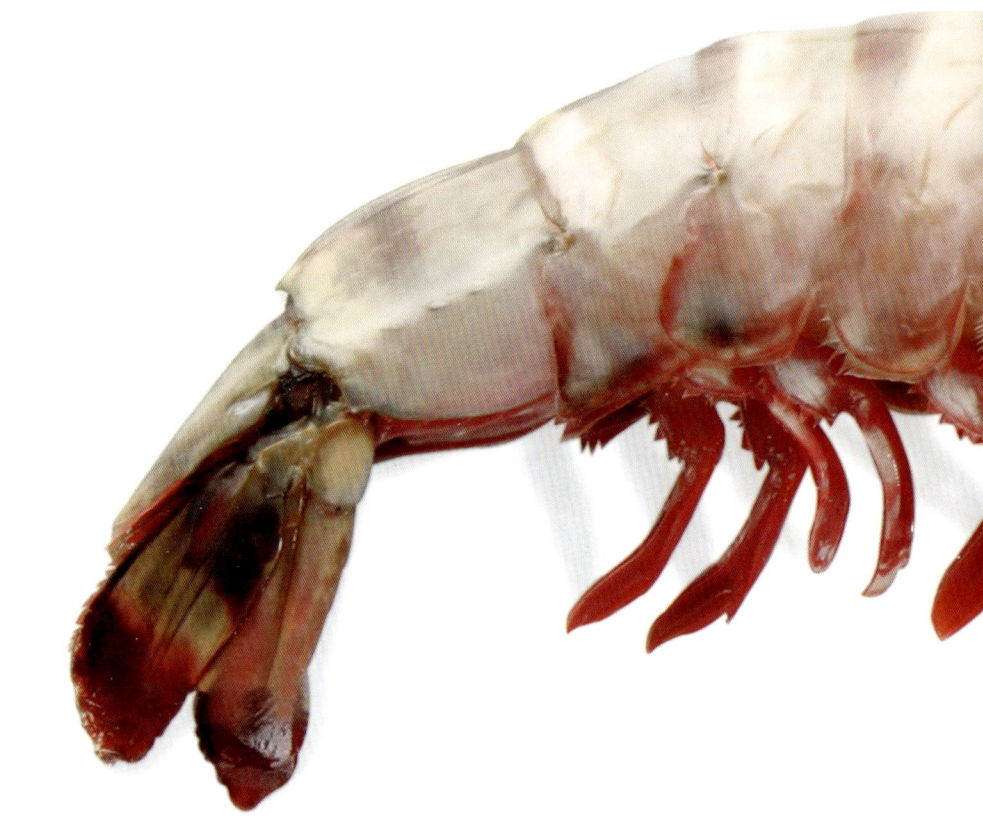

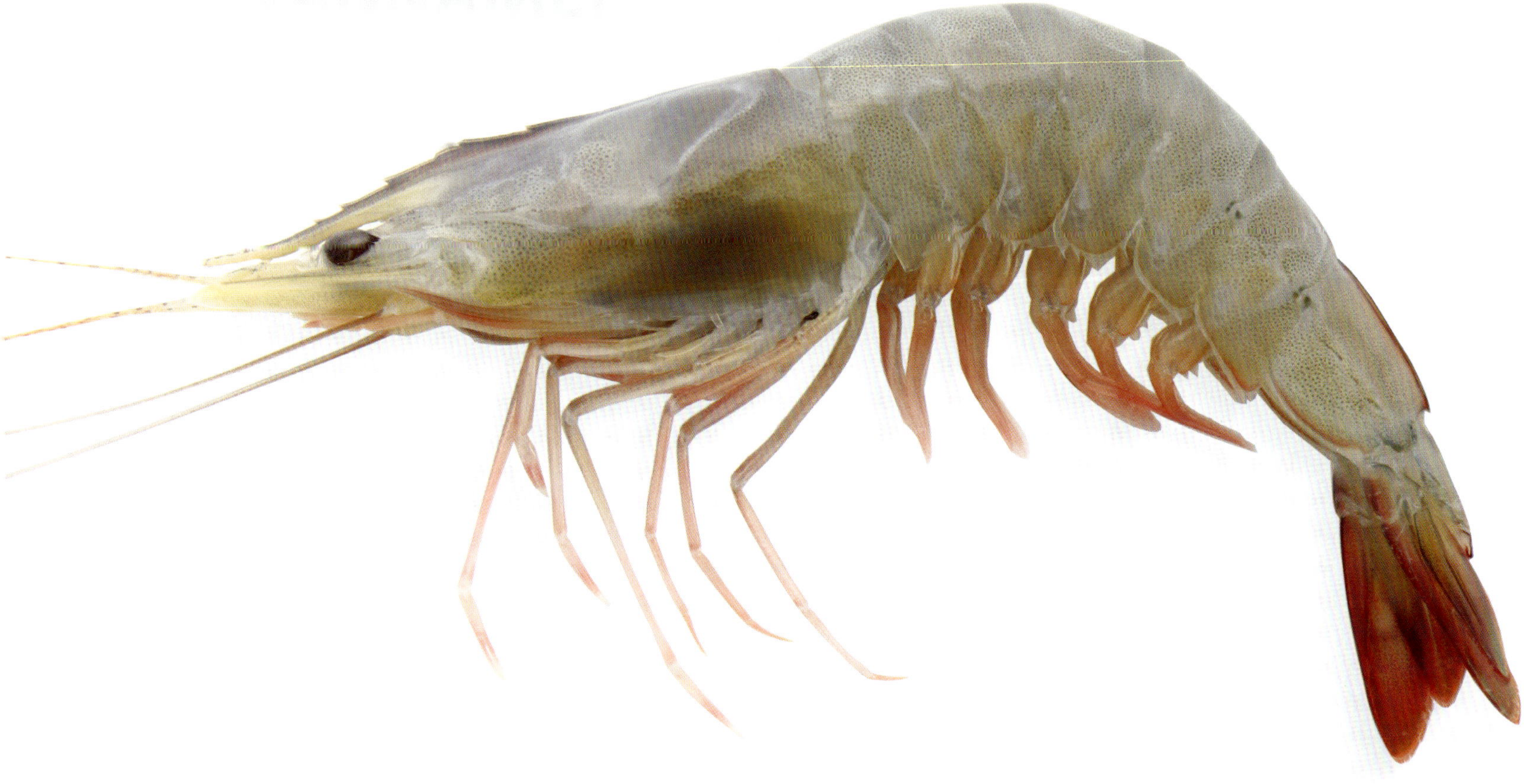

Der White Shrimp ist auf dem Vormarsch, er ist leicht zu halten und ein Fleisch ist zarter als das des Black Tigers. Ihn verdrängt der „Vannamei" zunehmend.

DIE BLACK TIGER PRAWN MONODON

Lebensraum: Im englischen Sprachraum ist dieser Meeresbewohner auch unter den Namen Jumbo Tiger Prawn, Giant Tiger Prawn, Leader Prawn oder Grass Prawn bekannt. Diese Garnelenart hat ein sehr großes Verbreitungsgebiet im Indo-Westpazifik, das sich von der östlichen afrikanischen Küste bis nach Südostasien und Japan erstreckt. Vereinzelte Populationen sind auch im Mittelmeer, auf Hawaii und an der amerikanischen Ostküste zu finden. Die Black Tiger Prawn lebt auf marinen Sand- oder Schlammböden bis zu einer Tiefe von 110 Metern und toleriert Wassertemperaturen zwischen 24 und 34 °C. Jungtiere halten sich in flachen Küsten- oder Mangrovengewässern auf, in die auch die Weibchen aus der Tiefsee zur Eiablage zurückkehren. Wie die meisten Garnelen ernährt sich die Black Tiger Prawn zu fast drei Vierteln von kleineren Krusten- und Weichtieren. Pflanzliche Nahrung spielt auf dem Speisplan dieser Garnelen eine eher untergeordnete Rolle.

Beschreibung: Der Körperbau der Black tiger prawn entspricht in seinen Grundzügen dem anderer Garnelenarten. Ihr auffälligstes Merkmal ist ihre ungewöhnliche Färbung. Der Panzer der Black Tiger Prawn weist eine dunkle Färbung auf, die von braun, über blau bis rot ausgeprägt sein kann. Der Rückenpanzer der Garnele ist durch dunkle und helle Querstreifen gemustert. Sie kann eine Größe von bis zu 36 cm erreichen. Die Weibchen werden etwas größer als ihre männlichen Artgenossen und können bis zu 650 g schwer werden.

Kulinarisches: Die Black Tiger Prawn ist die weltweit am meisten gefarmte Garnelenart. Jährlich werden bis zu 900.000 Tonnen dieser Tiere verzehrt. Zwei Drittel dieser Handelsware stammt aus Südostasien. Black Tiger Prawns verfügen über angenehm festes Fleisch, das geschmacklich an den Hummer erinnert. Es ist allerdings nicht ganz so delikat und aromatisch wie das Fleisch der Kaltwassergarnelen. Die Larven der Black Tiger Prawn oder Elterntiere werden im offenen Meer als Besatztiere gefangen und dann zur Aufzucht oder zum Ablaichen in Aquakulturen ausgebracht. Hauptproduzenten sind Thailand, die Philippinen und Taiwan.

DIE EISMEERGARNELE BOREALIS

Lebensraum: Die Eismeergarnele (Pandalus borealis), auch Grönlandgarnele genannt, gehört zur Familie der Tiefseegarnelen. Sie kommt in den nördlichen Teilen des Atlantiks und des Pazifiks vor. Die Verbreitung reicht von Neuengland an der kanadischen Ostküste über Grönland, Spitzbergen, Norwegen und die Nordsee bis südlich in den Ärmelkanal. Im Pazifik ist die Eismeergarnele vor Japan, im Ochotskischen Meer, der Beringstraße und vor Nordamerika anzutreffen.

Beschreibung: Eismeergarnelen werden ca. 12–14 cm lang und bevorzugen Wassertemperaturen zwischen 2 und 14 °C. Sie sind hell rosa gefärbt und besitzen lange Fühler, aber keine Scheren. Der Körper ist schmal und gebogen.

Kulinarisches: Das Fleisch der Eismeergarnele ist besonders fest und aromatisch.

Lebensraum: Die intensiv rosa gefärbten Tiefseegarnelen – häufig auch als Shrimps, Crevettes nordique oder Krevetten bezeichnet – kommen in nahezu allen größeren Meeren vor. Sie leben über weichem Grund in Tiefen von 200 bis 700 Meter und bei Temperaturen von 0 bis 8 °C. Nachts steigen sie in höhere Zonen auf und gehen auf die Jagd, wobei kleine Krebstiere und Würmer die Hauptnahrung darstellen.

Beschreibung: Tiefseegarnelen (Pandalidae) gehören zu den Zehnfußkrebsen (Decapoda), allerdings sind die typischen Schere am ersten Beinpaar stark zurückgebildet. Viele Tiefseegarnelen verfügen über Leuchtorgane. Die Tiefseegarnelen werden bis zu 16 cm lang und können 3–4 Jahre alt werden.

Kulinarisches: Tiefseegarnelen sind so genannte Kaltwassergarnelen. Sie wachsen besonders langsam, was ihrem Fleisch sehr zugute kommt – es ist besonders delikat, fein und aromatisch und daher bei Feinschmeckern besonders beliebt.

DIE TIEFSEEGARNELEN
LAT. PANDALIDAE

DIE NORDSEEGARNELE
LAT. CRANGON CRANGON

Die Nordseegarnele, auch Nordseekrabbe, Strandgarnele, Granat oder Graue Krabbe genannt, ist die kleinste Garnele die bei uns angeboten wird, vielleicht aber auch die Beste.

Lebensraum: Wie der Name schon sagt, lebt die Nordseegarnele hauptsächlich in den Küstenregionen und dem Wattenmeer der Nordsee vor Deutschland, Holland und Dänemark. Weitere Verbreitungsgebiete sind die Nordatlantische Küstenregion, vom Nordkap bis Nordamerika, aber auch das Schwarze Meer und der nördliche Pazifik.
Die größeren Tiere bevorzugen die tieferen Wasserregionen, während die jungen Garnelen das Wattenmeer vor allem in der warmen Jahreszeit nutzen, um sich vor Räubern zu schützen. Nordseegarnelen vergraben sich tagsüber meist flach im Sand, um Schutz vor Vögeln, Fischen und Seerobben zu finden. Durch spezielle Pigmentzellen können die Nordseegarnelen ihre Krebspanzer farblich perfekt an den Wattboden anpassen. Nordseekrabben sind nachtaktive Jäger, die sich von Kleinkrebsen, Würmern, Schnecken, Muscheln, Algen und Pflanzenteilen ernähren. Die Weibchen legen zweimal im Jahr Tausende von Eiern ab.

Beschreibung: Ausgewachsene Nordseegarnelen erreichen eine Größe von maximal 12 cm, üblicherweise aber nur 5–8 cm. Sie haben einen durchsichtig grau-braunen Körper und besitzen an ihrem kurzen, leicht eindrückbaren Brustpanzer nur ein kurzes, flaches Stirnhorn.

Kulinarisches: Die Nordseekrabben werden sofort nach dem Fang noch an Bord in Seewasser gekocht, wodurch sie ihre rosa bis rotbraune Farbe erhalten. Angeboten werden sie dann entweder noch in der Schale oder als gepultes Krabbenfleisch. Krabbenfleisch hat einen süßlich-nussigen Geschmack und ist vielseitig verwendbar.

Bei diesem Beifang handelt es sich um eine verirrte Tiefseegarnele aus dem Nordatlantik, sie ist im Gegensatz zur Nordseegarnele knallrot.

Na klar, die Nordsee Krabbe ist keine Krabbe, sondern eine Garnele. Sie erreicht erstaunliche Größen: 12 cm groß kann sie werden. Doch so große Exemplare sind selten. Vorher wird sie meist von Fressfeinden erwischt. Aber egal, probiert man selbst kleine Exemplare, so hat man den Eindruck, dass sich der Geschmack einer Riesengarnele hier auf engstem Raum konzentriert. Für viele ist die Nordseegarnele, die Crevette, die beste Garnele der nördlichen Meere. Mithalten kann nur der „Carabinero" aus dem Südatlantik.
Viele kulinarische Spielarten lassen diese Delikatessen allein durch ihre geringe Größe in der Küche nicht zu. Das ist aber egal, Krabbensalat mit Mayo, Kapern, Oliven, etwas Ei, Senf, Knoblauch und Pfeffer: einfach genial. Noch besser: Krabben frisch vom Kutter zum „Selberpulen".

HOMMAGE AN DIE „NORDSEE KRABBE"

So etwas bekommt man bei Paul Walter, den ich auf Sylt treffe. Sein winziger Stand am Hafen List behauptet sich seit vielen Jahren gegen den dortigen Platzhirschen. Zwar ist Paul Walter diesem so unlieb, wie dem Wal seine Seepocken, doch alle Versuche, ihn abzustreifen, verebben an der Sympathiefront Lister Bürger, die ihren Paul, das Original, schützen. Gönnt dem Paul doch seine paar Mark Verdienst zur Aufbesserung seiner Rente. Einen Millionär machen seine Einnahmen ohnehin nicht wirklich reicher.

Paul fängt die Krabben, die er verkauft, selbst. Wir verabreden uns, um auf Krabbenfang zu gehen. Zwei Mal vereinbaren wir vergeblich einen Termin. Das Meer ist an diesen Tagen viel zu rau, um hinauszufahren. Am dritten Morgen sieht es aber gut aus. Zwar nieselt es und es ist unangenehm kühl, aber der Wind ist abgeflaut und bläst nur leise seewärts. So gegen 4 Uhr treffe ich am Hafen ein. Paul ist schon bei seiner List, einem kleinen Boot, das nur mit einem Ausleger fischt. Bei seinen Freunden vom Fährterminal können wir uns umziehen. Gelbes Ölzeug und Gummistiefel sind unsere Kluft für die nächsten Stunden. Im Dämmerlicht des herannahenden trüben Tages läuft das kleine Boot aus und wenig später erreichen wir unsere Fisch-, besser Krabbengründe im Königshafen. Das ist die große Bucht an der nördlichen Seeseite der Insel. Hier ist das Wasser ruhig. Paul drosselt den Motor, schwenkt das Netz aus und lässt es zu Wasser. Nun wird eine gute halbe Stunde über Grund getrawlt. Nur einen Steinwurf vom Strand entfernt, in 9 Meter Wassertiefe. Genug Zeit zum Schnacken.

Paul stammt nicht aus einer typisch friesischen Fischerdynastie. Seine Familie floh 1945 vor dem herannahenden Feind aus dem Osten des damaligen Deutschen Reiches. Dort verdiente die Familie ihr Geld mit der Binnenschifferei auf der Oder. 2 1/2 Jahre alt war der kleine Paul als er nach Sylt kam. Sein Vater Willy schloss schnell Freundschaft mit den dort ansässigen Fischern und machte sich durch unkomplizierte Hilfeleistungen beliebt. „Hast du ein Problem? Der Willy macht das schon." hieß es bald. Auch Paul war bei den Fischern bekannt und gerne gesehen.

Vater und Sohn entdeckten auf Sylt auch ihre Liebe zur Fischerei. So machte sich der Vater bald mit einem eigenen Boot selbstständig und auch Paul war gerade mal vier als er seinen ersten Fisch fing. Der Vater fischte auf alles. Selbst Gammelfisch für Margarinefabriken landete er an. Später organisierte er auch Fahrgasttouren und Angelfahrten. Sicher gab es auch Rückschläge: Ein komplett verlorenes Netz brachte gar fast den Ruin. Leicht war das Fischen zu dieser Zeit nicht. Es gab kein gutes Material mehr und die Kleidung und Schuhe bestanden aus Leder, das mit Seehundfett wasserfest geschmiert wurde.

Fischschmuggelei

Die Fänge damals waren extrem wertvoll und wichtig für die Volksernährung, denn die Menschen litten unter Hunger und Mangelernährung. Daher wurden alle Anlandungen von den Engländern, der Besatzungsmacht auf Sylt, kontrolliert und verteilt. Nichts verließ den Hafen ohne ihre Genehmigung. Nur der kleine Paul durfte ab und zu eine fetten Dorsch oder ein paar Schollen heraustragen, die er, so hieß es, mit seinem eigenen Netz gefangen hatte. Das wiederum, ein altes, seit langem ausgedientes Schollennetz, schenkten ihm die Fischer. Paul hängte es an die Mole und siehe da, am nächsten Morgen waren ein paar Schollen darin. Es brauchte schon einige Zeit, bis Paul begriff, dass die Fischer ihm seine Fänge heimlich ins Netz knüpften. Die Engländer begriffen natürlich wesentlich schneller. Und so zwinkerten sie ihm immer zu, wenn er die Posten mit einem fetten Fisch und einem „Hi Sir" passierte. Ein belustigtes „Hi Paul" war die Antwort für eine lange Zeit. Paul brachte die Fische brav zur Mutter, die sie dann an Freunde, Nachbarn und an alle, am offenen Komplott beteiligten Personen verteilte.

Frühe Selbstständigkeit

Mit 7 Jahren machte ihm sein Vater ein altes Ruderboot flott. 3 Meter lang war der Tümmler. Damit fuhr er hinaus, fischte mit einem alten Netz und fing mit Reusen Aale, die er auch selbst räucherte. Für seine Zeit verdiente der Junge gutes Geld. Fisch war damals viel wert. Der Verdienst an einem guten Fangtag entsprach dem eines Arbeiter-Wochenlohns. Paul gab das Geld zu Hause ab. Der Junge hatte Talent zum Fischen und dieses Talent wurde erkannt. So stellten die Lehrer ihn zwei Tage von der Schule frei, um auf See der Volksernährung zu dienen. Später führte das auf der Fischereifachschule dazu, dass er fachlich der Beste war, aber in der Rechtschreibung, na, sagen wir mal vorsichtig, nicht zu den Besten zählte.

Paul wollte mehr. Um Navigation zu lernen, fuhr er drei Winter lang auf einem Hochseekutter mit. Damals beeindruckten 180 PS! 14 Tage fischte das Boot auf See, um dann nach Cuxhaven zurückzukehren. Ein Boot dieser Klasse kann man heute noch auf Sylt bewundern, die Great Palucca, benannt nach einer Tingel-Tangel-Sängerin, die der Legende nach des öfteren im Haus des Reeders oder beim Reeder weilte.

Eines Tages rief Kapitän Hans Fahrgl Paul zu sich. „Hier hast du dein Seefahrtbuch. Entweder du gehst auf die Seefahrtsschule oder du musterst sofort ab," stellte ihn dieser vor eine Alternative, die im Grunde keine war. Denn eigentlich war Paul mit nicht einmal 19 Jahren noch zu jung für die Ausbildung, aber er ging. Heute bezeichnet Paul diese Zeit als die schönste in seinem Leben. Von 7.00 bis 14.00 Uhr war Unterricht. Dann spielte man den feinen Mann und schaute den Mädchen hinterher. Am Abschlusstag dann der Schock: Zum Klassenprimus Paul, die Rechtschreibung mal ausgenommen, sagte der Lehrer: „Dir können wir das Seemanns-Patent nicht aushändigen." Tumult in der Klasse, laute Proteste. Schnell aber wurde die Situation aufgelöst. Paul hatte das beste Zeugnis, war aber noch keine 20. Und die muss man sein, um das Patent zu bekommen. Nun hieß es noch ein wenig warten. Dann stand Paul die Welt offen.

Schwerter zu Pflugscharen

Doch ganz so kam es nicht. Zwar war er zum Kapitänspatent angemeldet, musste aber dann aus finanziellen Gründen dem Vater das Boot abkaufen und sich selbstständig machen. Später ging er zur Marine, verkaufte sein eigenes Boot und avancierte zum Steuermann auf einem Flugsicherungsboot. Doch die Fischerei ließ ihn nicht los. Irgendwo in den Paragraphen entdeckte er etwas, das so lautete wie: „Sämtliche Marinefahrzeuge können mit Fischereigeschirr ausgerüstet werden". Damit ging er direkt zum Kommandanten. Dem war Paul Walter nicht unbekannt. Schon öfter hatte der durch seine Forschheit und als Rädelsführer von sich Reden gemacht. „Herr Walter, in Gottes Namen, setzen Sie Ihr Fanggeschirr für Schleppübungen auf unseren Marinebooten ein," genehmigte der Kommandant. Schwerter zu Pflugscharen. Kriegsschiffe zu Fischerbooten. Respekt, Herr Walter, für den vermutlich ersten deutschen Marine-Fischer.

DER LETZTE
KRABBENFÄNGER
VON SYLT

KOCHENDE LEIDENSCHAFT

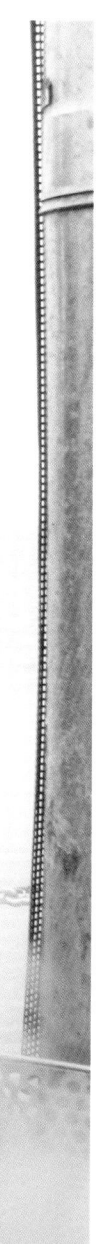

Zurück in der Gegenwart

Vor lauter Schnack ist der Diesel übergelaufen, den Paul in den Brenner über dem Siedebottich für die Krabben gepumpt hat. Er zündet ihn mit einem Fidibus. Das Ding brennt wilder als die Hölle. Damit uns nicht das ganze Boot abfackelt, kühlt Paul die Stahlwandungen des Brenners mit Wasser. Egal, im Notfall hätten wir die paar Meter bis zum Strand auch schwimmen können.

Wir holen das Netz ein. Ich scheine Paul Glück zu bringen. Trotz der Ufernähe sind die Krabben groß und reichlich im Netz. Ein paar Fische sind auch dabei, auch ein paar kleine Kalamari. Paul sortiert den Fang. Kleine Plattfische und Butterfische fliegen zurück ins Meer. Ein paar bleiben drin, die werden wir später probieren. Auch die Mini-Kalamari werden später mitgekocht. Große Fische als Beifang so nah vor der Küste sind selten geworden. Früher gab es das häufiger. Doch das meiste, was wir fangen, sind Nordseekrabben, richtig: Sandgarnelen. Etwa 5% davon sind knallrot. Hier handelt es sich um verirrte Tiefseegarnelen aus dem Nordatlantik, die in manchen Fanggebieten 10% des Ertrags ausmachen. Ihr Geschmack ist nicht schlecht, kommt aber lang nicht an den der Nordseegarnele heran. Das Meerwasser im Brühbottich ist nun heiß. Paul hat es noch etwas nachgesalzen. Dahinter steckt viel Erfahrung. Er weiß, wie seine Kunden die Krabben lieben. Mit einer überdimensionalen Schöpfkelle brüht Paul so Portion für Portion ab. Mit kaltem Wasser abgeschreckt warten sie auf den Verkauf im Hafen. Währenddessen pflügt das 6 Meter lange Netz bereits wieder den Meeresboden für den nächsten Hol. Lange fischen wir nicht an diesem Tag. Schnell hat Paul das beisammen, was er an einem Tag verkaufen kann. Ist es zu viel, werden Freunde beschenkt.

Früher ist er mit dem Fang oft nach Dänemark gefahren, um ihn dort abzuliefern. So wie es die größeren Kutter machen, die mit zwei Netzen am nebligen Horizont fangen. Dort verkauft man gut. Die Dänen schaffen die Ware dann nach Marokko, wo sie von fleißigen, aber vor allem preiswerten Händen gepult werden. Dann kehrt die Ware zu uns zurück. Eine funktionierende Krabbenpulmaschine hat noch niemand erfunden.

Heute aber ist Paul lieber schnell wieder zuhause, um sich um seine Frau zu kümmern, der es nicht so gut geht. Auch er kann nur auf See, in dieser klaren, reinen Luft, so richtig aufatmen. Denn das Ende seiner Karriere beim Bund war eine Chemikalienvergiftung. Die Folge: Heute reagiert sein Körper extrem auf alles, was nicht natürlichen Ursprungs ist. Bleib tapfer, Paul, letzter Krabbenfischer von Sylt.

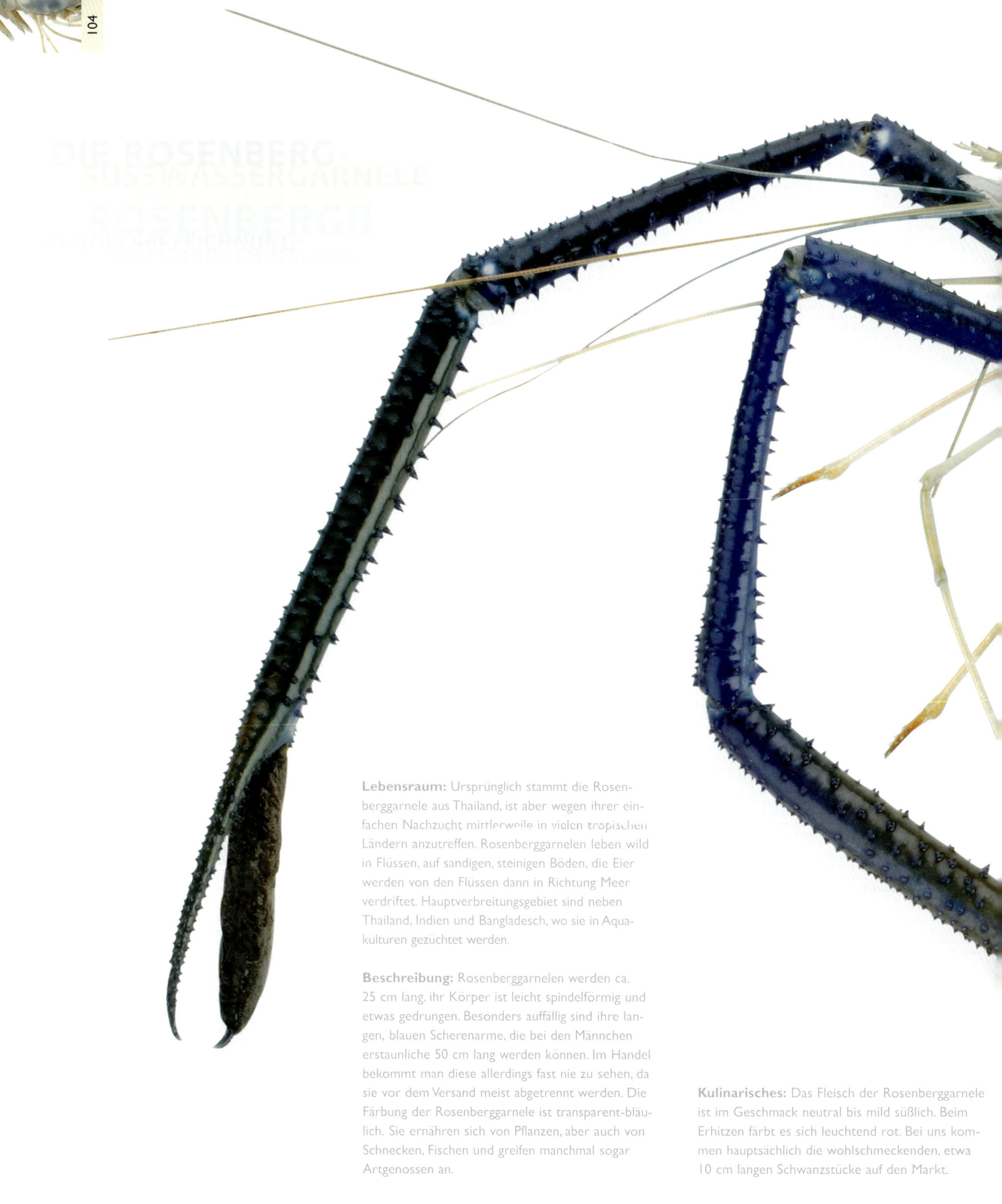

Lebensraum: Ursprünglich stammt die Rosenberggarnele aus Thailand, ist aber wegen ihrer einfachen Nachzucht mittlerweile in vielen tropischen Ländern anzutreffen. Rosenberggarnelen leben wild in Flüssen, auf sandigen, steinigen Böden, die Eier werden von den Flüssen dann in Richtung Meer verdriftet. Hauptverbreitungsgebiet sind neben Thailand, Indien und Bangladesch, wo sie in Aquakulturen gezüchtet werden.

Beschreibung: Rosenberggarnelen werden ca. 25 cm lang, ihr Körper ist leicht spindelförmig und etwas gedrungen. Besonders auffällig sind ihre langen, blauen Scherenarme, die bei den Männchen erstaunliche 50 cm lang werden können. Im Handel bekommt man diese allerdings fast nie zu sehen, da sie vor dem Versand meist abgetrennt werden. Die Färbung der Rosenberggarnele ist transparent-bläulich. Sie ernähren sich von Pflanzen, aber auch von Schnecken, Fischen und greifen manchmal sogar Artgenossen an.

Kulinarisches: Das Fleisch der Rosenberggarnele ist im Geschmack neutral bis mild süßlich. Beim Erhitzen färbt es sich leuchtend rot. Bei uns kommen hauptsächlich die wohlschmeckenden, etwa 10 cm langen Schwanzstücke auf den Markt.

Die Rosenberggarnele (Macrobrachium rosenbergii) ist eine typische Vertreterin der so genannten Freshwater-Garnelen. Sie ist in Süßwassergebieten wie Flüssen und Seen, aber auch in Brackwasser, also in Mischwassern aus Meer- und Süßwasser, beheimatet.

DIE ROTE RIESENGARNELE
ODER CARABINERO
EDWARDSIANUS

Lebensraum: Mit deutschem Namen heißt dieser Leckerbissen ganz profan Rote Riesengarnele. Die Spanier nennen sie etwas klangvoller Gamba carabiniera, die Franzosen Crevette royal. In den subtropischen Küstengebieten Brasiliens, Madagaskars, Senegals, Guineas, Kongos und Angolas wird ganzjährig Jagd auf die Gamba carabiniera gemacht. Wild gefangen wird sie mit Netzen in einer Tiefe von ca. 500 bis 700 Metern. Da sie recht widerstandsfähig ist, wird sie allerdings teilweise auch in Aquakulturen gezüchtet.

Beschreibung: Der Körperbau der Gamba carabiniera entspricht mit seiner Unterteilung in Brustpanzer und Abdomen dem anderer Garnelenarten. Eine Besonderheit ist ihre auffällige Farbe: sie ist im Gegensatz zu den meisten Garnelen bereits im Lebendzustand tiefrot. Unterscheidungsmerkmale, die sie von anderen roten Garnelenarten abgrenzen, sind die langen scharfen Kanten an den Seiten ihres Rückenpanzers. Außerdem ist sie mit ca. 33,5 cm größer als verwandte Arten roter Großgarnelen.

Kulinarisches: In Deutschland ist die Rote Riesengarnele eine recht selten zu bekommende Delikatesse. Gourmets schätzen sie für ihr festes, saftiges und mild aromatisches Fleisch. Im Gegensatz zu Kaisergranaten ist die Gamba carabiniera in der Küche auch für Laien einfach zu verarbeiten, da sich ihr Panzer und Darm leicht entfernen lassen.

Als geeigneter Maßstab für die einheitliche Etikettierung von Garnelen werden die unterschiedlichen Arten und Größen danach eingeteilt, wieviele Tiere (engl.: pieces = pcs) man benötigt, um ein englisches Pfund aufzuwiegen (engl.: pound = lb). Ein englisches Pfund entspricht 453,59 Gramm. Die Kalibrierung ist kein genaues Maß, sondern bezeichnet eine Spanne von ca. 21 bis 25 kleineren Garnelen pro Pfund. Je größer, und damit auch schwerer die Garnele, desto weniger Pieces benötigt man, um ein Pfund aufzuwiegen. Große Garnelen werden bei der Kalibrierung zusätzlich mit einem „U" gekennzeichnet, das für „unter" (engl.: under) steht. U7 steht demzufolge für unter 7 Stück pro Pfund.

Kalibrierung in Spanien, Westafrika und Frankreich

In Spanien, Westafrika und Frankreich gibt es für rohe Garnelenschwänze ohne Kopf, mit Schale, die Gewichtsbezeichnungen „00" bis „5".

Bezeichnung	Stück
00	1–6
0	6–10
1	10–20
2	20–30
3	30–40
4	40–60
5	60–80

Kalibrierung in englischsprachigen Ländern (außer USA) und Deutschland

rohe Garnelenschwänze ohne Kopf, mit Schale

pcs/lb	Stück/kg
U–7	unter 13
U–10	unter 22
U–12	unter 26
U–15	unter 33
16–20	35–44
21–25	45–55
26–30	56–69
31–35	70–79
36–40	80–99
41–50	91–110
51–60	110–130
61–70	130–155
71–90	155–200
91–110	200–240

Kalibrierung in Amerika

Bezeichnungen für Garnelen nach Stück pro englischem Pfund (pcs/lb)

Tiger Prawns	ca. 2 pcs/lb
Prawns/Jumbo Shrimps	bis 15 pcs/lb
Extra große Shrimps	16–20 pcs/lb
Große Shrimps	21–30 pcs/lb
Medium Shrimps	31–40 pcs/lb
Tiny Shrimps	40–180 pcs/lb

Rote Farbe dient zur Tarnung

Rot gefärbte Meerestiere, wie die Gamba Carabinera oder der Drachenkopf, bedienen sich einer geschickten Tarntechnik. Zwar beeindrucken sie an Land durch ihre auffälligen Farben, unter Wasser jedoch sind sie schon ab einer Tiefe von ca. 3 Metern kaum noch zu sehen. Das liegt daran, dass das Sonnenlicht von den Wassermassen der Meere mit zunehmender Tiefe immer stärker gefiltert wird (Extinktion). Dabei ist Rot die erste Farbe, die verschwindet. Rote Tiere sind daher im Wasser fast unsichtbar. Danach folgt Gelb, und in einer Tiefe von ab ca. 23 Metern fehlen dann auch Grün- und Blautöne, sodass die ganze Unterwasserwelt ab hier nur noch in Grautönen erscheint.

Perceves, eine wahre Spezialität der Algarve. Der deutsche Name täuscht. Entenmuscheln gehören zu den Rankenfußkrebsen und sind keine Muscheln. Ihre nächsten Verwandten sind die Seepocken. Perceves wachsen auf harten Untergründen und filtrieren Plankton aus dem Meerwasser. An der Algarve werden sie von waghalsigen Männern, die sich an den Steilküsten abseilen, geerntet. Regelmäßig kommt es dabei zu Todesfällen. Perceves werden drei Minuten gekocht, dann trennt man den Kopf und den Stiel ab und entnimmt zum Verzehr das Innere. Perceves lassen sich im eigenen Kochwasser gut zu Konserven verarbeiten.

DIE ENTENMUSCHEL
PLYNURUS

Sie ist gar keine Muschel, sondern ein Krebstier aus der Klasse der Rankenfußkrebse (Cirripedia). Aber zugegeben – ihr Äußeres ähnelt eindeutig mehr einer Muschel als einem Krebs!

Lebensraum: Alle Rankenfußkrebse, und damit auch die Entenmuschel, leben ausschließlich in marinen Gewässern. Das Hauptvorkommen der Entenmuschel (Pollicipes polynurus) befindet sich im Atlantik vor der spanischen und portugiesischen Küste und im Mittelmeer. Hier leben die Tiere sessil, also festsitzend, auf den harten Oberflächen der Felsen in der intertidalen Zone des Meeres sowie auf Treibgut. Bereits die Larve setzt sich mit Hilfe einer am Kopf befindlichen Zementdrüse fest und entwickelt sich an diesem Standort zum erwachsenen Tier weiter.

Beschreibung: Entenmuscheln sehen befremdlich aus. Auf den ersten Blick ähneln sie einem Elefantenfuß. Den Namen Entenmuschel leitet man davon ab, dass man früher dachte, aus den Tieren würden sich die Nonnengänse entwickeln, da nie beobachtet wurde, dass diese im gemäßigten Europa nisten. Die Ähnlichkeit der Entenmuschel mit der Nonnengans in Farbe und Form löste wohl dieses Durcheinander aus. Und in Deutschland wurde dann aus der Gans sogar eine Ente – et voilà, ein falscher Name war geboren.
Die Entenmuschel ist leicht durch ihren langen und muskulösen Stiel erkennbar, bei dem es sich übrigens um den umgewandelten vorderen Teil des Kopfes handelt. Dieser Stiel ist essbar und erfreut sich in einigen Mittelmeerländern als Delikatesse besonders großer Beliebtheit.

Kulinarisches: Diese ausgefallene Delikatesse spielt bei uns kaum eine Rolle. Sie sind meistens nur dort beliebt, wo sie natürlicherweise vorkommen. In Spanien serviert man sie gerne als Tapa. Regional kann man die Entenmuschel auch in Frankreich finden.

HANDLING-TIPPS KRUSTENTIERE

Frischemerkmale bei Krustentieren

Einige Krustentiere, wie Hummer oder bestimmte Krabbenarten, sollten nur lebend gekauft werden. Werden diese Tiere tot angeboten, sollten Sie sie nicht kaufen, da hier nach dem Tod, die enzymatischen Zersetzungsprozesse des Magen-Darm-Trakts das empfindliche Fleisch schnell verderben. Verdorbenes Fleisch erkennen Sie an seiner weichen Konsistenz, der leicht grünlichen Farbe und an seinem strengen Geruch. Lebende Krebstiere ziehen bei Berührung sofort reflexartig den Schwanz ein oder weichen zurück. Als Faustregel gilt: Je frischer die angebotene Ware, desto agiler die Tiere.

Daneben gibt es auch Krustentiere, die Sie unbesorgt bereits getötet kaufen können. Hierzu gehören zum Beispiel verschiedene Garnelenarten oder die Flower Crab, die immer nur tot auf den Markt kommt.

Internationale Bio-Standards für Meeresfrüchte

Leider gibt es auf diesem Gebiet nichts wirklich Positives zu berichten: Es existieren keine internationalen Vereinbarungen über die Haltung bzw. Kennzeichnung von Bio-Meeresfrüchten. Und daher auch kein weltweit gültiges Biosiegel für diese Leckerbissen. Da Tiere aus Wildfängen sowieso nicht in die „Biokategorie" fallen, bezöge sich eine solche Zertifizierung nur auf in Aquakulturen gezüchtete Meeresfrüchte. Selbst in Deutschland gibt es zur Zeit keine gesetzlichen Verordnungen in Sachen ökologischer Aquakultur. Erst im August dieses Jahres hat die EU eine neue Richtlinie zum Thema biologischer Landbau und Viehwirtschaft erlassen, die aber erst zum 1.1.2009 in Kraft tritt. Diese Verordnung 834/2007 erfasst erstmals auch ökologische Erzeugnisse aus der Aquakultur. Damit schafft die EU zwar Klarheit innerhalb ihrer Grenzen, weltweit ist man von einheitlichen Bestimmungen zum „organic seafood" aber noch weit entfernt.

Fisch- und Meeresfrüchte-Etikettierung

Die EU-Verordnung 104/2000 gilt seit dem 1. Januar 2002. Sie besagt, dass der Einzelhandel beim Verkauf von Fisch und Meerestieren dem Kunden zusätzliche Produktinformationen zu Fanggebiet (Mittelmeer, Nordostatlantik etc.), Produktionsmethode (Binnenfischerei, Aquakultur etc.) und Handelsnamen bzw. der Bezeichnung der Tierart liefern muss. Die EU will hiermit erreichen, dass der Verbraucher mehr über die Produkte weiß, die er kauft. Markttransparenz nennt man das im Fachjargon. Aber ganz so einfach, wie es sich im ersten Moment anhört ist es doch nicht: denn nicht alle Fische und Fischprodukte fallen überhaupt unter das Gesetz. Voraussetzung für die umfassendere Etikettierung ist zum Beispiel, dass der Fisch relativ naturbelassen auf den Ladentisch kommt, wie es bei Frischfisch, Räucherfisch oder bestimmten TK-Waren der Fall ist. Das gleiche gilt für Schalen- und Krustentiere. Das Etikettierungsgesetz spart jedoch Zubereitungen und verarbeitete Produkte von Fisch und Meerestieren aus.

Ziehen des Darms bei Zehnfußkrebsen

Bei allen Vertretern der Zehnfußkrebse, wie Hummer, Languste oder Garnele, die über ein langgestrecktes Pleon, also einen gegliederten Schwanzteil verfügen, muss vor dem Verzehr der innenliegende Darm entfernt werden. Er verläuft vom Kopf-Brust-Panzer der Tiere entlang der Körpermitte bis zum Afterausgang unterhalb der Schwanzflosse. Im Gegensatz zur französischen Küchenpraxis, ist in Deutschland das Ziehen der Därme bei lebendigen Tieren verboten. Kurz vor dem Verzehr, wenn Sie das Tier getötet und den Schwanzpanzer ausgebrochen haben, machen Sie einen kleinen Schnitt auf der Oberseite des letzten Schwanzsegments. Mit einem Tourniermesser können Sie durch diese Öffnung den dunkel gefärbten Darm herausziehen.

Panzerknacken bei Schwimmkrabben

Anders als beim Hummer bieten die Scheren von Schwimmkrabben zwar keine nennenswerte Fleischausbeute, deren Inhalt, und auch das Fleisch der Beine, gilt allerdings als besonders schmackhaft. Auch das Fleisch im Inneren des Panzers wird in der Küche gerne verwendet. Um diesen Panzer zu öffnen gibt es Tricks, die zwar barbarisch klingen, aber recht wirkungsvoll sind. Noch lebende Krabben werden für einige Minuten zur Betäubung in Eiswasser gelegt. Die Kälte lähmt die Tiere und sie können nun einfach mit bloßen Händen angefasst werden. Nehmen Sie die Krabbe an den Beinen einer Körperseite und hebeln Sie ihren Brustpanzer mit den Kanten der Scheren auf. Dieser Vorgang tötet die Krabbe sofort und das Tier muss nicht weiter leiden. Nach dem Entfernen der Rückenplatte müssen Sie die Eingeweide der Krabbe entfernen. Dabei nehmen Sie am besten die Finger und einen kräftigen Wasserstrahl zu Hilfe. Brechen Sie mit Daumen und Zeigefinger die Mundwerkzeuge der Krabbe aus und waschen Sie das ganze Tier zum Schluss noch einmal gründlich ab. Danach direkt weiter zubereiten. Wie der Hummer, der Taschenkrebs oder die Seespinne können Schwimmkrabben in kochendem Salzwasser oder Court Bouillon gegart werden. Zum Aufbrechen empfiehlt sich ein schweres Messer oder ein Nussknacker. Als besondere Delikatesse gelten die orangefarbenen Eierstöcke der Weibchen (Corail) und die Leber der Tiere. Sie müssen nach dem Garen eine feste Konsistenz haben.

Zubereitung von Hummern

Da sich im Körper toter Hummer schnell Giftstoffe bilden, die sogar zu einer Lebensmittelvergiftung führen können, sollten Hummer grundsätzlich lebend beim Fischhändler des Vertrauens gekauft werden. Werden sie aus dem Becken entnommen, sollten sie ihre Beine noch kräftig bewegen. Alternativ gibt es Hummer aber auch bereits gekocht oder tiefgefroren.

Lebende Hummer müssen in einer ausreichenden Menge siedend heißen Wassers gekocht werden. Die Tiere werden kopfüber möglichst schnell in das kochende Wasser gegeben. Da das zentrale Nervensystem im Kopfbereich liegt, sind die Hummer sofort tot. Alternative Tötungsmethoden wie ein Messerstich in den Kopf sind in Deutschland ausdrücklich nicht erlaubt.

Einen Hummer fachgerecht zu verspeisen ist nicht ganz einfach und erfordert etwas Übung und vor allem das richtige Werkzeug, sprich Hummerbesteck. Auch Hummer gilt als Fingergericht, wenn er im Panzer serviert wird. Dann benötigt man als zusätzliches Besteck eine Hummergabel und eine Hummerzange. Mit der Zange werden Panzer und Schwanz aufgebrochen, das Fleisch wird mit der Hummergabel gelöst und gegessen. Die Beine werden mit der Hand abgebrochen und ebenfalls per Hand an den Gelenken gebrochen. Das Fleisch dann entweder mit der Hummergabel herausziehen oder aussaugen – das ist auch im Restaurant erlaubt!

Wird der Hummer der Länge nach halbiert serviert, wird das Fleisch mit der Hummergabel aus Panzer und Schwanz gelöst und dann mit normalem Besteck gegessen.

Kochen und Ausbrechen von Flusskrebsen

Zum Garen werden Flusskrebse, wie Hummer und Langusten, lebend in kochendes Salzwasser oder eine Court Bouillon gegeben. Je nach Größe der Tiere, kann man eine Garzeit von 4-5 Minuten ansetzen. Nach dem Abschrecken unter kaltem Wasser müssen sie aus ihrem Panzer gebrochen werden, der über spitze, scharfe Stacheln verfügt. Wer empfindliche Haut hat, sollte entweder eine doppelte Lage Latexhandschuhe tragen oder Daumen und Zeigefinger mit nässeresistentem Klebeband umwickeln. Trennen Sie den Kopf durch eine Drehung vom Schwanzteil. Wie bei Langostinos müssen Sie den Schwanzpanzer zwischen Daumen und Zeigefinger zusammendrücken, bis er bricht. Hierbei ist etwas Fingerspitzengefühl nötig: Drücken Sie nicht fest genug, gibt der Panzer nicht nach. Üben Sie jedoch zuviel Druck aus, zerdrücken Sie auch das innenliegende Fleisch. Brechen Sie nun die einzelnen Panzersegmente von der stumpfen Seite her auf und entnehmen Sie das Fleisch. Bei sehr großen Flusskrebsen lohnt es sich auch die Scheren aufzubrechen. Das funktioniert genau so wie beim Hummer.

Court-Bouillon

500 ml	Weißwein
500 ml	Wasser
1 EL	Essig
1/2	Lauchstange (nur das Weiße)
1	mittelgroße Möhre
1	Stange Staudensellerie
1/2	Zwiebel
6	Nelken
1 EL	schwarze Pfefferkörner
1	Thymianzweig
1	Lorbeerblatt
Meersalz	

Das Gemüse klein schneiden. Wein, Wasser und Gemüse in einen Topf geben und kochen, bis alle Gemüse gar sind und ihr volles Aroma abgegeben haben. Die Court-Bouillon durch ein Sieb passieren und die Gemüse und Gewürze entfernen.

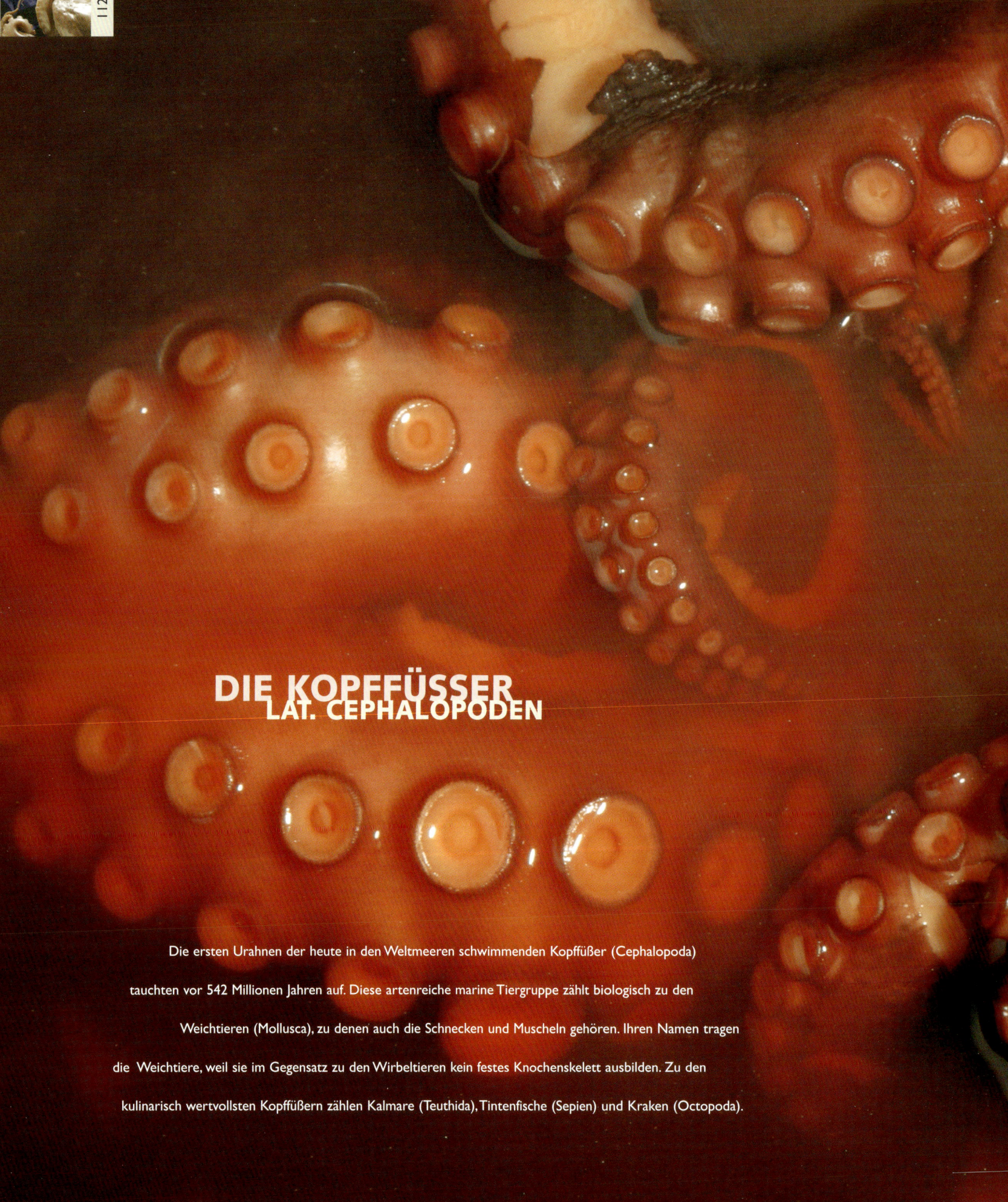

DIE KOPFFÜSSER
LAT. CEPHALOPODEN

Die ersten Urahnen der heute in den Weltmeeren schwimmenden Kopffüßer (Cephalopoda) tauchten vor 542 Millionen Jahren auf. Diese artenreiche marine Tiergruppe zählt biologisch zu den Weichtieren (Mollusca), zu denen auch die Schnecken und Muscheln gehören. Ihren Namen tragen die Weichtiere, weil sie im Gegensatz zu den Wirbeltieren kein festes Knochenskelett ausbilden. Zu den kulinarisch wertvollsten Kopffüßern zählen Kalmare (Teuthida), Tintenfische (Sepien) und Kraken (Octopoda).

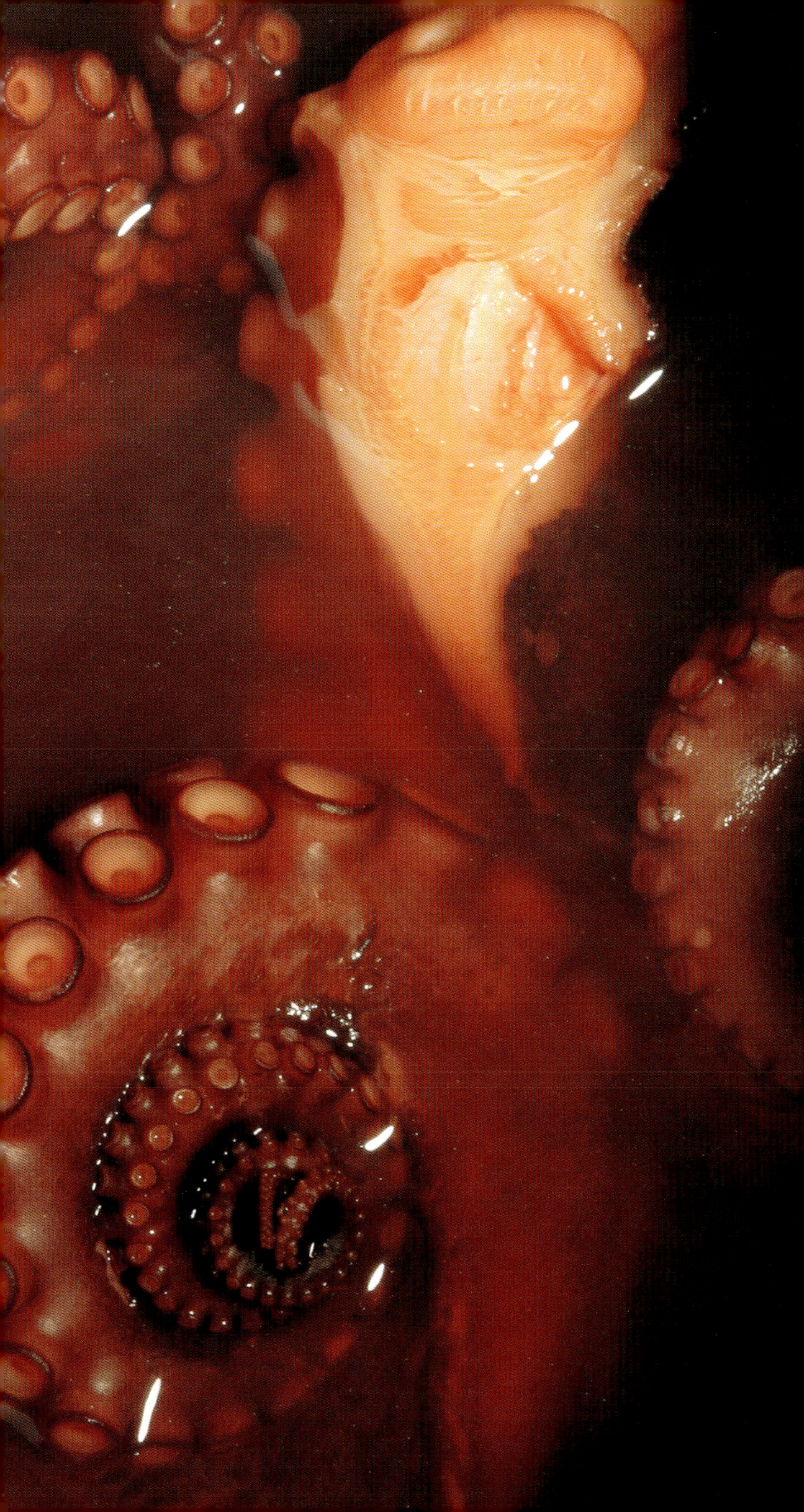

Kopffüßer sind gute Schwimmer: Sie kommen sowohl als freischwimmende (pelagische), als auch als am Meeresboden lebende (benthische) Arten vor. In der Biologie werden Kopffüßer systematisch in Alt- und Neukopfüßer eingeteilt. Erstere sind mittlerweile ausgestorben. Wichtigstes Zuordnungskriterium hierbei ist die Art der Frühentwicklung der Jungtiere und die Form des mineralischen Skeletts der Tiere. Während die meisten der heute lebenden 800 Cephalopodenarten ein innenliegendes Horn- bzw. Knorpelskelett entwickeln, war bei den ausgestorbenen Arten ein außenliegendes Kalkskelett in Form eines Schneckenhauses ausgebildet.

Die Artenvielfalt der Kopffüßer macht eine Einschränkung ihres Lebensraumes auf ein bestimmtes geographisches Gebiet unmöglich: Sie bevölkern die tropischen Meere, die warm- und kaltgemäßigten Ozeane unserer Breiten und die Polarmeere. Man findet sowohl Arten, die im Flachwasser in wenigen Metern Tiefe leben, als auch Arten, die in der Tiefsee vorherrschen. Kopffüßer gibt es in allen Formen und Größen: manche Arten sind nur wenige Millimeter groß, das größte jemals gefundene Tier maß 23 m.

Der Körper aller Kopffüßer gliedert sich in den Rumpf, dessen Eingeweidesack die inneren Organe des Tieres schützt, den Kopf mit den Fangarmen (Tentakel) und den Mantel, der an der Bauchseite taschenförmig ausgebildet ist. Im Inneren des Mantels liegen zwei bzw. vier Kiemen, die über eine Röhre mit dem Umgebungswasser außerhalb des Körpers verbunden sind. Fast alle Kopffüßer besitzen die Fähigkeit aus ihrem Tintenbeutel eine dunkle Flüssigkeit auszustoßen, die sie nutzen um Angreifer zu verwirren und zu flüchten.

Die acht bzw. zehn dehnbaren Fangarme der Kopffüßer sind um die Mundöffnung der Tiere angeordnet und mit einer Vielzahl von Saugnäpfen ausgestattet. Sie dienen sowohl der Fortbewegung als auch dem Beutefang. Viele Arten verfügen an der Mundöffnung über einen papageienartig gebogenen Schnabel und eine Raspelzunge (Radula), mit denen sie ihre Nahrung (Muscheln, Schnecken, kleine Fische) zerkleinern. Kopffüßer sind getrenntgeschlechtlich. Aus den Eiern der Weibchen schlüpfen nach etwa einem Monat voll entwickelte Jungtiere. Die Cephalopoden gehören zu den am höchsten entwickelten Weichtieren. Ihr Gehirn ist in seiner Leistungsfähigkeit dem der Wirbeltiere vergleichbar. Ihre Fangarme verfügen über ein eigenes Nervensystem. Kopffüßer können sehen, tasten und schmecken. In Laborversuchen schafften Kraken es sogar, Gegenstände aus Gläsern mit Schraubverschluss herauszuholen.

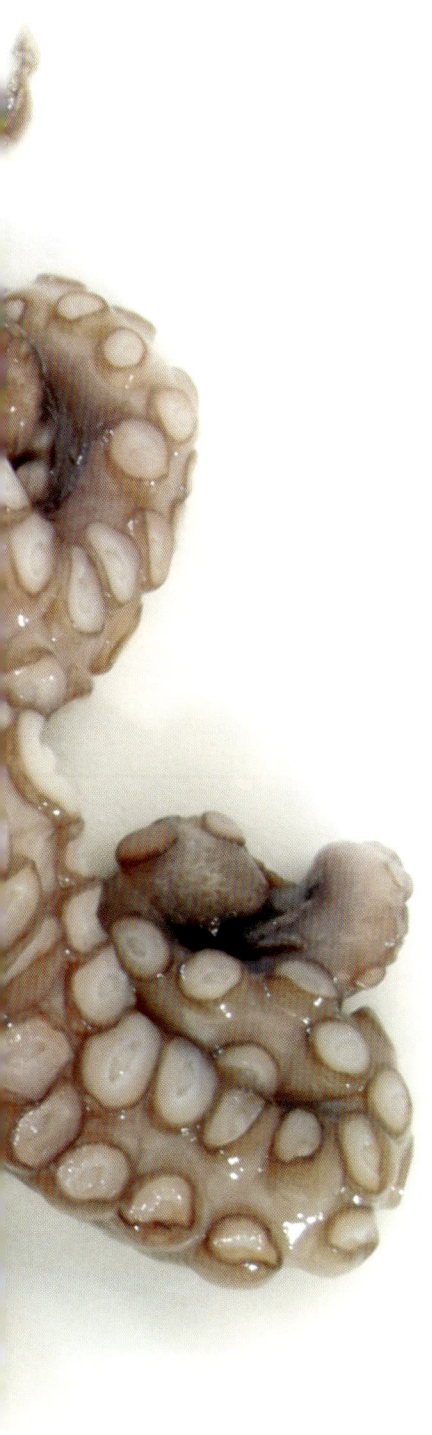

DER OKTOPUS
LAT. OCTOPUS VULGARIS

Lebensraum: Innerhalb der zoologischen Klasse der Tintenfische (Coleoidea) unterscheidet man 2 Gruppen von Tieren: Arten mit 8 und solche mit 10 Armen. Der Oktopus gehört zu den achtarmigen Tintenfischen. Octopoden sind benthal, das heißt auf dem Meeresboden lebende Tiere. Sie kommen in allen Weltmeeren vor. Sie leben im Schutz von Felsengrotten und Gesteinsspalten, vorzugsweise im Flachwasser bis zu einer Tiefe von 200 Metern. Riesenkraken kommen vor allem in der Tiefsee, in den kalten Regionen des Pazifiks vor. Seiner großen Neugier verdankt der Oktopus seinen Ruf als intelligentestes Weichtier überhaupt. In Laborversuchen fand man heraus, dass die Lernfähigkeit der Tiere der von Ratten vergleichbar ist. Im Gegensatz zu anderen Meerestieren können manche Octopodenarten einige Zeit außerhalb des Wassers überleben und sich fortbewegen. Diese Fähigkeit nutzen sie vorzugsweise zur Beutejagd in Küstenregionen. Kraken sind, entgegen aller Legenden von riesigen Würgetieren, für den Menschen vollkommen ungefährlich. Sie sind sehr scheu und flüchten beim ersten Anzeichen von Gefahr.
Einzig der in Australien beheimatete Blauringoctopus kann für Menschen gefährlich werden, da sein Biss einen giftigen Verdauungssaft enthält, der mit dem Gift mancher Schlangenarten vergleichbar ist.

Beschreibung: Octopoden können je nach Art zwischen 2 cm und 15 m groß werden. Im Gegensatz zu anderen Tintenfischarten verfügen sie über nur 4 Armpaare. Diese 8 Fangarme sind mit Saugnäpfen ausgestattet, mit deren Hilfe sich Octopoden am Meeresgrund festhalten oder Beute greifen können. Der Körper der Kraken ist vollkommen flexibel, da sie im Gegensatz zu anderen Weichtierarten nicht mehr über ein Innenskelett verfügen. Diese Eigenschaft ermöglicht es ihnen, Beutetiere und Versteckplätze in den engsten Felsspalten des Meeresgrundes aufzuspüren. Im Gegensatz zu anderen Kopffüßern bewegen sich Kraken mit dem Kopf voran durch das Rückstoßprinzip fort. Die Flachaugen der Octopoden besitzen direkt dem Licht zugewandte Sinneszellen, die ihnen die Unterscheidung von Helligkeitswerten und ein eingeschränktes räumliches Sehen ermöglichen. Die Fangarme der Tiere verfügen über ein gesondertes, vom Gehirn unabhängiges Nervensystem. Bekannt sind Octopoden für ihre außergewöhnliche Fähigkeit die Farbe zu wechseln. Dies geschieht vor allem zur Tarnung, um Gefühlszustände anzuzeigen und während der Fortpflanzungsperiode. Dabei steuert das zentrale Nervensystem der Kraken die Aktivierung von Millionen dreischichtig angeordneter Farbpigmente in der Haut der Tiere.
Kraken sind getrenntgeschlechtliche Weichtiere. Als Einzelgänger treffen sie nur zur Paarungszeit während der Sommermonate aufeinander. Über seinen dritten linken Arm befruchtet das Männchen mit seinen Spermatozonen die Eier des Weibchens, aus denen nach der Brutphase bereits voll entwickelte Jungtiere schlüpfen. Im Gegensatz zu anderen Weichtieren kümmern sich Krakenweibchen intensiv um ihren Nachwuchs. Meist sterben die Weibchen nach der Brutphase, da sie während der ganzen Zeit keine Nahrung zu sich nehmen.

Kulinarisches: In der Küche werden vor allem die Fangarme und die Tinte des Oktopus verwendet. Um das muskulöse Fleisch der Tentakeln genießbar zu machen, muss es ca. 1 1/2 Stunden in einem Sud aus Wasser, Suppengemüse und Kräutern bei milder Hitze weich gekocht werden. Angeblich soll die Zugabe von Naturkorken aus Wein- und Sektflaschen zum Kochsud verhindern, dass das Fleisch zäh wird. Am besten schmeckt das nussige Fleisch der Oktopusarme, wenn es nach dem Kochen kurz in Olivenöl angebraten wird.

Der Oktopus oder Krake gehört zu den achtarmigen Kopffüßern. Kulinarisch wertvoll sind vor allem die Fangarme und die Tinte der Tiere.

DER GEWÖHNLICHE TINTENFISCH

Lebensraum: Wie die Octopoden gehören auch die Sepien biologisch zur Klasse der Tintenfische. Der umgangssprachliche Name Gewöhnlicher Tintenfisch ist irreführend, da er wie alle Kopffüßer zu den Weichtieren gehört und somit näher mit den Schnecken, als mit den Fischen verwandt ist. Heimisch ist er im Nordatlantik, der Nordsee und gelegentlich auch in der westlichen Ostsee. Er lebt zwischen Wasserpflanzen in der Nähe des Meeresbodens, die er zum Schutz vor Fressfeinden und als Hinterhalt zum Beutefang nutzt. Sepien nähern sich ihrer Beute, meist Krusten- und anderen Weichtieren, durch wellenförmige Bewegungen ihrer Flossensäume, schnappen mit ihren Tentakeln zu und ziehen die Beute an den Körper heran. Fressen können sie mit Hilfe ihres kräftigen Schnabels.

Beschreibung: Sein charakteristischer flacher Körperbau hat dem Sepia officinalis den Beinamen Tintenschnecke eingebracht. Er besitzt einen langen, schneckenfußähnlichen Körper, der in seinem Inneren von einen Kalkskelett, den sogenannten Schulp, gestützt wird. Im Gegensatz zum achtarmigen Octopus verfügt der Sepia officinalis über fünf kurze Armpaare mit kleinen Saugnäpfen und gehört somit zu den zehnarmigen Tintenfischen (Decabrachia). Zur Orientierung unter Wasser haben Sepien große, gut ausgebildete Augen mit einer w-förmigen Pupille, die ihm auch bei fast geschlossenen Augen ein gutes Seevermögen geben. Sepien sind reine Kurzstreckenschwimmer. Um Fressfeinden zu entgehen, können sie sich in den Meeresboden eingraben, sich zur Tarnung der Umgebungsfarbe anpassen und Tintenwolken ausstoßen.

Kulinarisches: Da Sepien wesentlich kleiner sind als die achtarmigen Octopoden müssen sie nicht vorgekocht werden. Verwendet werden die Arme ohne den Kopf und der hohle Körpertubus der Tiere. Sie werden nur kurz gebraten, damit ihr zartes Fleisch nicht zäh wird. Die Tuben eignen sich gut zum Füllen mit mediterranem Gemüse. Die Tinte der Sepien wird oft zum Färben von Nudeln und Soßen verwendet.

Knochen vom Tintenfisch

Der Tintenfisch ist ein zehnarmiger Kopffüßer.

Man unterscheidet innerhalb dieser Gruppe 120 Arten, die zu den

echten Tintenfischen gehören, und etwa 70 Arten

der so genannten Zwergtintenfische.

DER GEMEINE KALMAR
LOLIGO VULGARIS

Lebensraum: Kalmare stellen mit rund 300 verschiedenen Arten die größte Gruppe der Kopffüßer. Wie die Sepien sind auch sie in allen Weltmeeren zuhause. In Deutschland erhältliche Kalmare kommen meist aus dem Pazifik, Atlantik oder dem Indischen Ozean. Anders als die Sepien sind Kalmare gute und schnelle Schwimmer. Sie leben im freien Wasser (pelagial) und gehen dort auf Beutefang. Die Riesenkalmare der Tiefsee konnten bisher noch nie in ihrem natürlichen Lebensraum beobachtet werden. Diese Tiere verfügen, ähnlich wie Tiefseequallen, über eigene Leuchtorgane, die sie in der Dunkelheit ihres Lebensraums zum Beutefang und zur Ablenkung von Feinden benutzen. Der größte gefangene Kalmar hatte eine Länge von 10 m und wog fast 500 kg.

Beschreibung: Kalmare haben einen keilförmig gestreckten Körper, der von einem verhornten Innenskelett, dem Gladius, stabilisiert wird. Wie die Sepien gehören auch die Kalmare zu den zehnarmigen Tintenfischen, wobei 8 Arme kürzer, zwei Tentakeln länger ausgebildet sind. Wie mit einem Lasso können Kalmare mit diesen verlängerten Armen ihre Beute einfangen. Mit den kürzeren Armen führen sie ihre Nahrung zum Mund, wo sie sie mit Hilfe ihres Schnabels und der Raspelzunge zerkleinern. Wie die Sepien schwimmen Kalmare durch ein Rückstoßverfahren, im Gegensatz zu den Octopoden aber mit dem Körper voraus.

Kulinarisches: In der Küche finden Kalmare die gleichen Verwendungsmöglichkeiten wie Sepien. Ihr Körpertubus wird häufig zum Füllen verwendet. In Streifen geschnitten, mit Ausbackteig umhüllt und paniert ist der Kalmar unter dem Namen Calamaris eine beliebte mediterrane Spezialität.

In Asien gibt es sie buchstäblich an jeder Straßenecke: Egal ob beim Straßenhändler oder im Supermarkt, die Snacks aus getrocknetem Tintenfisch sind bei Jung und Alt beliebt. Was bei uns die Bratwurst zwischendurch oder die Chips zum Bier, sind in Asien die getrockneten Fischsnacks.
Kleine Fische und Kalmare werden gesalzen, gerollt, geplättet, getrocknet oder geröstet. So baumeln sie dann wie kleine Wimpel in langen Reihen an den Ständen der Straßenverkäufer. Wenn man solch einen Leckerbissen kauft, wird er meist noch einmal kurz auf dem Grill geröstet, auf einen Holzstab gesteckt und fertig ist die Knabberei auf die Faust.
In den bunten Tüten der Supermärkte findet man diese zähen Leckereien meist in allen erdenklichen Geschmacksrichtungen – Konservierungsstoffe und Natriumglutamat inklusive. Na dann – wohl bekomm's!

Getrockneter Kalmar ist in Südostasien der Renner.

Die Weichtiere werden geplättet und einfach in der Sonne getrocknet.

Vor dem Kochen muss man sie mehrere Stunden in

warmem Wasser einweichen.

GETROCKNETER

GETROCKNETER TINTENFISCH

In jedem gut sortierten Supermarkt Asiens zu finden: getrocknete Tintenfischsnacks in verschiedenen Geschmacksrichtungen. Von salzig über scharf, bis süß ist alles erlaubt.

- WIRBEL (UMBO)
- LIGAMENT
- HAUPTZÄHNE
- SEITENZÄHNE
- SCHLOSSLEISTE
- MUSKELEINDRUCK
- OHR
- MANTELBUCHT (PALLIALSINUS)
- MANTELLINIE (PALLIALLINIE)
- GEZACKTER RAND
- RADIALFURCHE
- RADIALRIPPE

Die Muscheln (Bivalvia) sind eine Klasse der Weichtiere (Molluska). Gemeinsames Erkennungsmerkmal der Klasse ist das aus zwei kalkigen Schalen bestehende Gehäuse. Die meisten Muschelarten ernähren sich von Plankton, das sie mit ihren Kiemen aus dem Wasser herausfiltern. Für den Menschen sind die Muscheln als Nahrungsmittel, aber auch als Ausgangsmaterial für Schmuck (die berühmten Perlen) interessant. Der wissenschaftliche Name Bivalvia, von Carl von Linné 1758 eingeführt, ist von der zweigeteilten Kalkschale abgeleitet, die den Körper der Muschel mehr oder weniger schützend umhüllt. Muscheln finden sich in großer Vielzahl und in unterschiedlichsten Formen.

Lebensraum: Muscheln sind an den Lebensraum Wasser gebunden. Dabei leben mehr als 80% aller Muschelarten im Salzwasser, aber auch in Brackwasser und sogar in Süßwasser existieren Arten. Verbreitet sind die Muscheln weltweit, von der Arktis und Antarktis bis zu den Tropen. Besonders im Wattenmeer findet man sehr große Mengen an Muscheln, so z.B. Herzmuscheln und Miesmuscheln, die im beziehungsweise auf dem Watt leben. Als erwachsene Tiere leben Muscheln überwiegend sessil, also festsitzend, zum Beispiel an Felsen, Steinen, festen Oberflächen wie Pfählen, im Sand oder im Schlick.

Beschreibung: Muscheln existieren in unterschiedlichsten Größen, Formen und Farben. Weiße und stachelige Schalen existieren ebenso wie längliche, schwarze und glatte Schalen. Die beiden Schalenhälften sind durch ein so genanntes „Schloss" miteinander verbunden. Durch einen Schließmuskel kann die Muschel ihre Schalen öffnen und schließen. Dabei ist der Muskel so stark, dass der Weichkörper der Muschel in geschlossenem Zustand vollständig geschützt ist. Außerdem verfügen Muscheln über einen Fuß. Dieser ursprünglich flach beilförmig geformte Körperteil kann, angepasst an Lebensweise und Fortbewegung, unterschiedlich ausgeprägt sein, z.B. balkenförmig, zungenförmig oder wurmförmig. Schwimmende und festsitzende Muscheln haben häufig einen weitgehend zurückgebildeten Fuß. Einige Muscheln bewegen sich mit Hilfe des Fußes fort, außerdem können sie sich mit ihm schnell eingraben, ruckweise kriechen oder sogar springen. Andere Muscheln, wie die Feilenmuscheln und einige Familien der Kammmuscheln können sogar gut schwimmen. Durch ruckartiges Zusammenklappen der Schalenhälften wird ein gerichteter Wasserstrahl erzeugt, die Muscheln bewegen sich nach dem Raketenprinzip Stück für Stück durchs Wasser.

Kulinarisches: Historische Funde belegen, dass Muscheln bereits früh vom Menschen als Nahrungsmittel geschätzt wurden. Heute dienen viele Arten weltweit als Nahrung, einige gelten als besondere Delikatessen. Bei Gourmets besonders beliebt sind Austern, Jakobsmuscheln, Miesmuscheln, Venusmuscheln und Kammmuscheln. Die Zucht von Muscheln auf so genannten Muschelbänken ist heute ein zunehmend bedeutendes Gewerbe an nahezu allen Küsten der Welt.

Innenleben – Organe von Muscheln
Wie alle Weichtiere haben Muscheln einen ungegliederten Körper, der im Wesentlichen aus vier Parten besteht: Kopf, Fuß, Eingeweidesack und Mantel. Der Kopf ist bei Muscheln nicht vom Körper abgesetzt und verfügt bei den meisten Arten über keinerlei hochentwickelte Sinnesorgane. Die meisten Muscheln atmen durch Kiemen. Auf diese Weise nehmen sie auch Nahrung zu sich, denn sie filtrieren ihr Atemwasser und ernähren sich von den enthaltenen Planktonteilchen. Der Eingeweidesack im Inneren des Körpers enthält Organe wie Herz, Niere, Leber, Magen und Darm. Der Blutkreislauf der Muscheln läuft über ein unterschiedlich stark ausgebildetes und nur mäßig verzweigtes Gefäßsystem. Wie alle Weichtiere verfügen sie über kein innenliegendes Skelett. Der Mantel kleidet als eine Art Schutzschicht die Innenseite der Schale aus, die den Körper der Tiere vor Fressfeinden schützt.

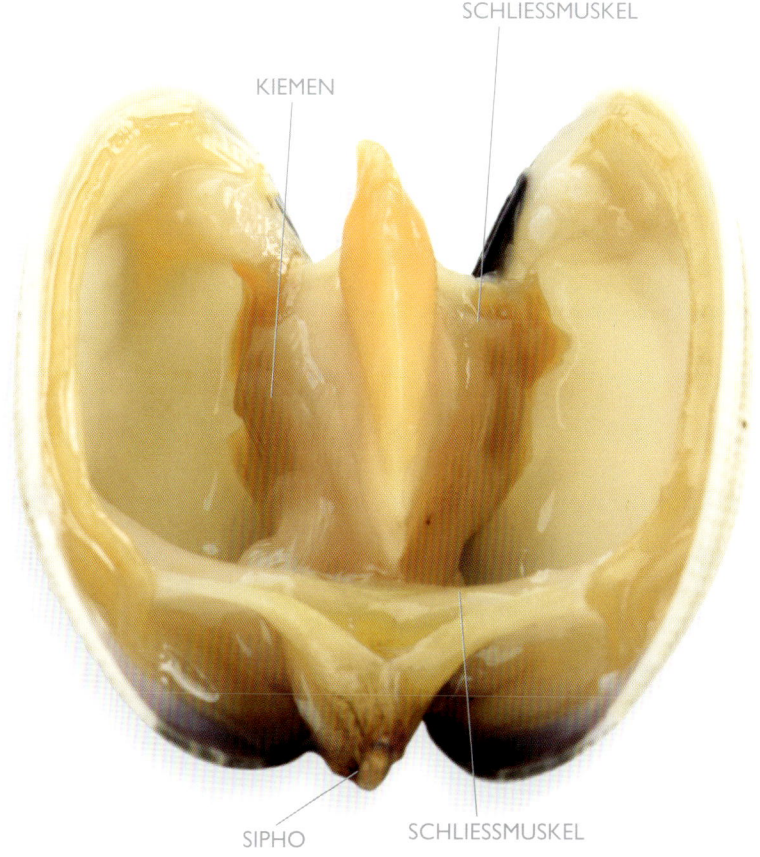

Muscheln, Bivalvia, die zweischaligen, sind von großer Bedeutung für die Ernährung der Menschen. Überall auf der Welt werden sie gezüchtet und befischt.

MUSCHELZUCHT
WILDFÄNGE UND
HANDEL

Platz 1 in Sachen Umweltfreundlichkeit

Anders als andere Aquakulturen belasten Muschelfarmen die Umwelt so gut wie gar nicht. Das liegt vor allem daran, dass Muscheln das Wasser filtrieren und somit reinigen. Das amerikanische Blue Ocean Institute erarbeitete eine Studie zum Thema umweltfreundliche Aquakulturen. Der Bewertung liegt eine Ranking-Liste mit dem Spitzenwert 4 zugrunde. Die neuseeländische Grünschalenmuschel erreicht dabei den Spitzenwert von 3,45, gefolgt von der Miesmuschel mit 3,3 Punkten. Dicht danach wurden Venusmuscheln, Austern und Jakobsmuscheln eingestuft.

Die Muschelproduktion ist seit Anfang der 1990er-Jahre kontinuierlich um etwa 7–8% jährlich gestiegen. Das ist eine um 2% höhere Wachstumsrate als bei anderen Seafoodprodukten. Die gesamten Zuwachsraten stammen dabei aus Aquakulturen, denn die Muschelfischerei stagniert seit vielen Jahren bei 2.000.000 Tonnen. Hingegen hat sich die Produktionsmenge der in Kulturen heranwachsenden Muscheln in dieser Zeit mehr als verdoppelt und beläuft sich auf insgesamt 11.000 Tonnen jährlich.

Weltmarktführer sind auch hier, wie in so vielen Bereichen, die Chinesen, die 80% des weltweiten Muschelbedarfs decken. Aber auch die Japaner sind in der Muschelzucht sehr erfolgreich und belegen vor Südkorea, Spanien und Frankreich Platz zwei. Die häufigste Spezies ist die Auster mit einer Tonnage von ca. 199.000 Tonnen Wildernte und 4.500.000 Zuchtware.

Venus-, Herz- und Trogmuscheln erreichen mit ca. 950.000 Tonnen Wildernte und 3.800.000 Tonnen den zweiten Rang. Dann folgen Pilgermuscheln mit 800.000 Tonnen Wildfang zu ca. 1.200.000 Tonnen Zuchtware und Miesmuscheln mit etwa 190.000 Tonnen zu 1.600.000 Tonnen kultivierten Muscheln. Leider ist der Handel mit frischen Muscheln international stark eingeschränkt. Die Ursache sind recht stringente Import- und Hygieneauflagen. So haben sich im Muschelgeschäft vier Ländergruppen gebildet, die untereinander Frischware handeln. In andere Länder wird von diesen nur Tiefkühl- oder Konservenware geliefert. Die Gruppen sind Nordamerika mit Kanada und USA, Europa mit Spanien, Frankreich, Italien, Dänemark, Deutschland und den Niederlanden, Südamerika mit Peru, Argentinien und Chile und der ferne Osten mit China, Japan, und Korea als Hauptproduzenten.

Auch in der EU findet der Handel mit Frischmuscheln fast ausschließlich zwischen den Mitgliedsstaaten statt. Während bei anderen Seafoodprodukten über 100 Länder eine Importgenehmigung in die EU besitzen, sind es bei Muscheln lediglich 20, denn die meisten Exportinteressenten können die hohen EU-Auflagen nicht erfüllen. Zu diesen gehören eine lückenlose Dokumentation der Handelswege und der Nachweis eines regelmäßigen Monitorings auf Gifte und Algen in den Aufzuchtgebieten, außerdem einige Labortests der Muscheln selbst. Ausnahmen sind frische Pilgermuscheln, die aus Kanada, USA oder Lateinamerika zu uns gelangen, und türkische, tunesische und marokkanische Venusmuscheln. Diese Importe stammen aber fast ausschließlich aus der Fischerei.

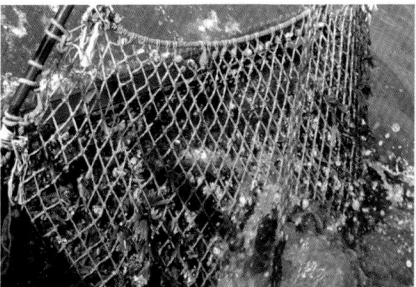

Auf der Jagd nach den Muschelbabys

Zweimal pro Jahr schwärmen sie aus: Wenn die letzten Frühjahrs- und die ersten Herbststürme an den Kuttern zerren, gehen die Muschelfischer Nordfrieslands auf die Jagd nach Milliarden winziger Saatmuscheln. Ihr Weg führt sie in die flachen, ständig unter Wasser stehenden Zonen des schleswig-holsteinischen Wattenmeers zwischen Föhr, Amrum und Sylt. Sublitoral nennen die Meeresbiologen diesen Bereich. Die Paarungszeit der Mies- oder Blaumuscheln ist vorbei und die freischwimmenden Larven haben sich innerhalb eines Monats eine dünne Schale zugelegt. Nur jetzt dürfen die Muschelzüchter die 1 cm großen Jungtiere für kurze Zeit fischen um sie in ihren Muschelgärten auszusetzen.

Willkommen zuhause

In den wasserbedeckten Prielen des nordfriesischen Wattenmeers setzen die Fischer die Winzlinge auf künstlich angelegten Muschelbänken wieder aus. In diesen Kinderstuben wachsen die Babymiesmuscheln relativ behütet heran. Sie setzen sich mit Hilfe ihrer Byssusfäden am Grund des Wassers fest. Bombenfest. Diese Fäden, auch Bart genannt, produzieren die Blaumuscheln aus vier Drüsen ihres Fußes. Sie bestehen aus Eiweißstoffen, an die die Mollusken Eisen aus dem Meerwasser anlagern. Dadurch werden die Eiweißmoleküle zu hochreaktiven Radikalen umgebaut, die sich steinhart mit jedem beliebigen Untergrund verbinden können. Eine Art Superkleber also. Festgepappt auf ihren Muschelbänken „fressen" sich die Weichtiere innerhalb von 2 bis 3 Jahren am Meeresplankton auf eine Größe von 6 bis 7 cm heran. Mindestens muss eine Miesmuschel allerdings 4 cm groß sein. Erst nach dieser Zeit können die Muschelfischer mit ihren Kuttern eine Ernte einholen.

Big Brother's watching you

Denn für die Blaumuschelzucht gelten strenge staatliche Auflagen. So hat das Land Schleswig-Holstein die Fläche der Muschelgärten auf höchstens 2.000 Hektar festgesetzt. Rechtlich gesehen sind Miesmuscheln keine Fischereiobjekte, sondern eher „Bodenschätze" und damit ein Gemeinschaftsgut. Wer die Weichtiere fischen will braucht eine staatliche Fanglizenz. Davon gab es 2006 genau acht Stück im nördlichsten deutschen Bundesland.

Erntezeit im Muschelgarten

Aber zurück zur Muschelernte: Die Fischer sind mit ihren Kuttern unterwegs. Über den Muschelgärten verlangsamen sie die Fahrt. Die Metallnetze der Züchter lösen die Miesmuscheln aus ihrer steinharten Verankerung auf den Muschelbänken im Flachwasser. Auf dem Weg an die Oberfläche ziehen sie einen Teppich von Sand und Schlick hinter sich her. Ist der Fang sicher an Bord, geht es zurück in Richtung Festland. Vor dem Hafen müssen die Blaumuscheln erst einmal eine Nacht im Pontonbecken verbringen um den Sand und Schlick loszuwerden, den sie vom Meeresgrund mitgebracht haben. Am nächsten Morgen geht es für die Muscheln dann weiter zu den Händlern. Hier werden sie von unliebsamen Untermietern, wie den Seepocken, befreit. Jetzt endlich sind die Miesmuscheln küchenfertig und können an Spitzenrestaurants in ganz Deutschland ausgeliefert werden.

Die Blau- oder Miesmuschel, wird in Muschelgärten gefarmt oder an Seilen und Pfählen gezogen. Sie ist mit Abstand die wichtigste Muschel unserer Region.

Miesmuschel, kein schöner Name für eine Spezialität. Denn mies ist die nun wirklich nicht. Mies leitet sich aus dem mittelhochdeutschen Begriff für Moos ab. Denn ähnlich wie dieses bewächst Mytilus edulis ihren Lebensraum teppichartig. Kaum fehl zu interpretieren ist ihr wissenschaftlicher Name. Denn Edulis bedeutet essbar und mytilos ist der alte griechische Name für Seemuschel. Wie schon erwähnt leben Miesmuscheln nicht wie viele andere Muscheln vergraben im Meeresboden, sondern heften sich mit Eiweißfäden, den Byssusfäden, an festen Gegenständen gleich welcher Art oder Hartböden an. Für die Ansiedlung auf Sandflächen reichen bescheidene Ankerflächen, wie die Wohnröhren des Röhrenwurms oder Muschelschill. Zudem bilden die Tiere auch untereinander sichere Verbände. So können Miesmuschelbänke Ausmaße von mehreren Kilometern annehmen und aus Millionen von Organismen bestehen. In beschränktem Maße ist die Muschel auch zur Fortbewegung fähig, sie kann ihre Byssusfäden, gesponnen aus der Byssusdrüse, verkürzen und so einen minimalen Ortswechsel vornehmen. Miesmuscheln bevölkern mit mehreren Unterarten, wie die Mittelmeermiesmuschel, Mytilus galloprovincialis, oder Mytilus chilensis aus dem Pazifik die Gewässer rund um den nördlichen Atlantik bis Portugal und Carolina. Im Pazifik ist ihr Verbreitungsgebiet südlich bis Mexiko und Japan. Natürliche Feinde der Muschel sind reichlich vorhanden. Denn ein solches Massenauftreten einer Spezies lässt viele Muscheljäger in der Evolutionsgeschichte entstehen. Seesterne, Wellhornschnecken, Krebse und Fische jagen sie unter Wasser, und Möwen und Austernfischer sind die gefährlichsten Feinde aus der Luft. Gegen kleinere Feinde wie die Netzreusenschnecke setzt sich die Muschel mit ihren Byssusfäden zur Wehr. Sie spinnt die Schnecke ein und macht sie bewegungsunfähig. Diese verhungert dann mit der Zeit. Der ideale Siedlungsplatz für die Muschel ist die Gezeitenzone, in der die Bänke bei Ebbe kurz trocken fallen. In dieser Zeit befreien dann die Möwen die Muscheln von ihrem schlimmsten Feind, dem Seestern.

Miesmuscheln sind von großer wirtschaftlicher Bedeutung. In den letzten Jahren ist allerdings die Fischerei auf Wildbestände stark rückläufig. Derzeit

DIE MIESMUSCHEL
LAT. MYTILUS EDULIS
MYTIENS SPP.

Gar nicht mies. Die Miesmuschel in Weißwein mit Zwiebeln, Suppengemüse und Gewürzen gekocht oder gratiniert ist ein Delikatesse.

liegt die Welternte bei 1,8 Millionen Tonnen, gut 90% davon sind Muscheln aus Aquakulturen. Muschelfarmen nutzen hauptsächlich den natürlichen Nachwuchs, Saat genannt. Das ist ein grundsätzliches Problem, denn der Saatmangel führt zu einer starken Einschränkung der Produktion. Muscheln sind zweigeschlechtlich. Sowohl Weibchen wie auch das Männchen geben Samen und Eier ins freie Wasser ab. Zwar sorgt die räumliche Enge der Muschelbänke für eine effektive Befruchtung der 5 bis 12 Millionen Eier eines Weibchens, aber Fressfeinde dezimieren den Nachwuchs um 99%. Die Muschellarven leben zunächst im Plankton und verändern durch Metamorphose zweimal ihr Stadium. Durch Meeresströmungen können Muschellarven mehrere hundert Kilometer versetzt werden. Schließlich entwickeln sich etwa 3 mm große Jungmuscheln, die sich an Algen oder Polypen absetzen aber in diesem Stadium noch leicht einen Ortswechsel vornehmen können. Erst ab einer Größe von 5 mm setzen sie sich an ihrem entgültigen Standort fest. Bei der ursprünglichen Art der Muschelkultur werden Jungmuscheln offshore auf „wilden" Bänken gefangen und auf geschützte Kulturbänke verbracht, wo sie bis zur Marktreife heranwachsen. Andere Formen sind die Hängekulturen, bei denen Bänder oder Seile als Substrat für die Miesmuschel dienen, und die Pfahlkulturen, die Bouchots, deren Erträge als die kulinarisch wertvollsten gelten. Berühmt für die Hängekulturen ist Galizien, aber auch mit Chile entwickelt sich ein stark wachsender Produzent.

Miesmuscheln ernähren sich von verwertbaren Schwebstoffen, die sie aus dem Wasser herausfiltern. Dabei ist die Filterleistung erheblich. Eine einzige Muschel schafft es dabei auf 20 bis 30 Liter pro Tag. Rechnet man diese Menge auf alle Muscheln hoch, so filtern die Miesmuscheln das Wattenmeer in wenigen Tagen komplett durch. Das macht das Muschelfleisch leider auch anfällig für Umweltbelastungen wie Schwermetalle, die sich in den Tieren anreichern. Daher sind regelmäßige, strenge Qualitätskontrollen notwendig.

Überfamilie: Mytiloidea
Familie: Mytilidae
Verbreitung: Küsten Neuseelands
Größe: 23 cm

Lebensraum: An sogenannten Hängeseilkulturen, die sich direkt unter der Wasseroberfläche befinden, und an daran vertikal ins Wasser hängenden langen Tauen, wachsen die grünen Miesmuscheln Neuseelands in etwa 18 Monaten zu ihrer Marktgröße von 10 cm heran.

Geschmack: Diese Muschelart besitzt ein sehr schmackhaftes Fleisch mit hohem Anteil an Mineralsalzen und Eisen.

Kulinarisches: Zum Kochen und Überbacken wird dieses Schalentier empfohlen.

Die Wildbestände in Neuseeland sind streng geschützt, sodass alle angebotenen Muscheln aus Aquakulturen stammen. Und das sind gewaltige Mengen. In den letzten Jahren pendelte sich die Produktionsmenge bei 78.000 Tonnen pro Jahr ein. Der Export der hauptsächlich TK-Ware boomt so, dass die Muschelfarmen seit den 1980er Jahren stark zunehmen. Das Zentrum der neuseeländischen Muschelzucht liegt vor der Caromandel Halbinsel, dem Marlborough Sound und in der Glory Bay. Hier zählte man im Jahr 2000 über 300 Farmen, in denen mehr als 1.500 Menschen Arbeit finden.
Gefarmt werden die Muscheln ausschließlich in Hängekulturen. Die Arbeit der Farmer wird hier durch keinerlei staatliche Regulierungen beschränkt, sodass man sich ausschließlich an der Nachfrage auf dem Weltmarkt orientiert. So sind das ganze Jahr hindurch Muscheln in einheitlicher Größe und Qualität und in jeder erforderlichen Menge lieferbar.
Weitere Arten von Grünschalenmuscheln, die Perna perna, werden in Südamerika, vorwiegend in Brasilien, und die Perna viridis in Asien, vorwiegend in Thailand gefarmt. Insgesamt belaufen sich die Produktionsmengen aller drei Arten weltweit auf ca. 207.000 Tonnen. Die Grünschalenmuschel ist unserer Miesmuschel kulinarisch sehr ähnlich. Häufig wird sie in der halben Schale tiefgekühlt angeboten. Dann eignet sie sich gut zum Gratinieren.

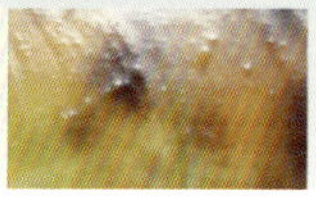

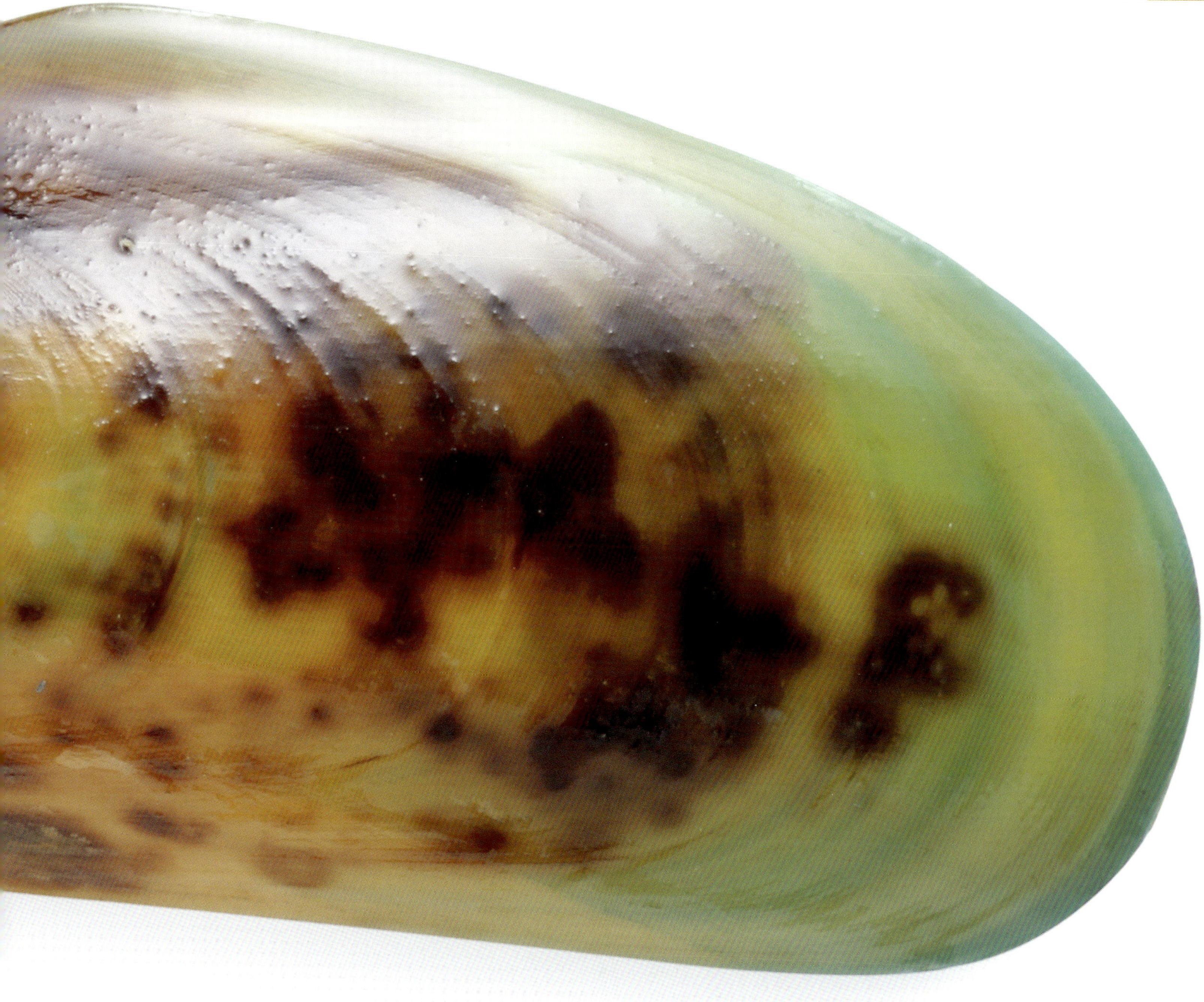

Sie ist die „Miesmuschel" des pazifischen Raumes. Hier ist sie von ebenso großer Bedeutung wie ihre nordatlantische Verwandte.

DIE GRÜNSCHALENMUSCHEL

LAT. PERNA CANALICULUS

HANDELSBEZEICHNUNG: PERNA SPP.

DIE KAMMMUSCHELN

Deutlich sichtbar sind die Tentakeln am Mantelrand dieser Jakobsmuschel. Die kleinen blauen Punkte sind Linsenaugen, von denen das Tier über 60 Stück verfügt.

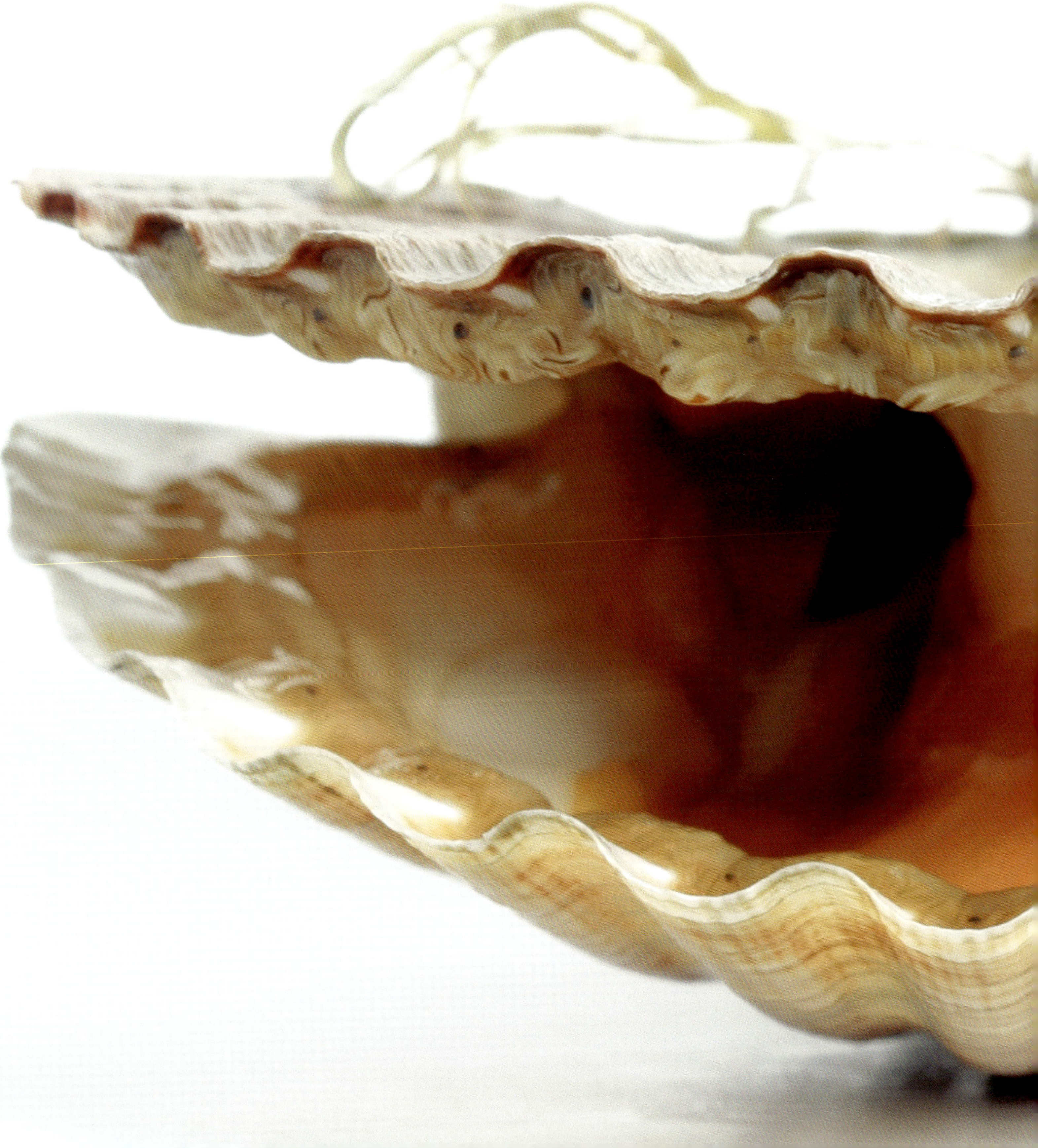

Diese artenreiche Muschelfamilie ist eine der bekanntesten. Die Gehäusegröße variiert stark, sie kann maximal 20 cm erreichen. Die Schalen sind fächerförmig und haben an den Seiten des Winkels die für diese Muschelfamilie charakteristischen „Ohren". Je nach Art sind diese gleich groß oder stark abweichend geformt. Adulte Kammmuscheln haben eine zahnlose Schlossleiste.

Kammmuscheln sind weltweit verbreitet. Im jungen Alter heften sie sich mit dem großen Fußmuskel in der Mitte der Klappe an harte Untergründe. Ältere Tiere leben frei und graben sich im weichen Meeresgrund ein. Dabei schließt die linke Klappe mit der Substratfläche ab. Eine Besonderheit ist, dass sich Kammmuscheln durch kraftvolles Öffnen und Schließen der Klappen im Wasser fortbewegen können.

Kammmuscheln sind bekannte und beliebte Speisemuscheln, da das Muskelfleisch als kulinarische Delikatesse gilt.

Die Große Pilgermuschel
lat. Pecten maximus

Überfamilie: Pectinidae
Familie: Aequipecten
Verbreitung: Nordatlantik (Pecten maximus), Mittelmeer, Atlantik (Pecten jacobaeus)
Größe: bis zu 14 cm

Lebensraum: Sand oder Kies im Schelfmeer. Dort liegen sie auf dem Meeresuntergrund mit der flacheren Klappe nach oben.

Beschreibung: Die Große Pilgermuschel, eine der bekanntesten Meeresmuscheln, hat einen nahezu kreisförmigen Schalenumriss mit sehr großen, fast gleich langen Ohren. Die rechte Klappe ist im Gegensatz zur flachen linken auffallend gewölbt. Die Schalenstruktur weist breite Radialrippen auf, die von konzentrischen Linien gekreuzt werden. Farblich variieren die Muschelschalen stark: weiß, gelblich oder sogar braun. Auch können sie braune Streifen oder Zickzackmuster haben.

PECTEN
MAXIMUS

Da die Jakobsmuschel und die Große Pilgermuschel sich sehr ähnlich sehen,

werden sie gerne miteinander verwechselt.

Üblicherweise werden beide Arten als Jakobsmuscheln

(Handelsbezeichnung: Pecten spp.) angeboten.

DIE JAKOBS- ODER PILGERMUSCHEL JACOBAEUS

Die Jakobsmuschel (Pecten jacobaeus) ist seit Jahrhunderten das Erkennungszeichen der christlichen Pilger auf dem Weg nach Santiago de Compostela. Auch heutzutage tragen sie viele Pilger noch als Erkennungszeichen am Rucksack. Der Name dieser großen Kammmuschel stammt der Legende nach von Jacobus dem Älteren, einem der 12 Apostel Jesu. Angeblich hat er nach der Himmelfahrt Jesu auf der iberischen Halbinsel gepredigt. Nach seiner Rückkehr ins heilige Land soll er unter König Herodes Agrippa I. in Jerusalem das Martyrium erlitten haben. Der Legende nach übergaben seine Jünger den geschundenen Leichnam einem führerlosen Schiff. Dieses soll über das Mittelmeer bis an die galizische Küste im Nordwesten Spaniens getrieben sein. Die Legende besagt, sein Leichnam sei über und über mit Muscheln bedeckt von dem Schiff geborgen und beigesetzt worden. Angeblich soll die Kathedrale von Santiogo de Compostela auf dem Grab des heiligen Jacobus errichtet worden sein.

Lebensraum: Hauptverbreitungsgebiete von Jakobsmuscheln sind der Atlantik und das Mittelmeer. Dort haften sie sich mit starken Fäden am Boden fest.

Beschreibung: Das Gehäuse der Pilgermuschel wird bis zu 14 cm groß und ist halbrund mit zwei eckigen Winkeln und strahlenförmigen Rippen. Am Mantelrand hat die Jakobsmuschel viele blaue Augen, mit denen sie ihre Feinde erspähen kann. Zusätzlich befinden sich dort kurze Fühler mit Sinneszellen, die ebenfalls der Wahrnehmung dienen. Eine Besonderheit der Jakobsmuscheln ist, dass sie schwimmen können. Dafür öffen sie ihre Schale und pressen sie schnell wieder zusammen. Durch das ausdringende Wasser bekommt die Muschel Antriebskraft.

Kulinarisches: Jakobsmuscheln sind bekannte und beliebte Speisemuscheln. Die Hauptfangsaison ist von November bis März. Ihr Fleisch schmeckt nussig, leicht süßlich und hat wie die meisten Muscheln einen leichten Geschmack nach Meer. Importierte lebende Jakobsmuscheln sind in Deutschland in Fisch- oder Feinkostläden erhältlich. Im Handel sind sie in der Regel nur tiefgefroren vorrätig. Jakobsmuscheln können pochiert, gratiniert oder gedünstet werden und eignen sich für kalte und warme Vorspeisen, Ragouts, Fischterrinen und zum Füllen von Fischen. Zu beachten ist, dass das Muschelfleisch beim Kochen immer einen feuchten Kern behalten sollte. Die ansprechenden Muschelschalen können dabei zum Einfüllen und Anrichten von Ragouts und Salaten verwendet werden.

Die kleine Pilgermuschel
lat. Chlamys opercularis

Überfamilie: Pectinidae
Familie: Aequipecten
Verbreitung: Norwegen bis Mittelmeer
Größe: 6–8 cm

Lebensraum: Kies und Weichböden im Schelfmeer.

Beschreibung: Sie hat relativ runde und gleich geformte Schalen. Allerdings ist die linke Klappe stärker gewölbt als die rechte. Die Farbe der Muschelarten ist meistens einfarbig rötlich, sie kann aber auch purpurfarben, weiß, gelb, rosa, braun, rot marmoriert oder gestreift sein.

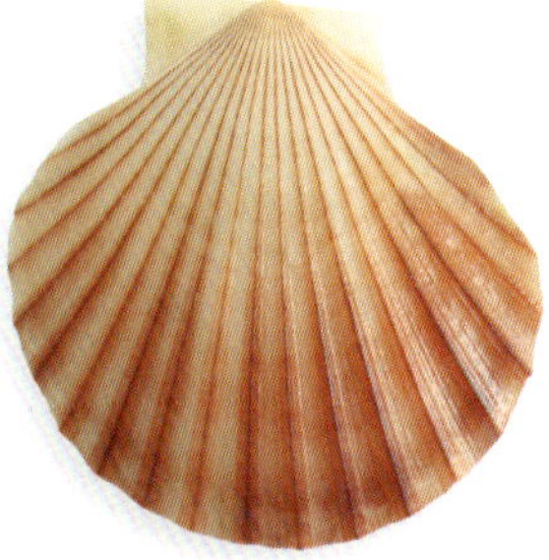

Die Kleine Pilgermuschel ist ein Chamäleon unter den Schalentieren. Wie man links sieht, kann sie eine Vielzahl verschiedener Farbschläge ausbilden.

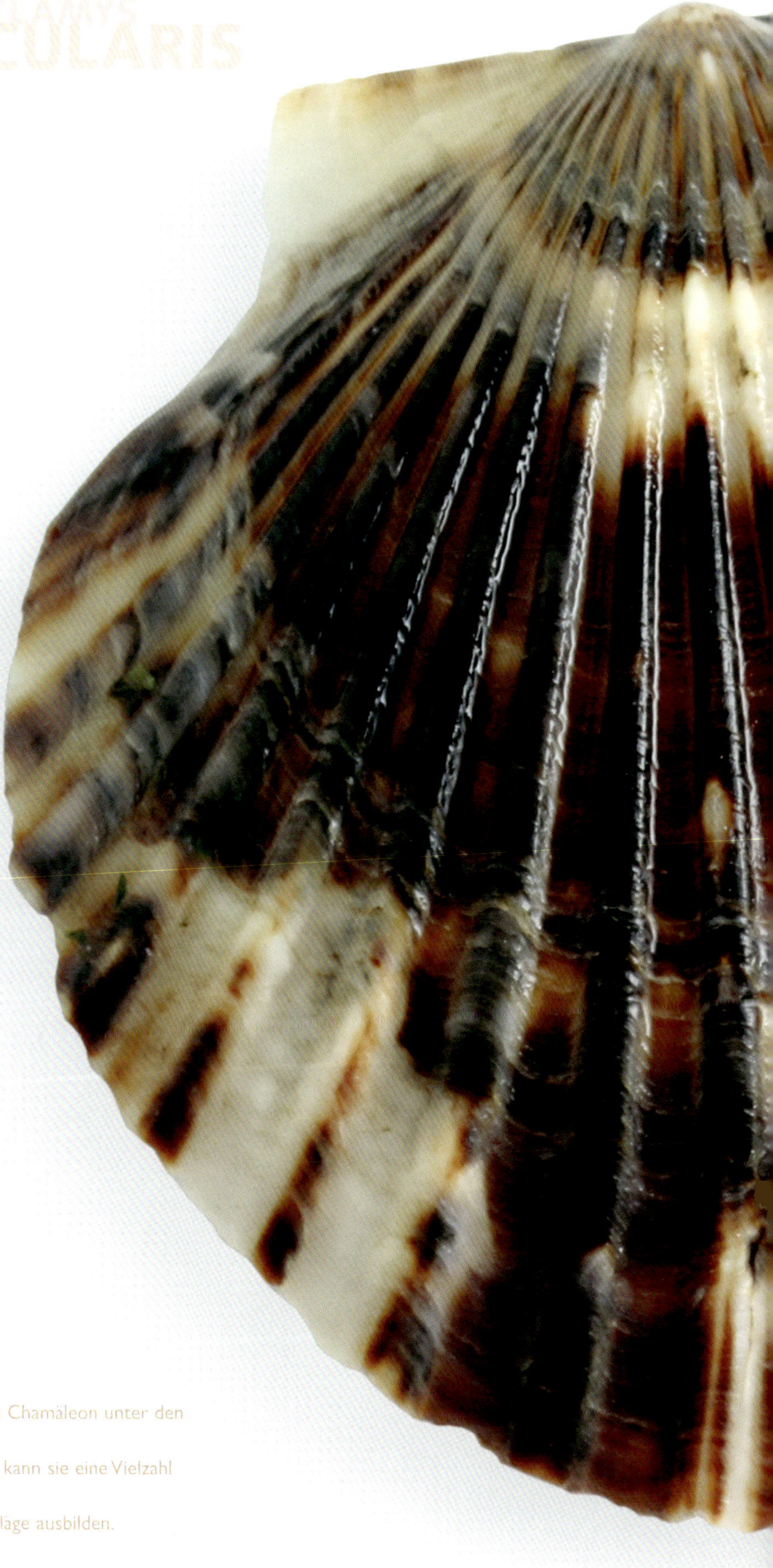

lat. **Chlamys multistriata**

Überfamilie: Pectinoidae
Familie: Chlamydinae
Verbreitung: europäischer Atlantik, Azoren, Mittelmeer
Größe: bis 3,5 cm

Lebensraum: küstennahe Sandstrände

Beschreibung: gelblich, orange, braunviolett, mit zahlreichen, feinschuppigen Radialleisten. Hinteres Ohr schräg abgestutzt.

Lebensraum: Herzmuscheln sind in allen Meeren verbreitet. Dort leben sie in senkrechter Lage dicht unter der Sandoberfläche, sodass ihre kurzen Siphonen das Wasser erreichen. Somit können sie sich von Plankton ernähren, indem sie das Meerwasser filtern. Eine durchschnittlich große Herzmuschel filtriert in der Stunde ungefähr 2,5 Liter Wasser. Charakteristisch ist, dass einige Arten in riesiger Anzahl auf engem Raum leben.

Beschreibung: Ihren Namen haben die Herzmuscheln daher, dass sie in geschlossenem Zustand von der Seite her aussehen wie ein Herz. Herzmuscheln werden im Schnitt 5 cm groß. Die beiden Schalenklappen sind optisch gleich und tragen je zwei Hauptzähne. Sie haben hohe Wirbel, Radialrippen und tragen teilweise Stacheln. Die Innenränder sind gekerbt. Das äußere Ligament ist kurz und dick und liegt hinter den Wirbeln. Junge Herzmuscheln sind in der Regel gelblich oder bräunlich gefärbt mit dunkler Fleckenzeichnung. Ältere Exemplare haben hingegen eine weiße Schale mit dunkler Hinterkante.
Der lange Fuß der Herzmuschel ermöglicht es ihr, in Gefahrensituationen in Sprüngen zu flüchten, wobei sie pro Sprung einige Zentimeter weit kommt. Zu ihren natürlichen Feinden zählen vor allem Austernfischer und Eiderenten, die Hunderte von Herzmuscheln pro Tag verzehren.

Kulinarisches: Bekannt sind einige Arten der Herzmuscheln aufgrund ihrer verbreiteten Verwendung als Nahrungsmittel. Charakteristisch ist das hellgelbe Muschelfleisch mit einem kräftig gelben Kern, der von den Schalenhälften umschlossen ist. Das wohlschmeckende Fleisch hat einen leichten Geschmack nach Meer. Herzmuscheln schmecken sowohl gekocht als auch gegrillt oder pochiert. Sehr gut harmonieren Wein, Knoblauch und Tomaten dazu. Aufgrund der schönen Optik sind sie auch gängiger Bestandteil einer Seafood-Platte. Der Fang von Herzmuscheln ist in Deutschland verboten. Daher werden hier Herzmuscheln als Importware gehandelt. Man erhält sie sowohl frisch als auch tiefgekühlt oder gesalzen als Konserve. Frische Herzmuscheln müssen sauber und sandfrei sein und sollten einen frischen Meergeruch aufweisen und fest verschlossen sein.

Ihren schönen Namen verdankt die Herzmuschel ihrer Form. Betrachtet man die Muschel von der Seite bilden die beiden Schalenhälften die Form eines Herzens nach.

Die große oder stachelige Herzmuschel
lat. Acanthocardia aculeata

Überfamilie: Cardioidea
Familie: Cardiidae
Verbreitung: hauptsächlich Mittelmeer
Größe: bis zu 8 cm

Lebensraum: Große Herzmuscheln halten sich hauptsächlich in Küstenbereichen, in der Nähe von Seegraswiesen, im feinem Sand auf.

Beschreibung: Die Schale der Großen bzw. Stacheligen Herzmuschel hat an den Rändern die für diese Art charakteristischen Stacheln. Diese brechen jedoch häufig ab, weshalb nur die stabilsten und die jüngsten an der Muschel zu finden sind. Zudem sind auf der Schalenoberfläche eine Vielzahl von kräftigen Rippen ausgebildet. Das Gehäuse kann weißlich oder gelbbraun bis ockerfarben gefärbt sein.

Die dickrippige oder knotige Herzmuschel
lat. Acanthocardia tuberculata

Überfamilie: Cardioidea
Familie: Cardiidae
Verbreitung: Atlantik
Größe: bis zu 6,5 cm

Lebensraum: Die dickrippige oder knotige Herzmuschel lebt auf sandigen oder kiesigen Untergründen.

Beschreibung: Die Schale dieser Herzmuschel wird bis zu 6,5 cm groß. Die zahlreichen Rippen auf der Oberfläche sind teilweise knotenartig verdickt. So sind auch die Namensbezeichnungen „dickrippig" bzw. „knotig" entstanden.
Die Streifen auf den Schalenklappen sind weiß bis zu rostrot und in dunklen Brauntönen.

Die Erdbeerherzmuschel
lat. Fragum unedo

Überfamilie: Cardioidea
Familie: Cardiidae
Verbreitung: Tropischer Indopazifik
Größe: 4–6 cm

Lebensraum: In flachem Wasser.

Beschreibung: Die Schalen der Erdbeerherzmuscheln sind viereckig, dickwandig und haben einen hervortretenden Wirbel. Das Gehäuse hat etwa 25 bis 30 Radialrippen mit niedrigen Schuppen. Die Klappeninnenränder sind gezackt, wobei die Zacken am Hinterrand zu Spitzen ausgezogen sind. Das Gehäuse ist weiß oder gelb mit lila Schuppen. Die Innenschalen sind weiß.

Weitere Farbschläge der Herzmuscheln:

Die gewöhnliche oder essbare Herzmuschel
lat. Cerastoderma edule

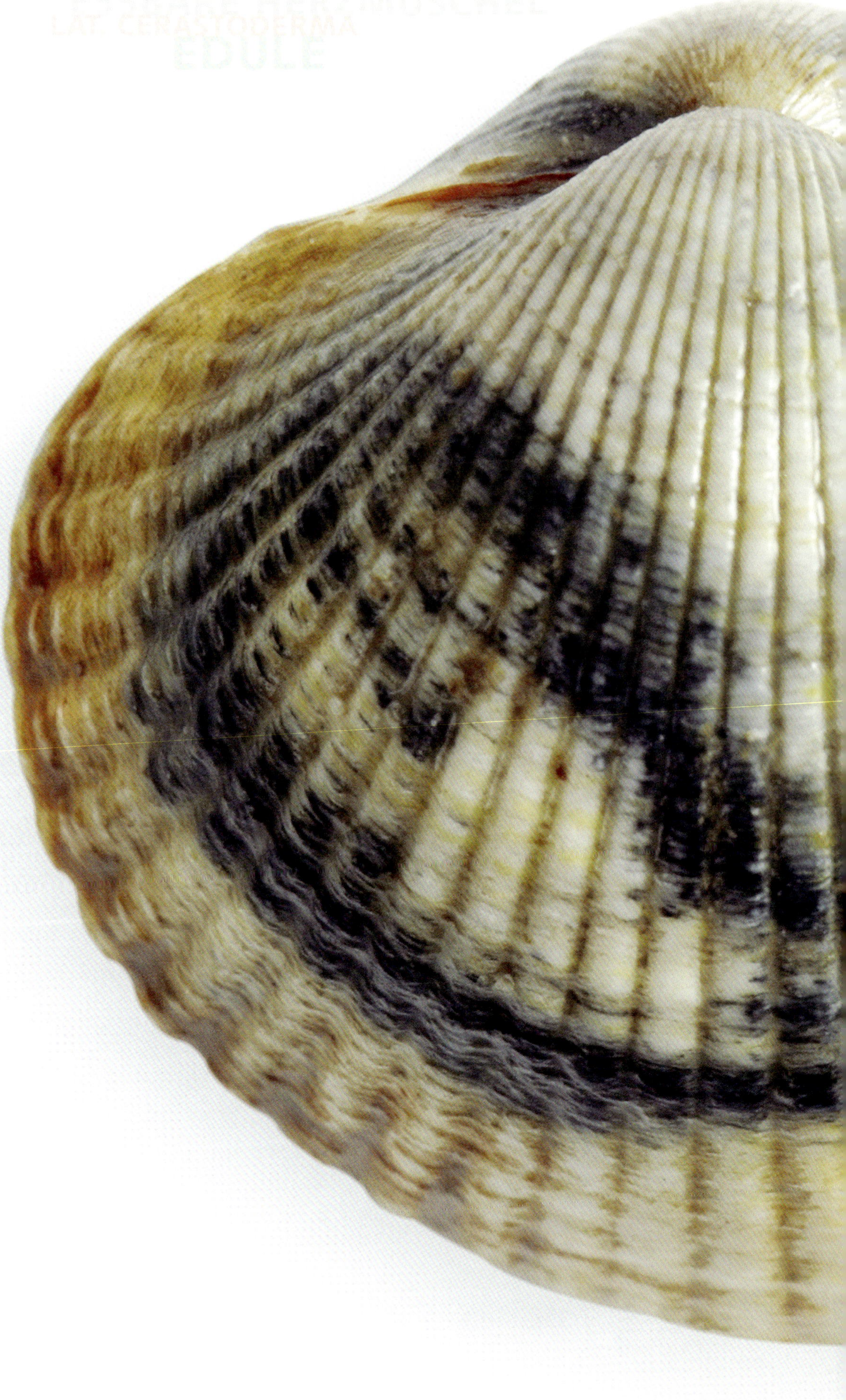

Überfamilie: Cardioidea
Familie: Cardiidae
Verbreitung: Lappland bis Nord-West-Afrika
Größe: 3–6 cm

Lebensraum: Essbare Herzmuscheln halten sich im Sand in Flachwasserbereichen auf.

Beschreibung: Die Essbare Herzmuschel ist eine der häufigsten Arten in der Nordsee. Sie hat auffallend bauchige Schalen mit einem gerundeten Vorderrand und einem gewinkelten oder nahezu geraden Hinterrand. Diese Muschel hat kräftig ausgebildete Radialrippen.
Die Färbung der Schale ist gelblich oder fahlbraun mit einem braunen hinteren Muskeleindruck.

Lebensraum: Weltweite warme und gemäßigte Gewässer sind die Verbreitungsgebiete dieser Muscheln. Neben Meeren sind sie auch in Flussmündungen aufzufinden. Gewöhnlich graben sie sich in Küstennähe in den sandigen Untergrund.

Beschreibung: Der Durchmesser der Venusmuschel-Schalen variiert zwischen 4 mm und über 10 cm. Auch die Form des Gehäuses kann kreisrund, queroval bis länglich sein. Die Oberfläche ist glatt, gerippt oder gegittert und kann Stacheln und schuppige Lamellen aufweisen. Charakteristisch sind die stark ausgeprägten, um die Schale führenden Rillen mit keilförmigen Streifen sowie die farbenfrohe Musterung.

Kulinarisches: Venusmuscheln sind als Nahrungsmittel sehr beliebt. Das wohlschmeckende Muschelfleisch hat einen nussigen Geschmack, der leicht nach Meer schmeckt. Die Hauptsaison für Venusmuscheln ist von September bis April. Im Handel sind sie als Frischware erhältlich. In diesem Zustand sollten sie sauber und sandfrei sein, außerdem einen frischen Meergeruch haben und fest verschlossen sein.
Venusmuscheln werden wie Miesmuscheln zubereitet und harmonieren sehr gut mit Teigwaren und Reis. Man kann sie sowohl roh genießen als auch gekocht zubereiten. Neben dem klassischen Kochen kann man auch eine Suppe damit zubereiten oder die Venusmuscheln überbacken.

Die gegitterte Venusmuschel
lat. Ruditapes decussatus

Überfamilie: Veneroidea
Familie: Veneridae
Verbreitung: Norwegen bis ins Mittelmeer
Größe: 6 cm

Lebensraum: sandige Böden im flachen Wasser

Beschreibung: Der hinterer Schalenteil ist lang und rundlich schräg gestutzt. die Außenseite der Schale ist radial konzentrisch skulpiert. Die Muschel hat meist eine weißliche bis ockerbraune Färbung.

Die nordische Venusmuschel
lat. Dosinia exoleta

Überfamilie: Veneroidea
Familie: Veneridae
Verbreitung: Norwegen bis ins Mittelmeer
Größe: 2–6 cm

Lebensraum: Sandstrände

Beschreibung: Fast kreisförmige, flache, relativ unauffällig gefärbte Schale mit kleinem Wirbel. Die Muschel besitzt grobe, konzentrische Rippen, ein breites Schloss und kräftige Hauptzähne. Ihre Färbung ist beige mit (rot-) braunen Bändern.

Die braune oder glatte Venusmuschel
lat. Callista chione

Überfamilie: Veneroidea
Familie: Veneridae
Verbreitung: südeuropäische Atlantikküsten, aber auch vereinzelt im Wattenmeer und weiter nördlich
Größe: 3–10 cm

Lebensraum: Braune Venusmuscheln graben sich in geringer Tiefe in den Meeressand in Sedimentböden ein.

Beschreibung: Die Schale der Braunen Venusmuschel ist fest und ziemlich dick. Wie der Name schon sagt, hat diese Muschel eine auffallend glatte Oberfläche und ist in der Regel braun gefärbt mit dunkleren Radialstreifen. Allerdings gibt es auch cremefarbene oder hellbraune Vertreter.

Die weiße Venusmuschel
lat. Meretrix lyrata

Überfamilie: Veneroidea
Familie: Veneridae
Verbreitung: tropischer West-Indopazifik, Indochina, Vietnam
Größe: bis 6 cm

Lebensraum: sandige Böden

Beschreibung: Weiße, hochglänzende Schale mit schwarzer Seite und breiter trigonaler Form. Feine konzentrische Wachstumslinien.

Venusmuscheln kommen in den Küstengebieten nahezu aller Meere der Welt vor. Mit über 500 Arten sind sie eine der größten Muschelfamilien.

Die indopazifische Venusmuschel
lat. Meretrix lusoria

Überfamilie: Veneroidea
Familie: Veneridae
Verbreitung: zwischen Taiwan, Japan und China
Größe: bis 6 cm

Lebensraum: Sandige Böden

Beschreibung: Cremefarbene Schale mit dunkelbraunen Strahlen und breiter trigonaler Form. Feine konzentrische Wachstumslinien. Hochglänzendes Periostrakum. Weiße Innenseite.

Die gemeine Venusmuschel
lat. Chamelea gallina

Überfamilie: Veneroidea
Familie: Veneridae
Verbreitung: Nord-West-Europa bis Mittelmeer
Größe: 3,5–4 cm

Lebensraum: Die Gemeine Venusmuschel hält sich vorzugsweise im Sand des Schelfmeeres auf.

Beschreibung: Die Schale der Gemeinen Venusmuschel ist kahnförmig und hat dicke Klappen. Das Vorderende ist abgerundet. Die Schale weist feine Radialleisten auf sowie regelmäßige konzentrische Rippen.
Die Färbung ist gelbweiß mit rotbraunen Radialstreifen.

Die Schriftvenusmuschel
lat. Circe scripta

Überfamilie: Veneroidea
Familie: Veneridae
Verbreitung: Tropischer Indopazifik
Größe: 4 cm

Lebensraum: Sandige Böden im Flachwasser

Beschreibung: Dickwandige, abgeflachte Schale mit schwachem Grad vom Wirbel zum Hinterrand. Kräftige konzentrische Rippen. Drei große Hauptzähne. Gelbliche Schalenfarbe mit braunen Radialstrahlen, Bändern und Zickzackstriemen. Innen weiß.

DIE INDOPAZIFISCHE
VENUSMUSCHEL
LAT. MERETRIX
LUSORIA

DIE GEMEINE
VENUSMUSCHEL
LAT. CHAMELEA
GALLINA

DIE SCHRIFT-
VENUSMUSCHEL
LAT. CIRCE
SCRIPTA

Diese indopazifische Venusmuschel (Meretrix lusoria) wird gerne für Suppen verwendet. In Japan nennt man sie Hamaguri. Dort wird sie zu einem speziellen muschelförmigen Sushi verarbeitet. In der Farbe ist sie sehr variabel.

Die cremefarbene Venusmuschel Circe scripta zeichnet sich durch ihre schriftähnlichen grafischen Verzierungen aus. Sie lebt im tropischen Indopazifik und wird bis zu 4 cm groß.

Die rauhe Venusmuschel
lat. Venus verrucosa

Überfamilie: Veneroidea
Familie: Veneridae
Verbreitung: Atlantik- und Mittelmeerküsten
Größe: 3–5 cm

Lebensraum: Rauhe Venusmuscheln bevorzugen Sedimentböden, wo sie sich in den Sand eingraben.

Beschreibung: Die Schalen der Rauhen Venusmuschel sind dick und rund. Charakteristisch ist die raue Oberfläche, die durch die stark hervorstehende Rillen entsteht. Daher hat diese Muschel auch ihren Namen. Der Schaleninnenrand ist gezahnt. Die Schale ist in der Regel sandfarben bis bräunlich gefärbt.

DIE RAUHE VENUSMUSCHEL LAT. VENUS VERRUCOSA

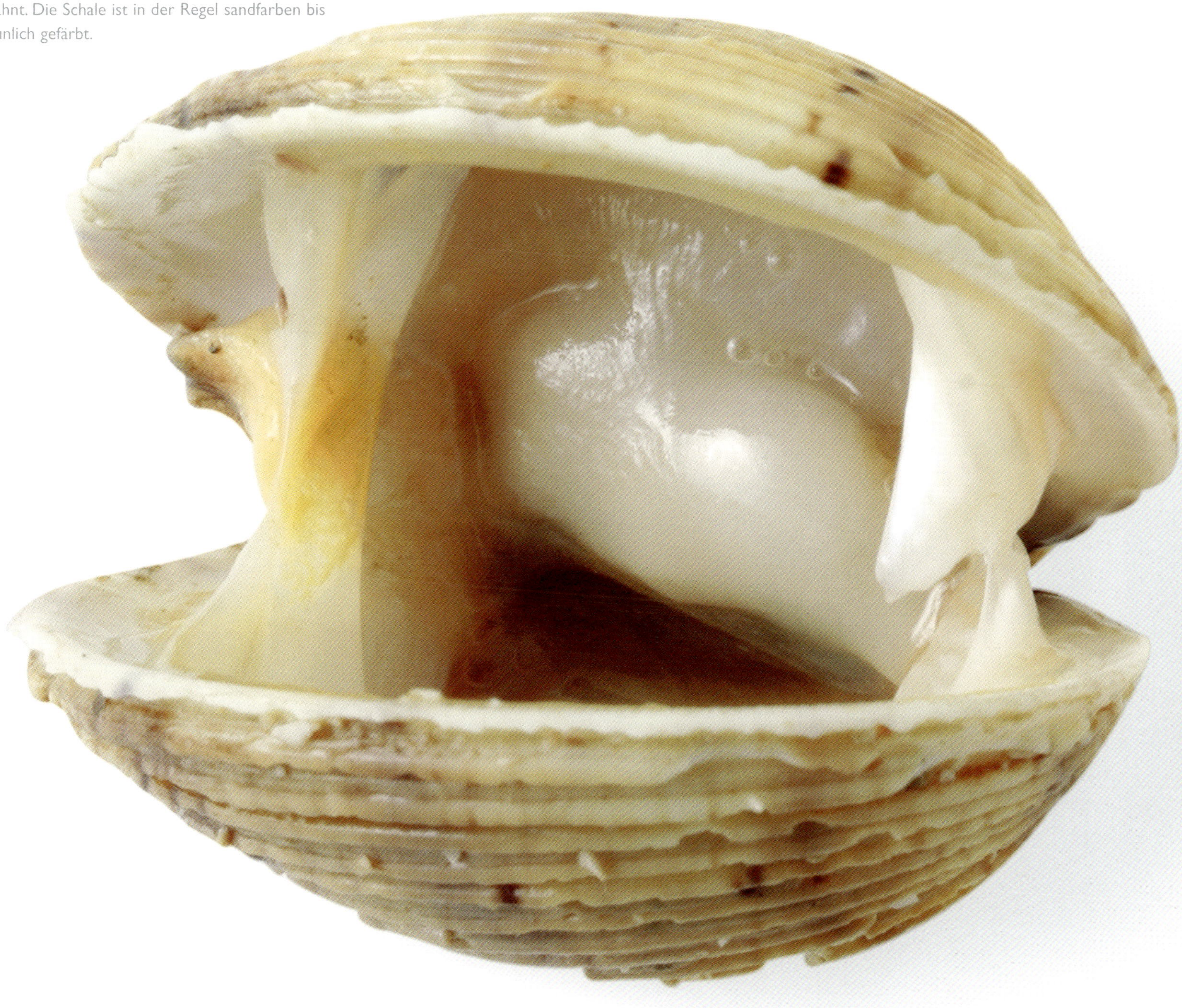

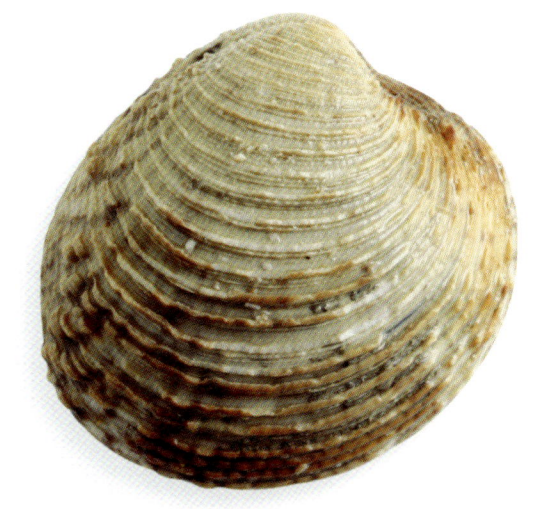

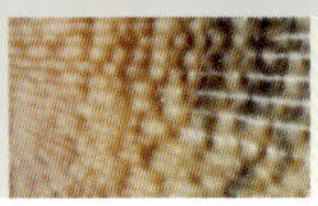

DIE TEPPICHMUSCHELN

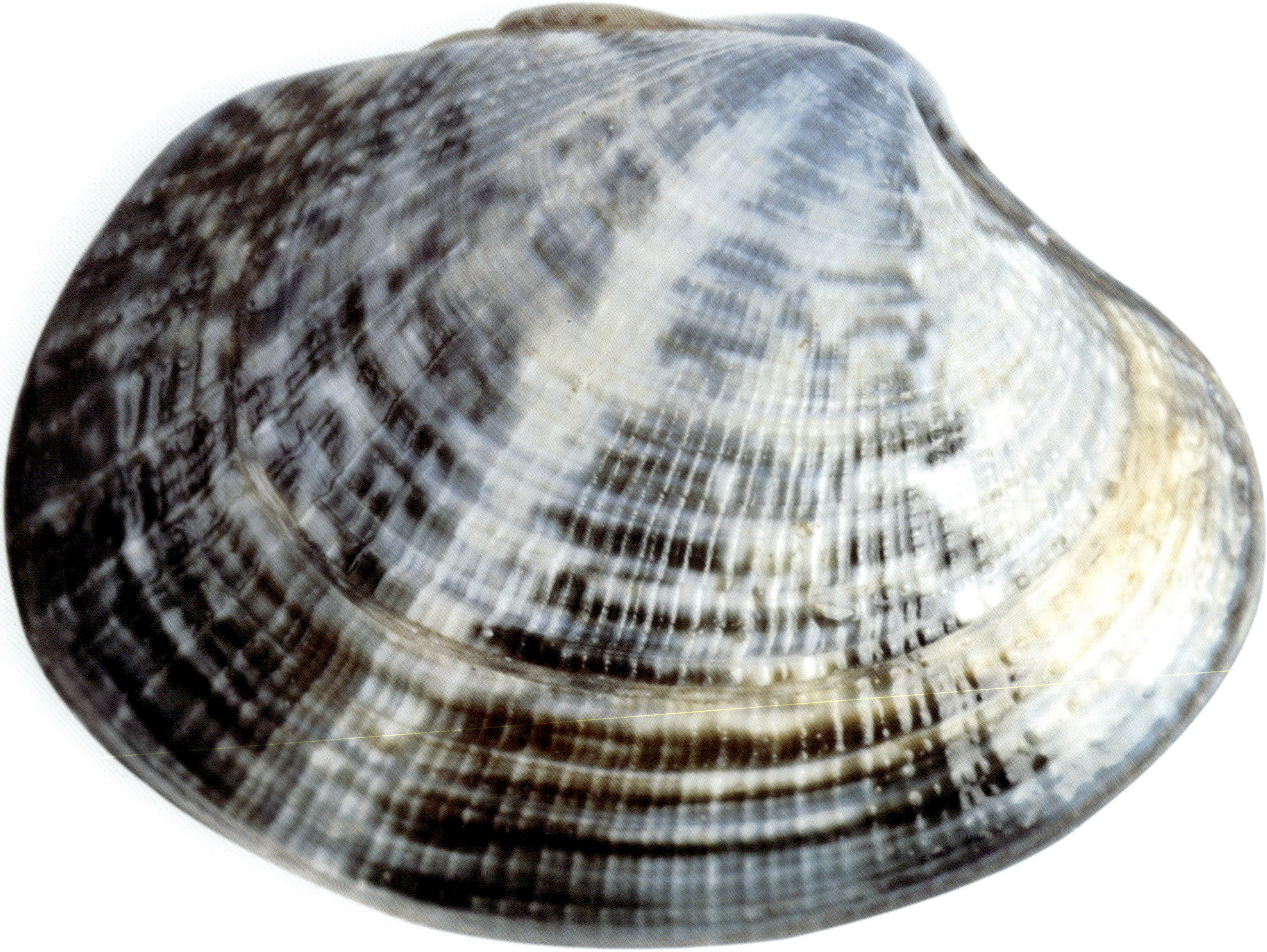

Die Teppichmuscheln (Tapes) sind eine Muschelgattung, die zu einer der zahlreichen Unterfamilien der Venusmuscheln (Veneridae) gehören. Je nach Verbreitungsgebiet und Nahrungsangebot ist eine breite Palette an Farbausbildungen möglich.

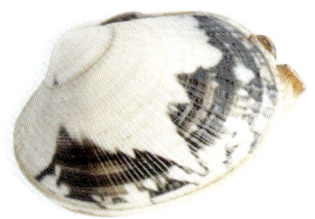

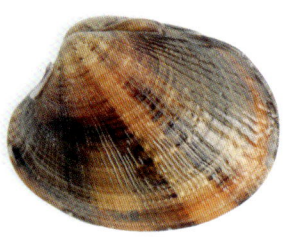

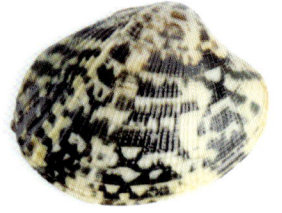

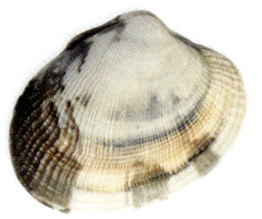

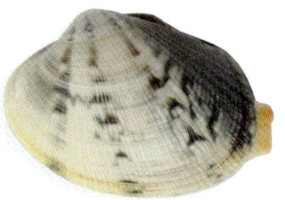

Die japanische Teppichmuschel
lat. Tapes philippinarum

Überfamilie: Veneridae
Familie: Venerupis
Verbreitung: Pazifik, Nordamerika, Mittelmeer
Größe: bis zu 6 cm

Lebensraum: Benthal, in großen Gruppen dicht zusammengedrängt.

Beschreibung: Die japanische Teppichmuschel hat eine abgerundete Dreiecksform. Ihre Grundfarbe variiert zwischen weißlich grau, gelblich oder einem gedämpften braun. Auffällig ist ihre lebhafte schwarz-weiße Musterung. Sie verfügt über gut sichtbare Radialrippen.

DIE JAPANISCHE TEPPICHMUSCHEL
LAT. TAPES
PHILIPPINARUM

DIE MUSCHELSAMMLER

Bei Ebbe schwärmen die Muschelsammler aus. Wenn wie hier an der Algarve das zurückweichende Wasser die sandigen Böden des Wattenmeers freigibt, graben sie hier mit Schaufeln und Rechen nach allen Arten von Muscheln, die nahe der Oberfläche im nassen Sand leben.

Scheidenmuscheln sind aufgrund ihrer charakteristischen Schale sehr leicht zu erkennen. Diese ist in der Regel länglich schmal und wird zwischen 2,5 und 20 cm lang. Die Klappenenden sind abgestutzt. Das Schalenschloss besitzt auf jeder Seite nur einen Zahn. Die Ränder der Klappen sind scharf, die Schalenoberseite dagegen auffallend glatt. Das Hauptverbreitungsgebiet sind tropische bis mäßig kalt temperierte Meere. Dort leben sie im sandigen Boden in senkrechten Röhren. Eine Besonderheit ist dabei, dass sie sich mit ihrem Fuß durch grabende Bewegungen fortbewegen können. Scheidenmuscheln reagieren sehr empfindlich auf Veränderungen des Salzgehaltes im Wasser. Dadurch kann man diese Muscheln im Gezeitenbereich sehr leicht an die Oberfläche locken, indem man eine Prise Salz auf eines der Atemlöcher streut.

Die Messerscheide
lat. Ensis siliqua

Überfamilie: Solenoidea
Familie: Solinidae
Verbreitung: Norwegen bis Mittelmeer
Größe: 15–20 cm

Lebensraum: Messerscheiden halten sich bevorzugt in feinsandigen Flachgewässern auf.

Beschreibung: Die Klappen dieser Scheidenmuscheln sind typischerweise lang und schmal, mit einem runden Querschnitt. Die Innenseite der Schalen ist weißlich gefärbt, die Außenseite weist zudem noch braun-violette Striemen und Flecken auf. Ein weiteres Merkmal ist die längs der Schale diagonal verlaufende Linie. Sie wird gerne mit der Schwertmuschel (Ensis ensis) verwechselt, die allerdings, im Gegensatz zur Messerscheide, eine gekrümmte Schale aufweist.

Die kurze Scheidenmuschel
lat. Solecurtus strigilatus

Überfamilie: Tellinoidea
Familie: Solecurtidae
Verbreitung: Mittelmeer und anschließender Atlantik
Größe: 1,3–10 cm

Lebensraum: Sandböden im flachen Wasser

Beschreibung: Langgestreckte, gestauchte Schalenform. Die Färbung der Muschel ist meist weiß, violett und ockerbraun gestreift mit schrägen, gewellten Furchen in der konzentrischen Zuwachsskulptur. Strahlenförmige Musterung.

Die kleine japanische Scheidenmuschel oder Bambusmuschel
lat. Solen strictus

Überfamilie: Tellinoidea
Familie: Solecurtidae
Verbreitung: Indopazifik
Größe: 11 cm

Lebensraum: Sandböden im flachen Wasser, bewegt sich mit Hilfe ihres Fußes grabend fort.

Beschreibung: Langgestreckte, rechteckige Klappenform, an beiden Enden klaffend mit scharfem Rand und rundem Querschnitt. Das Schloss mit außenliegendem befindet sich am Vorderende. Ockerfarbene Schale mit dunklen Striemen.

Eine Verwandte unserer Scheidenmuschel ist die Bambusmuschel, jedoch wesentlich kleiner. Sie gräbt sich im feinen Sand und Schlamm in Küstennähe ein. Dabei benutzt sie ihren kräftigen Muskel, um sich einzugraben und fortzubewegen.

Die mittelgroßen Gehäuse der Samtmuscheln mit über 10 cm Größe haben gewöhnlich eine nahezu kreisrunde Form. Die Schalen sind fest und gerippt oder glatt. Charakteristisch sind die angeordneten Zähne, die die Verwandtschaft zur Archenmuschel zeigen. Die Klappen sind weißlich bis bräunlich gefärbt und haben je nach Art braune Flecken.

Verbreitet sind Samtmuscheln hauptsächlich in wärmeren Meeren, wo sie auf dem sandigen oder kiesigen Untergrund leben und sich an der Oberfläche eingraben.
Man kann sie sowohl roh mit etwas Zitronensaft genießen oder überbacken, gefüllt oder gedämpft zubereiten.

DIE SAMTMUSCHELN
LAT. GLYCYMERIDAE

Die Meermandel
lat. Glycymeris glycymeris

Überfamilie: Limopsoidea
Familie: Glycymeridae
Verbreitung: Nordsee bis Mittelmeer
Größe: bis 6 cm

Lebensraum: Weichböden im Schelfmeer

Beschreibung: Meermandeln haben eine solide, dickwandige Schale mit einem fast kreisförmigen Umriss. Das Ligament nimmt ein breites, dreieckiges Areal unterhalb der mittelständigen Wirbel ein. Das Gehäuse ist weiß gefärbt mit dunkel- und hellbrauner Zeichnung aus Bändern und Zickzacklinien.

Besonderheit: Schale mit dunkelbraunem Periostrakum (dünner Haut).

Die violette Samtmuschel
lat. Glycymeris violascens

Überfamilie: Limopsoidea
Familie: Glycymeridae
Verbreitung: Mittelmeer und Atlantikküste
Größe: bis 4–8 cm

Lebensraum: auf Sandböden im Flachwasser

Beschreibung: Ungleichmäßige Form, mit feinen Rippen. Die Schale ist außen grau-violett, innen weiß bis rosa getönt.

Die Sattelmuschel
lat. Anomia trigonopis

Überfamilie: Anomioidea
Familie: Anomiidae
Verbreitung: Neuseeland, Australien
Größe: bis 7 cm

Lebensraum: küstennahe Sandstrände

Beschreibung: ungleichklappig, rundlich, mehr oder minder zusammengedrückt, oft sattelförmig gebogen, dünnschalig, durchscheinend, innen perlmuttig glänzend

DIE MEERMANDEL
LAT. GLYCYMERIS
GLYCYMERIS

DIE VIOLETTE
SAMTMUSCHEL
LAT. GLYCYMERIS
VIOLASCENS

DIE SATTELMUSCHEL
LAT. ANOMIA
TRIGONOPSIS

Weitere Meermandelformen

Diese Muschelart ist weltweit verbreitet. Ihre Schalen sind kahnförmig oder dreieckig geformt. Sie besitzen einen zentral gelegenen Wirbel und eine tiefe Mantelbucht. Kennzeichen dieser Muscheln ist ihr Chondrophor, eine muldenförmige Struktur, die den Schließknorpel trägt. Sie werden im Durchmesser bis zu 12 cm groß. Trogmuscheln leben flach eingegraben im sandigen Sediment.

DIE TROGMUSCHELN
LAT. MACTRIDAE
HANDELSBEZEICHNUNG : MACTRA SP.

Die weiße Trogmuschel
lat. Mactra corellina

Überfamilie: Mactroidea
Familie: Mactridae
Verbreitung: Norwegen bis Senegal, Mittelmeer
Größe: 4,5 bis 7 cm

Lebensraum: sauberer Sand im Schelfmeer

Beschreibung: Dünnwandige, glänzende Schale mit dreieckigem Umriss und leicht winkligem Vorderende. Breiter dreieckiger Chondrophor unterhalb der Wirbel. Breite und tiefe Mantelbucht. Weißliche Schale mit purpurner Tönung. Innen weiß oder purpurn.

Die bunte Trogmuschel
lat. Mactra stultorum

Überfamilie: Mactroidea
Familie: Mactridae
Verbreitung: Nordsee, Mittelmeer und anschließender Atlantik
Größe: 2,5 bis 6,5 cm

Lebensraum: Sandböden im Flachwasser

Beschreibung: Dünnwandige, glänzende Schale mit dreieckigem Umriss und leicht winkligem Vorderende. Breiter dreieckiger Chondrophor unterhalb der Wirbel. Breite und tiefe Mantelbucht. Innenseite der Schale violett gefärbt. Verschiedene Farbschläge sind bei der Mactra stultorum möglich.

Weitere Farbschläge der Trogmuscheln:

Die länglichen, gerippten Schalen der Archenmuschel sind verschieden lang, teilweise bis zu 12 cm. Die Seiten sind ungleich und zwischen den weit auseinander stehenden Wirbeln befindet sich das breite Rückenfeld. Die Schalenränder sind mit Zähnen versehen.

Archenmuscheln sind weltweit verbreitet und leben vorzugsweise im Gezeitenbereich und in flachen Meereszonen. Dort graben sich einige Arten in den sandigen Untergrund, andere verankern sich mit Byssusfäden, die aus der Lücke zwischen den beiden Schalenklappen treten, an Steinen oder Korallen. Das blutrote Fleisch der Archenmuschel ist eine beliebte Delikatesse.

DIE ARCHENMUSCHELN
LAT. ARCIDAE

Die Arche Noah
lat. Arca noae

Überfamilie: Arcoidea
Familie: Arcidae
Verbreitung: Mittelmeer und Ost-Atlantik
Größe: 6–8 cm

Lebensraum: Felsen im Schelfmeer

Beschreibung: Die Arche Noah hat eine verlängerte Schale, bei der sich der Wirbel nahe dem Vorderende befindet. Die Schlossleiste hat viele winzige Zähne. Die Muskeleindrücke der Klappen sind gleich groß. Die Schalen weisen grobe Radialrippen auf und sind weißlich gefärbt mit braunen Zickzackstreifen.

Besonderheit: Klappen klaffen unterhalb des Wirbels.

DIE ARCHE NOAH
LAT. ARCA NOAE

Die genarbte Arche
lat. Anadara granosa

Überfamilie: Arcoidea
Familie: Arcidae
Verbreitung: Südwest-Pazifik
Größe: 6 cm

Lebensraum: Weichböden im Flachwasser

Beschreibung: Dickwandige, schwere Schale mit breitem, mittelständigem Wirbel. Schloss mit einer Reihe von Zähnen. Kräftige Radialrippen mit gleichmäßigen, dicken Schuppen. Weiße bis cremefarbene Schale, Periostrakum dick und braun. Ihren englischen Namen „blood cockle" verdankt sie der roten Färbung ihres Fleisches. Hierfür ist der Farbstoff Hämoglobin verantwortlich, der auch menschliches Blut rot färbt.

DIE GENARBTE ARCHE
LAT. ANADARA GRANOSA

Klaffmuscheln zeichnen sich durch einen langen Sipho, eine Atemröhre aus, der die tief im Sand eingegrabene Muschel mit der Bodenoberfläche verbindet. Er führt dem Tier Sauerstoff und Nahrung zu. Bei Gefahr zieht die Muschel den Sipho ruckartig zurück, dabei entsteht ein Wasserstrahl der den Sipho-Kamin verschließt. Dieser Sipho kann nicht eingezogen werden, daher klaffen an der Stelle seines Austritts die Schalen auseinander. Klaffmuscheln sind sehr groß. Der pazifische Geoduck ist mit einer Schalenbreite von 20 cm die größte Muschel der nordamerikanischen Pazifikküste. Der Sipho kann eine Länge von 130 cm erreichen. Das Gesamtgewicht des Tieres liegt dann bei 2 kg. Die atlantische Sandklaffmuschel erreicht eine Schalenbreite von 15 cm und ist recht häufig. Die abgebildete Felsenklaffmuschel europäische Panopea wird bis 30 cm. Klaffmuscheln sind sehr gute Speisemuscheln.

DIE KLAFFMUSCHELN
LAT. MYOIDA

DIE FELSEN-KLAFFMUSCHEL
LAT. PANOPEA GLYCYMERIS

GEODUCK
LAT. PANOPEA GENEROSA

Muscheln dieser Familie leben im Schlammgrund der Meere aber auch im Inneren von Seescheiden oder Schwämmen. Die Schalen sind zarter als bei den Klaffmuscheln, klaffen aber wie bei diesen am Hinterende auf.

Überfamilie: Pandoroidea
Familie: Lyonsiidae

DIE LYONSIA-MUSCHELN

Das farbenprächtige Gehäuse ist unregelmäßig geformt und mit lappigen Lamellen oder Stacheln besetzt. Die dickwandigen, schweren Schalen der Hufmuschel können bis zu 10 cm Durchmesser erreichen. Hufmuscheln sind in allen wärmeren und tropischen Meeren verbreitet. Sie leben in Wassertiefen bis zu 100 Metern und kitten sich dort am Meeresuntergrund fest.

DIE HUFMUSCHELN
LAT. CHAMIDAE

Das Lazarus Schmuckkästchen
lat. Chama lazarus

Überfamilie: Chamoidea
Familie: Chamidae
Verbreitung: Tropischer Indopazifik
Größe: 6–9 cm

Lebensraum: Auf Felsen im Flachwasser

Beschreibung: Das Lazarus Schmuckkästchen ist eine der größten Hufmuscheln. Die gewölbte rechte Schalenklappe ist durch ein breites Schloss mit der flachen linken Klappe verbunden. Die rechte Klappe hat blattförmige, überlappende Lamellen, die sich vom Wirbel bis zum Unterrand erstrecken. Die Färbung ist weiß mit 2 bis 3 rotvioletten Radialstreifen.

Besonderheit: Juvenil glänzend.

DAS LAZARUS SCHMUCKKÄSTCHEN
LAT. CHAMA LAZARUS

Die nahezu kreisförmigen Gehäuse erinnern durch die meist helle Färbung an einen Vollmond, wodurch die Mondmuschel auch ihren Namen hat. Die Schalen werden zwischen 1 und 14 cm groß und haben eine glatte oder skulpturierte Oberfläche. Der Schließmuskel ist schmal und lang. Eine Mantelbucht fehlt.
Die weltweiten Verbreitungsgebiete sind tropische und gemäßigte Meere, wie der Atlantik, das Mittelmeer, der West- und Ostpazifik. Dort leben sie sowohl im Uferbereich als auch im Tiefgewässer, wo sie sich gewöhnlich in Sand oder Schlick eingraben.

DIE MONDMUSCHEL
LAT. LUCINIDAE

Die dicke Mondmuschel
lat. Lucina pectinata

Überfamilie: Lucinoidea
Familie: Lucinidae
Verbreitung: North Carolina bis Brasilien
Größe: 5–6 cm

Lebensraum: In seichtem Wasser.

Beschreibung: Die Dicke Mondmuschel hat dickwandige Klappen, die flachgedrückt sind. Das Gehäuse hat weitständige, scharfe konzentrische Rippen. Der vordere Muskeleindruck ist lang und schmal.

DIE DICKE MONDMUSCHEL
LAT. LUCINA PECTINATA

Die Koffermuscheln findet man in so gut wie allen Meeren rund um den Globus. Die meisten Arten dieser Familie sind klein bis mittelgroß. Ihr Gehäuse kann zwischen 1 und 8 cm groß werden. Ihre Schalen sind entweder dreieckig oder keilförmig ausgebildet, wobei ihre Wirbel nahe dem Hinterende liegen. Das Gehäuse ist vorn länger, hinten schräg abgestutzt. Ihr äußeres Ligament ist kurz, jede Klappe trägt zwei Hauptzähne. Ihre Mantelbucht ist tief. Viele Koffermuscheln sind tropisch, diese Familie ist allerdings auch in gemäßigten Meeren zu finden. Die Tiere graben sich dicht unter der Sedimentoberfläche ein. Einige Arten sind sehr farbenprächtig.

Bei Donax trunculus und Donax vittatus handelt es sich um zwei sehr ähnliche Spezies mit identischer Größe, identischem Lebensraum und nahezu gleichem Aussehen. Beide Arten sind hervorragende Speisemuscheln.

Die Sägezahnmuschel
lat. Donax trunculus

Die gebänderte Dreiecksmuschel oder das Sägezähnchen
lat. Donax vittatus

Überfamilie: Tellinoidea
Familie: Donacidae
Verbreitung: Südwest-Europa bis Mittelmeer
Größe: 2 bis 3,5 cm

Lebensraum: Sandböden im Flachwasser

Beschreibung: Ihre Schale ist mäßig bauchig und länglich dreieckig. Der Abschnitt vor dem Ligament ist viel länger als dahinter, und ihr Wirbel ist gerundet. Die Schale besitzt feine Radiallinien. Innen sind ihre Ränder fein gezähnt. Die Art bildet unterschiedliche Farbschläge aus: orange, braun, gelb, violett oder weiß sind häufig. Die Innenseite der Schale ist meist violett gefärbt.

Die Schalen der Tellmuschel (auch Plattmuschel genannt) können zwischen 1 und 12,5 cm groß werden. Der geschwungene Schalenumriss ist ungleichseitig. So sind die abgeflachten Klappen auf der Seite gewöhnlich abgerundet und auf der anderen Seite winklig. Da sich die Schnecken auf der linken Seite liegend im Meeresgrund verstecken, ist die rechte Klappe größer und tiefer gewölbt. Die Schalenoberfläche kann skulpturiert oder glatt sein und ist häufig farbig gezeichnet.

Tellmuscheln sind weltweit in wärmeren, gemäßigten und kalten Meeren verbreitet. Als Lebensraum dienen Meerestiefen bis 400 Meter, wo sie sich im weichen Sand halb verstecken. Dort leben häufig zahlreiche Tellmuscheln auf engem Raum.
Auch Tellmuscheln ernähren sich dadurch, dass sie mit ihren Siphonen Plankton aus dem Meerwasser filtern.

Die strahlige Tellmuschel
lat. Tellina radiata

Überfamilie: Tellinoidea
Familie: Tellinidae
Verbreitung: Südosten der USA bis Nordosten von Süd-Amerika
Größe: 7–10 cm

Lebensraum: Korallensand in flachem Wasser

Beschreibung: Die Strahlige Tellmuschel hat eine längliche Schale, die relativ bauchig und hochglänzend ist.
Der hintere Unterrand ist schwach eingebuchtet und das Vorderende gerundet. Die Mantelbucht ist so groß, dass sie fast den vorderen Muskeleindruck berührt. Das Gehäuse hat cremeweiße, rosa, gelbe oder hellrote Strahlen.

Besonderheit: Färbung variabel; Wirbel meist rot.

Die afrikanische Tellmuschel
lat. Tellina madagascarienis

Überfamilie: Tellinoidea
Familie: Tellinidae
Verbreitung: Westafrika
Größe: 7,5 cm

Lebensraum: In flachem Wasser

Beschreibung: Die Schale der Afrikanischen Tellmuschel ist dünnwandig und abgeflacht. Der Wirbel ist fast in der Schalenmitte. Der Unterrand ist gerade und das Hinterende stumpf gewinkelt. Das Gehäuse glänzt seidig durch die feinen konzentrischen Streifen. Das Gehäuse ist außen rosa und innen lachsrot gefärbt.

Das Gehäuse der Austern wird zwischen 7 und 20 cm lang. Die Gehäuseform variiert zwischen den einzelnen Arten. Charakteristisch ist die tiefe linke Schale, während die rechte flach bis konkav gewölbt ist. Die große Vielzahl der Arten unterscheidet man in flache und tiefe Austern. Letztere sind weltweit dominierend.

Austern sind in warmen und gemäßigten Meeren verbreitet, wo sie sich in geringen Wassertiefen aufhalten.

Kulinarisch gesehen ist die Auster das wichtigste Schalentier der Gourmetküche. Für diesen Zweck werden Austern auf sogenannten Austernbänken gezüchtet, die sich hauptsächlich an der französischen, niederländischen und englischen Küste befinden. In Zuchtparks werden in der Gezeitenzone Parzellen mit Gittern abgesteckt.

In Drahtkästen oder Plastiknetzen, durch die das planktonreiche Wasser fließt, werden die Austern in den Parzellen ausgelegt. Die Austernzucht ist sehr langwierig, da Austern erst nach 2 bis 5 Jahren Pflege verkauft werden können.

Nach dieser Zeit können Austern dann sowohl roh als auch warm genossen werden. Man kann sie braten, backen und gratinieren. Im Handel werden Austern allerdings auch geräuchert angeboten. Die Wahrscheinlichkeit eine Perle in einer Auster zu finden ist eigentlich gleich Null, da eine gewöhnliche Pazifische Felsenauster für die Perlenbildung 3 bis 5 Jahre braucht. Bis dahin ist sie in der Regel schon verzehrt worden.

DIE AUSTERN
LAT. OSTREIDAE

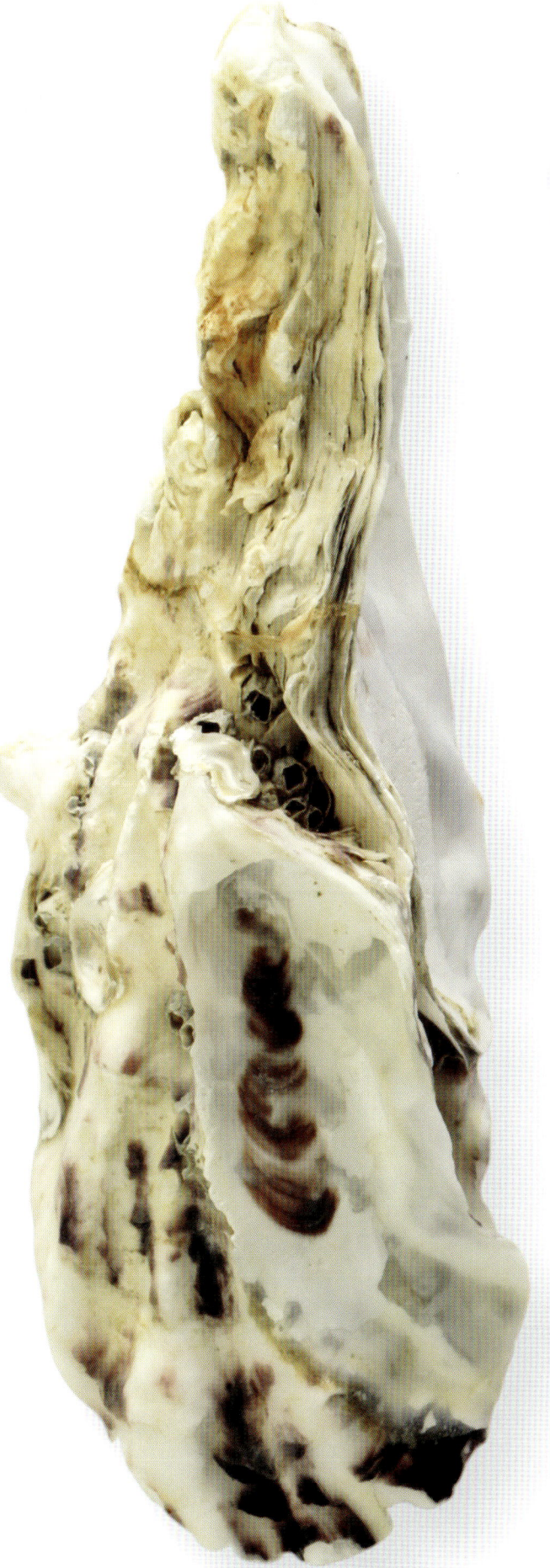

WILDE AUSTERN

Diese Weichtiere kommen in vielen Küstenregionen der Welt vor.

Man findet sie sowohl im Atlantik und im Pazifik, als auch in der

Nord- und Ostsee, obwohl ihr Bestand heute stark dezimiert ist.

Bei Ebbe kann man Wildaustern mit einem Messer von Felsen entlang

der Küste ernten. Im Gegensatz zu Zuchtaustern, sind die Schalen

der wildlebenden Tiere sehr unregelmäßig geformt, sodass sie sich

nicht unbedingt als Schlürfaustern eignen.

Die pazifische Auster
lat. Crassostrea gigas

Ursprünglich war diese Austernart im Chinesischen Meer und rund um Japan beheimatet. Heute ist sie global weit verbreitet und wirtschaftlich bedeutend, da sie ganzjährig gezüchtet und verkauft werden kann. Sie wächst innerhalb von zwei bis vier Jahren zu ihrer Verkaufsgröße heran und ist besonders resistent gegen Schädlinge und Krankheitserreger. Sie wurde ursprünglich Mitte des 20. Jahrhunderts in Europa eingeführt, weil die einheimischen Austernbeständen von Epidemien so gut wie vernichtet worden waren. Heute ist sie die häufigste Zuchtauster überhaupt.

Verbreitung: ursprünglich Nordpazifik (Japan, China); mittlerweile auch an den Küsten vor Marennes Oléron (Frankreich) und in der Nordsee stark verbreitet, daher stammen auch regionale Bezeichnungen, wie „Marennes Auster" oder „Sylter Royal".

Größe: bis zu 20 cm, selten auch 30 cm

Lebensraum: seichte Gezeitenzonen, aber auch tiefere Gewässer bis zu 40 Meter, bevorzugt Gebiete mit einer guten Wasserzirkulation, Untergrund darf nicht weich und schlammig sein, weil sie darin versinkt und erstickt.

Beschreibung: Pazifische Austern haben in der Regel eine ovale, längliche Schale, wobei die linke Klappe bauchig ist und die rechte eher flach. Allerdings variiert die Schalenform immer etwas, da sie durch Umwelteinflüsse, wie Strömungen, Meeresuntergrund oder Kultivierungsmethoden teilweise bestimmt wird. Aufgrund der Einbuchtungen und Auswüchse an der Schale wird sie allgemein nicht als „schöne" Muschel erachtet. Farblich ist die Pazifische Auster mit der hell- bis dunkelgrauen, braun oder grünlichen Schale auch eher unauffällig. Am Strand kann man jedoch auf farblich interessantere Exemplare stoßen, die ausgeblichen eine weiße Färbung mit rosa- und purpurfarbenen Bereichen haben.

Besonderheit: wirtschaftlich bedeutendste Austernart, aufgrund des schnellen Wachstums, der erheblichen Kultivierungsflexibilität, des hochwertigen Geschmacks und der klimatischen Anpassungsfähigkeit.

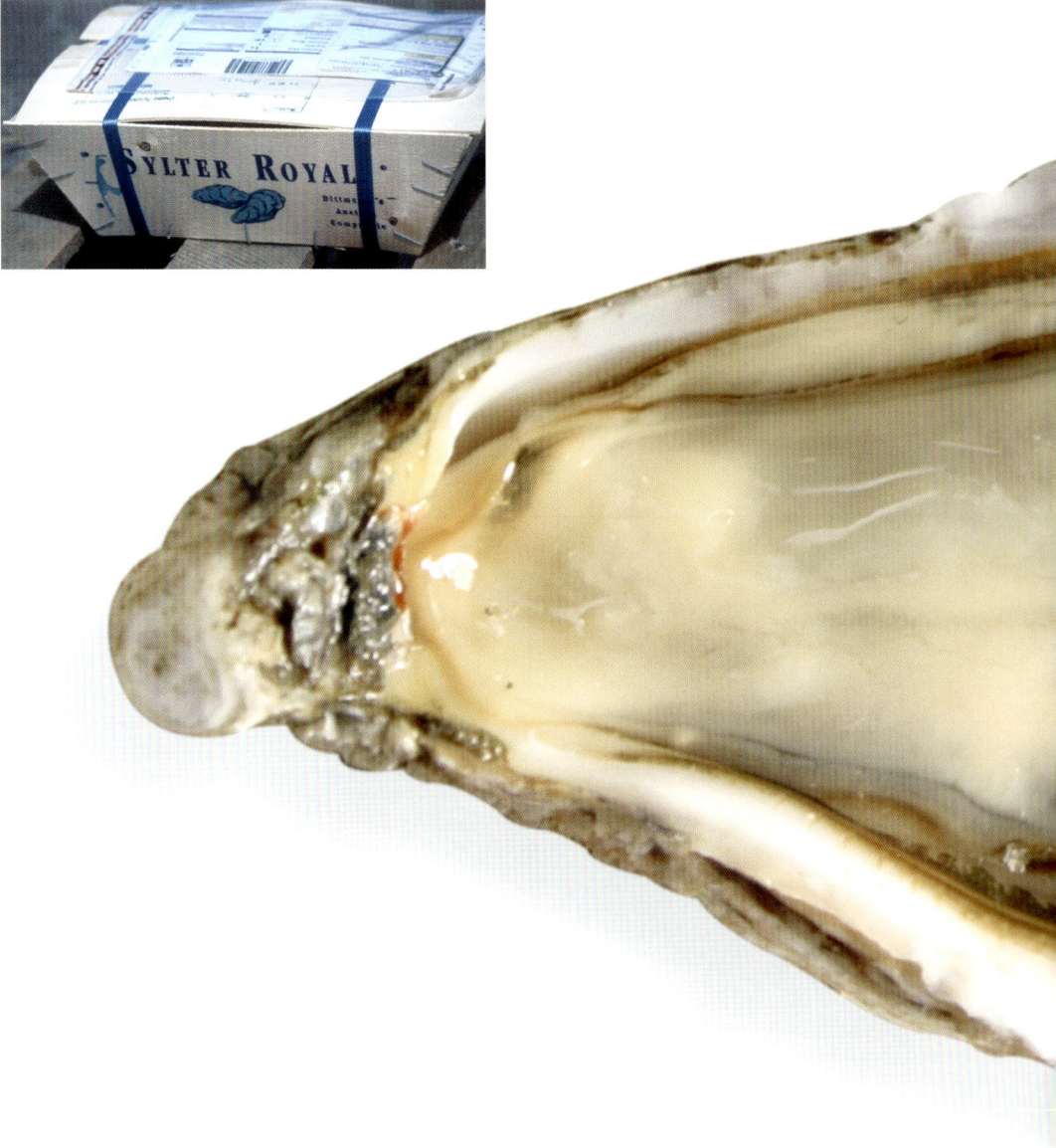

DIE PAZIFISCHE FELSENAUSTER
LAT. CRASSOSTREA GIGAS
SYNONYM: CRASSOSTREA ANGULATA

Die portugisische Auster
lat. Crassostrea angulata

Bei der Portugiesischen Felsenauster und der Pazifischen Felsenauster handelt es sich um die gleiche Art. Die synonym benutzten Namen entstanden durch verschiedenen Einbürgerungsversuche in Europa. diese aus Fernost stammende Austernart war in Portugal schon lange bekannt bevor sie den Rest des europäischen Kontinents eroberte. Das erste Mal wurde sie um 1926 von Portugal nach England importiert und dort angesiedelt. Daher auch der Name: Portugiesische Felsenauster (Crassostrea angulata). Es schien sich aber in den darauffolgenden Jahrzehnten niemand besonders für diese Austernart zu interessieren. Erst nachdem fatale Virusepidemien die Europäische Auster (Ostrea edulis) zwischen den 60er und 80er Jahren des 20. Jahrhunderts so gut wie ausgerottet hatten, interessierte man sich wieder für die ihre Verwandte aus Fernost. Diesmal stammten die bestandsrettenden asiatischen Importaustern allerdings aus Zuchten in Kanada, wo sie bereits erfolgreich gefarmt wurden. Unter dem Namen Pazifische Felsenauster (Crassostrea gigas) wurde diese Art von Nordamerika nach Europa gebracht und angesiedelt.

Eine Einwanderin aus dem pazifischen Raum. Mitgebracht aus den portugiesischen Kolonien, vermehrte sie sich in Europa prächtig und machte der europäischen Auster tüchtig Konkurrenz, bis eine Krankheit sie an den Rand der Ausrottung brachte. Daher ist sie heute sehr selten.

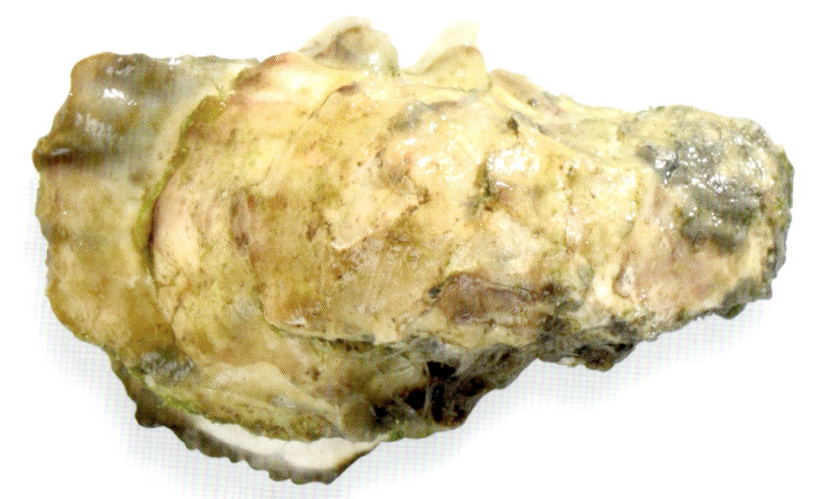

Die europäische Rundauster
lat. Ostrea edulis

Überfamilie: Ostreoidea
Familie: Ostreidae
Verbreitung: Fjorde Norwegens, Buchten von Großbritannien und Irland, das deutsche Wattenmeer, Holland, Belgien, die gesamte französische Atlantikküste, Spanien, Portugal, Marokko, Mittelmeerraum, Küste des Schwarzen Meeres
Größe: Handelsgröße beträgt 8–11 cm, im hohen Alter bis zu 20 cm.

Lebensraum: flache Küstengewässer, Buchten mit stabilem Salzgehalt und einen festen Untergrund

Beschreibung: Die Schale ist rundlich und wirkt symetrisch, beide Schalenhälften sind konvex, wobei die linke Schalenhälfte etwas bauchiger ist. Frisch im Handel kann die Schale äußerlich hell- bis dunkelgraue, gelbliche, grünliche oder unterschiedlich braune Farbtöne aufweisen. Man unterscheidet verschiedene Grade der Schuppigkeit. Das Innere der Schalenhälften ist farblich weiß bis bläulichgrau.

Besonderheit: Die Europäische Auster gilt als „die Königin der Meere". Sie wird praktisch immer roh konsumiert.

Was hier bei der europäischen Rundauster aussieht wie ein modischer Hut, ist in Wahrheit eine kleine Pantoffelschnecke, die sich an der rauen Schale der Muschel festgebissen hat.

DIE EUROPÄISCHE RUNDAUSTER
LAT. OSTREA EDULIS

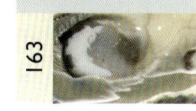

Die Zackenauster
lat. Hyotissa hyotis

Überfamilie: Ostreoidea
Familie: Gryphaeidae
Verbreitung: Indopazifik, Rotes Meer, Südafrika, Westpazifik
Größe: bis 30 cm

Lebensraum: Benthal, heftet sich gerne auf Korallenriffe oder Felsen.

Beschreibung: rundoval, gewöhnlich mit gerundeten Falten, kurzes bis wurmförmiges Schließknötchen vor und hinter dem Ligament, Schließmuskeleindruck rund und nahe am Schloss.

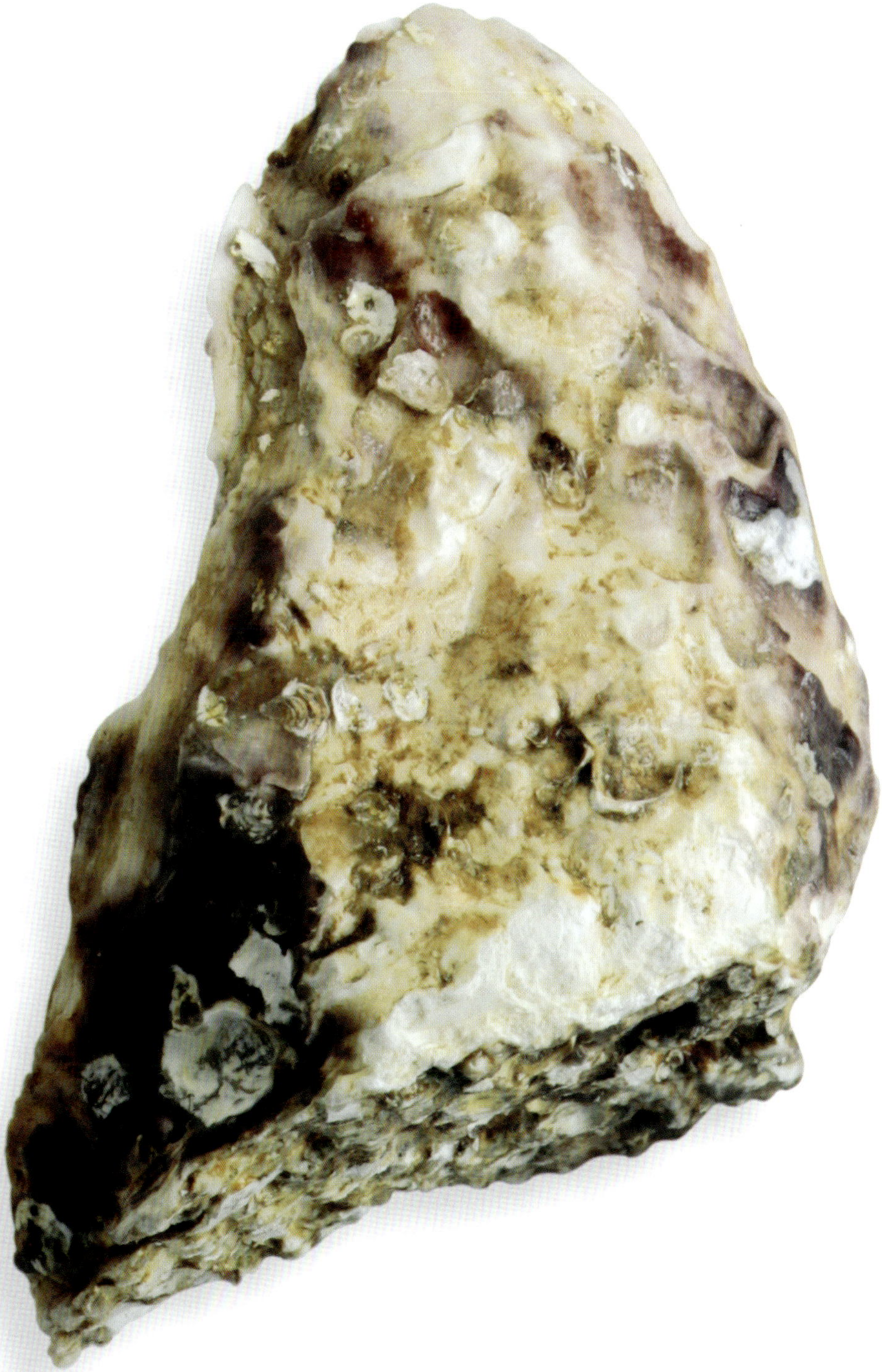

Die chinesische Auster
lat. Crassostrea ariakensis

Chinesische Austern sind typisch für die Floßkultivierung, die in Südostasien häufig angewandt wird. Hierbei hängen die Muscheln in einfachen Kisten unter Flößen. Da sie nicht gewendet werden, entstehen die unregelmäßigen Formen. Bei dem abgebildeten Exemplar sieht man deutlich den Kistenrand. Die Form ist aber unerheblich, da man in Asien Austern nicht „schlürft", sondern anderweitig verarbeitet.

1986 gründete die „Dittmeyer's Austern-Compagnie GmbH" den einzigen Austernkulturbetrieb Deutschlands. Ein Blick in die Geschichte der Sylter Auster zeigt, wie grundverschieden dieser Zuchtbetrieb doch vom früheren Austernfang ist. Knut der Große, der der Sage nach die edlen Schalentiere aus England an die Westküste gebracht haben soll, hat im 11. Jahrhundert angeblich die ersten Austernbänke in Nordfriesland angelegt. Da die Austern auch weit über die Küstengebiete hinaus sehr begehrt waren, wurde der Austernfang zu einem zwar gefährlichen, aber auch sehr einträglichen Unternehmen. Neben Hamburger und Bremer Kaufleuten orderte sogar der dänische König diese Austern, die damals in mit Seewasser gefüllten Holzfässern transportiert wurden. Gefangen wurden sie mit Schleppnetzen, die aus kleinen Eisenringen bestanden, welche die Austernschiffe hinter sich herzogen. So konnten pro Fang etwa 150 Austern an Bord gebracht werden.

Der zum Teil lebensgefährliche Fang der Austern setzte bei den Fischern vor allem genaue Lagekenntnisse der Austernbänke voraus.

Um 1870 gab es etwa 47 Austernbänke zwischen den Inseln Röm, Sylt, Amrum und Föhr, die eine Gesamtfläche von 1.800 Hektar bedeckten und vier bis fünf Millionen Austern im Jahr lieferten. Die Austernart, die auf diesen natürlichen Austernbänken lebte, war eine andere als die heute kultivierte, nämlich die Ostrea Edulis, die flache Auster, die sehr empfindlich war und für ihr Überleben und die Fortpflanzung sehr spezielle Bedingungen benötigte.

Die stetig wachsende Nachfrage und die rücksichtslose Plünderung der Austernbänke machten eine Reglementierung immer notwendiger. Obwohl es schon seit 1587 Erlasse und Vorschriften gab, die den Austernfang beschränken sollten, zwang die Abhängigkeit ganzer Dörfer von diesem Erwerbszweig zur weiteren Überfischung.

Die Auster verfügt wie fast alle Muschelarten über ein großes Fortpflanzungsvermögen. Pro Saison kann das weibliche Tier bis zu 1.000.000 Larven hervorbringen. Nach der Befruchtung in der Mantelhöhle des Weibchens, verbringt die Larve weitere zehn Tage freischwimmend im Meerwasser. Schon jetzt beginnt sich die zweiklappig angelegte Schale zu bilden. Nach diesen 10 Tagen sucht die Auster eine geeignete Unterstützungsfläche, wo sie sich mit Hilfe ihres Fußes und eines Drüsensekrets festheftet. Sie verliert daraufhin ihre Bewegungsfähigkeit und ist von nun an auf die Lebensbedingungen ihres Standortes angewiesen.

Damit die Auster sich erfolgreich reproduzieren kann, müssen der Salzgehalt und die Wassertemperatur des Meeres optimal auf sie abgestimmt sein, was besonders im Wachstumsstadium der Auster von größter Bedeutung ist.

Die Überfischung schuf noch zusätzliche Probleme, da das ständige Graben der Schleppnetze über die Austernbänke das Substrat, das die Basis für die Wiederbesiedlung darstellte, zerstörte.

1882 musste die Austernfischerei vollständig eingestellt werden. Aus der geplanten neunjährigen Schonzeit wurden 15 Jahre, und trotzdem konnten 1897 nur noch 300.000 Austern gefischt werden.

1912 wurde in List aus der eigentlichen Austernfischerei eine Austernzucht, als man versuchte, Brutaustern künstlich anzusiedeln.

Der Winter 1939 mit Temperaturen von – 27 °C brachte das Ende. Zu diesem Zeitpunkt waren die natürlichen Austernbänke mit der einheimischen Ostrea Edulis längst endgültig zerstört.

Die Bundesforschungsanstalt für Fischerei erzielte seit 1980 mit Unterstützung von Muschelfischern in verschiedenen Kleinversuchen mit der robusteren Crassostrea Gigas, der Pazifischen Felsenauster, gute Zuchterfolge.

1986 schließlich nutzte die „Dittmeyer's Austern-Compagnie GmbH" diese Versuche kommerziell und eröffnete ihre Austernfarm.

Die täglich geernteten Austern werden von Hand sortiert, sodass nur beste Ware in den Verkauf kommt.

Die Sylter Royal ist bekannt für ihren hohen Fleischanteil und ihren herrlich frischen Geschmack, der nicht zuletzt auch von der guten Wasserqualität der Nordsee herrührt.

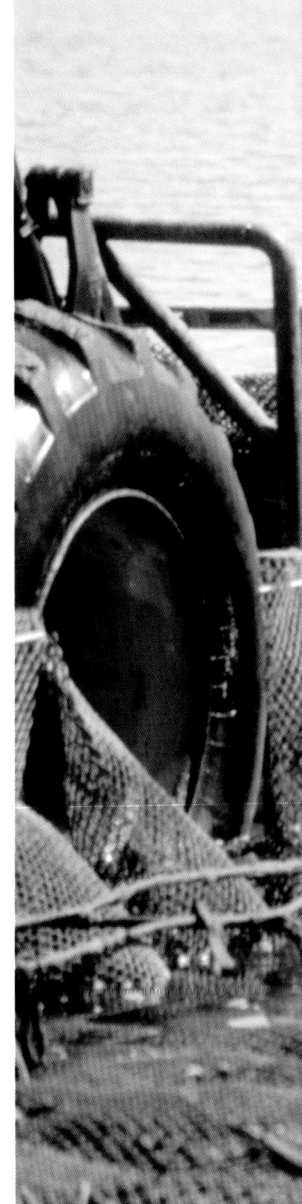

Prolog

Ich wandere am Strand der Algarve entlang. Ein Naturschutzgebiet bei Luz Tavira. Hier gibt es noch sauberes Wasser und eine gesunde Meeresflora und -fauna – und jede Menge Austernbänke, aber was mich wundert ist, dass ich bisher noch keine Portugiesen in den Restaurants gesehen habe. Ich erfahre, dass die Einheimischen hier erst gar nicht in den Genuss ihrer wertvollen Felsenaustern kommen, weil die gesamte Ernte nach Frankreich verkauft wird. Da werden dann Belon oder Marennes daraus, die erzielen nämlich höhere Gewinne. Diese wundersame Wertsteigerung ist nichts Ungewöhnliches und auch nichts wirklich Schlimmes. So werden auch irische Hummer zu bretonischen oder spanische Trüffel zu Perigord. Wohlgemerkt: weder irische Hummer, noch spanische Trüffel sind schlechter.

Ganz im Süden der Bretagne liegt die Ile d´Oleron, auf dem Festland davor das Städtchen Marennes, Synonym für Austern. Gute Austern, ja die Besten, wie viele Kenner behaupten.
Die Austernbänke in dieser Gegend befinden sich an einer schmalen, nur wenige Kilometer breiten Meerenge, welche die Insel vom Festland trennt. Unzählige Holzgestelle, auf denen prallgefüllte Metallsäcke voller Austern liegen, werden sichtbar, wenn die fallende Ebbe die Null-Linie der Gezeiten erreicht. Das Trockenfallen der Austernparks während der Ebbe ist ein gutes Training für die Schließmuskeln der Muscheln – wichtig für den späteren Transport zu den Kunden. Zusätzlich bietet die Ebbe einen gewissen Schutz vor am Boden lebenden Feinden wie Wellhornschnecke und Seestern.

Entlang der Wasserscheide zwischen Ebbe und Flut bewirtschaften die Austernfarmer ihre Felder mit speziellen, sehr flachen Booten. Sie reinigen die Austernkäfige von Grünalgen und Blasentang und wenden und rütteln die Säcke, damit die Schalen der Austern nicht im Draht oder aneinander festwachsen. Der Blasentang wird übrigens für die Fruits de Mer-Auslagen der Restaurants verwendet. Die flachen Gewässer dieser Gegend sind sehr nährstoffreich und durch ihre Lage vor den schweren Unwettern des Atlantiks geschützt. Ideal für die Austernzucht. Die kleinen Häfen, wie der von St. Trojan-les-Bains, auf der Ile d´Oleron, wo sich die kleinen Austernfirmen angesiedelt haben, bilden einen romantischen Hintergrund für viele kleine Restaurants. Hier kann man die Marennes-Austern und all die anderen Meeresfrüchte dieser Gegend in authentischer Atmosphäre genießen.

Spéciales Gillardeau – Die ideale Schlürfauster

Marennes-Austern zählen für viele zu den besten Austern der Welt. Aber über allem thront die Gillardeau-Auster: „Best of the Best".
Was macht Gillardeau anders, wenn ihr Ruf so gigantisch ist?
Das Unternehmen befindet sich auf dem Festland, in Bourcefranc, direkt neben der Brücke, die zur Insel führt. Freundlich werden wir von Thierry Gillardeau und seiner Frau Véronique empfangen, einer gebürtigen Belgierin, die uns mit großem Stolz eifrig alles zeigt und erklärt. Man spürt sofort, dass diese Leute ihr Produkt lieben und sehr viel davon verstehen. Das ist schon mal die beste Voraussetzung für die Produktion guter Qualität. Eine meiner ersten Fragen lautet: „Mir ist aufgefallen, dass die typische Marennes-Auster eine 'Verts' ist (bedingt durch den hohen Algenanteil in den umliegenden Gewässern). Die Gillardeau ist aber auffallend weiß. Wie machen Sie das?"
Die Antwort war überraschend: „Unsere Austern kommen nicht aus dieser Gegend." – sieht man mal von einem winzigen Park direkt an der Manufaktur ab, der mengenmäßig nur „Hobbyerträge" bringt, verglichen mit immerhin 1.500 Tonnen Produktion bei Gillardeau pro Jahr. Jetzt fällt mir natürlich auch ein, dass auf den Kartons nichts von „Marennes" steht.

DIE REISEN
DER AUSTERN

Die besten Austern sind Marennes.

Aber nicht wirklich die Allerbesten.

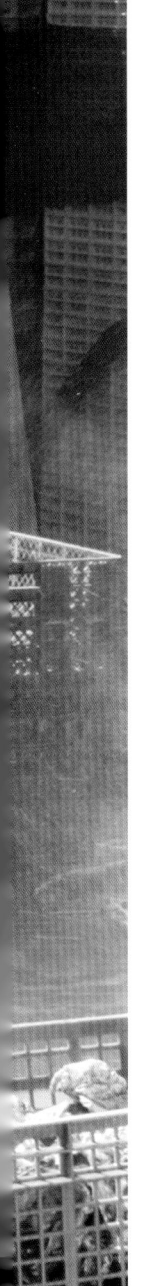

Gillardeau macht genau das, was ein Weinbauer oder Teeproduzent macht, wenn er eine gleichbleibend hohe Qualität erzielen will: eine Cuvée, eine Mischung. Die Gillardeau-Austern wachsen immer gerade dort auf, wo die Lebensbedingungen für die Muscheln ideal sind. Dabei kann es sein, dass die Austern während ihrer Wachstumsphase weite Reisen unternehmen. Verschlechtern sich die Bedingungen in einer Region, zieht schon mal ein gesamter Gillardeau-Austernpark um.

Zurzeit kommen die meisten Gillardeaux aus Irland oder aus der Normandie. Die irischen Stämme sind steril und bilden keine Milch aus, so kann Gillardeau Austern ohne und in der Milch anbieten. Um sterile Austern zu erhalten, greift man nicht zum Skalpell, sondern zum Chromosomentrick: Man kreuzt natürliche Stämme mit zwei und vier Geschlechtschromosomen. Deren Nachwuchs hat drei Chromosomen und ist nicht zeugungsfähig. Nach der Ankunft der Austern in Bourcefranc kommen die Muscheln in die Claires. Das sind Salzwasserteiche auf dem Festland, in denen die Muscheln nicht, wie man dem Namen nach vermuten könnte und wie man oft liest, wirklich „geklärt", also gesäubert werden. Im Gegenteil, die Claires sind eher schlammig, und die Austern müssen gründlich gereinigt werden, wenn sie wieder in die Manufaktur kommen.

In den Austernparks vor Marennes hingegen liegen die Austern in Säcken auf Gestellen über Sandboden. Also viel sauberer. In den Teichen erfolgt die Affinage, die Reifung oder Veredelung. Hier erhalten sie nach zwei bis vier Wochen Aufenthalt ihren typisch nussigen Geschmack. Der ist abhängig von der Planktonsymbiose im Gewässer und ist daher auch von Gegend zu Gegend sehr unterschiedlich. In der Manufaktur werden die Austern in Becken gelagert, die mit Sauerstoff durchflutet sind, das wirkt auf die Tiere wie eine Vitaminspritze. Zusätzlich lässt sich die Temperatur steuern. Man kann kühlen oder erwärmen, um die ideale Lagertemperatur von circa 18 °C zu halten. Das Reinigen der Austern erfolgt mechanisch in Trommeln oder bei dünnschaligeren Exemplaren mit dem Schlauch.

Das Sortieren und Verpacken der Gillardeau ist gleichzeitig eine Qualitätskontrolle. Die Arbeiterinnen greifen je fünf Austern und klopfen sie abwechselnd aneinander. Ein hohler Klang bedeutet nichts Gutes. Dann ist die Muschel entweder krank oder noch nicht reif. Die Aussortierten bekommen aber noch eine Chance. In einem speziellen Bassin erhalten sie die Möglichkeit zur Regeneration. Gillardeau werden in den Größen 1 bis 5 angeboten. Die typische Gillardeau ist eine schwere Muschel mit flacher Unter- und stark gewölbter Oberschale, in der das kräftige, vergleichsweise feste Tier mit dem typischen Nussaroma sitzt. Dieses Qualitätsmerkmal ist seit jeher das Markenzeichen des Familienbetriebes, der Ende des 19. Jahrhunderts von Henry Gillardeau gegründet wurde. Gillardeau war ein einfacher Bauernjunge und konnte weder lesen noch schreiben. Aber seine Liebe zum Meer und zu den Austern sicherte ihm eine einzigartige Karriere in seinem Beruf als Austernzüchter. Nach 30 Jahren Aufbauarbeit war Henry mit Preisen und Auszeichnungen für die Modernität und die Dynamik seines Unternehmens hoch dekoriert. Wichtiger jedoch war, dass die guten Restaurants in Paris anfingen, die Position „Huîtres de Marennes" durch „Spéciales Gillardeau" zu ersetzen.

Zu guter Letzt bleibt da noch die Frage, wo denn die Austern von der Algarve geblieben sind. Bei Gillardeau jedenfalls nicht. Und bei den anderen Marennes-Farmen ja wohl auch nicht, denn die behaupten ja, ihre Produkte seien „original Marennes".

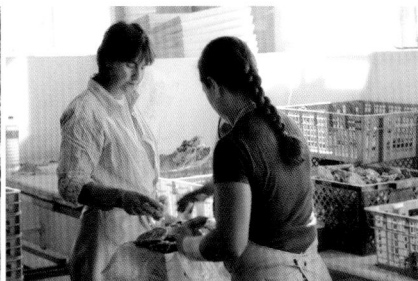
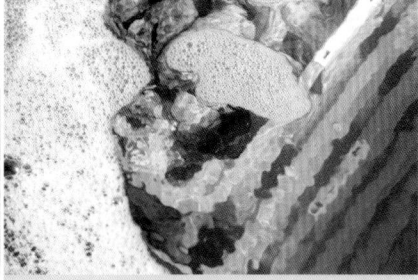

Austernzucht

Die Auster ist seit der Frühzeit in vielen Kulturen sehr begehrt. Andererseits gibt es auch heute noch Länder, in denen die Menschen mit dieser Muschel nichts anfangen können. Zum Beispiel Irland. Hier werden zwar jede Menge Austern produziert, aber essen mögen die Iren sie selbst nicht. Na, jedenfalls die meisten von ihnen.
In vorchristlicher Zeit wurden die Austern einfach in der Gezeitenzone gesammelt. Aber schon im 4. Jahrhundert v. Chr. entstanden in Griechenland die Ursprünge der Austernzucht. Die Römer entwickelten dann die Technik weiter, und es gab zu ihrer Zeit sogar schon eine Art Austern-Markenartikel, also Austernfarmen, die als besonders gut galten.
Mit dem Untergang des römischen Reiches geriet die Austernzucht, wie viele andere Errungenschaften des Hochkulturvolkes, in Vergessenheit. Im Mittelalter wurde mit großen Rechen oder Schürfnetzen nach Austern gefischt, bis dann im 19. Jahrhundert, nicht zuletzt wegen der Überfischungsproblematik, die Zucht der Muscheln wieder auflebte.
In Frankreich versenkte man Dachziegel, um Kulturaustern zu erhalten, denn die zunächst pelagisch lebenden Austernlarven setzen sich gern auf diesen Platten aus gebranntem Ton ab und entwickeln sich dann zur Mini-Auster.

Auch heute werden in den sogenannten Empfangsparks, das sind Areale, in denen Substrate versenkt werden, an denen sich Austernlarven festsetzen, Tonziegel genutzt. Aber auch Metallelemente kommen zum Einsatz. Wie ein Foto zeigt, funktionieren auch Fahrräder.
Vielerorts werden heute auch Austernbabys in Farmen unter kontrollierten Bedingungen herangezogen. Sobald sich im Meer an den versenkten Objekten kleine Austern bilden, werden sie vorsichtig abgelöst und an Manufakturen verkauft.
Zur weiteren Kultivierung kommen verschiedene Methoden zum Einsatz. Die einfachste und kostengünstigste ist die Bodenkultivierung. Hierbei werden die Muscheln einfach über einem geeigneten Meeresboden ausgesät und nach drei bis sechs Jahren mit einem Schürfnetz geerntet. Vorteil ist hierbei der geringe Arbeitsaufwand. Nachteil ist, dass die Austern im Schlamm liegen und dessen Geschmack annehmen. Die Methode wird hauptsächlich in England, bei der Zucht der Europäischen Auster eingesetzt.
In Frankreich hingegen herrscht die Tischkultivierung vor. Wie vor Marennes lagern die Muscheln in Metallsäcken auf Holz- oder Eisentischen über dem Meeresgrund. Diese Methode ist zwar sehr aufwändig, denn die Pflege ist intensiv, aber sie bringt auch eine Auster mit klarem Geschmack und gleichmäßigem Wuchs hervor. Die ideale Schlürfauster.
Die Franzosen züchten hauptsächlich die aus Japan stammende pazifische Felsenauster. Sie zeigt sich resistent gegen Erkrankungen, die besonders in den 1970er Jahren die native Europäische Auster stark dezimierten.
In Asien wird für die Austernzucht die Leinen- und Floßkultivierung eingesetzt. Bei der Leinenkultivierung wachsen die Austern an mit geeignetem Substrat – zum Beispiel Muschelschalen – bestückten Leinen, die senkrecht im Wasser hängen. Bei der Floßkultivierung hängen die Muscheln einfach in Kisten unter Flößen im Meer. Nachteil ist dabei, dass die Austern unregelmäßige Formen annehmen. Da man in Asien aber eher selten Schlürfaustern isst, sondern das Fleisch auslöst, spielt das keine Rolle.

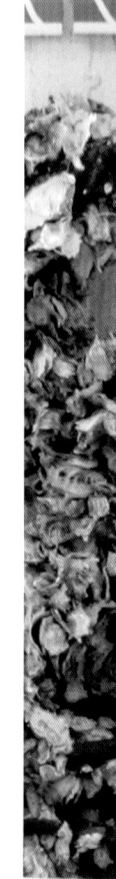

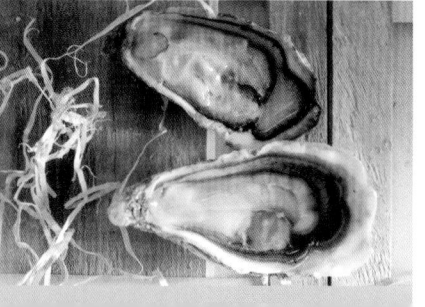

GESUNDES WACHSTUM
AUSTERNZUCHTEN RUND
UM DIE WELT

HANDLING-TIPPS
MUSCHELN

Muscheln nur in Monaten mit R?
Laut Volksmund ist Muschelsaison in Monaten mit „R". Das hatte früher zum einen mit der Fangsaison der Miesmuschel von September bis April zu tun, zum anderen mit den Temperaturen. Muscheln dürfen nie über 6 °C gelagert werden. Dank perfektionierter Frischelogistik und der Tatsache, dass mittlerweile auch andere Muschelarten als die Miesmuschel bei uns mehr und mehr Abnehmer finden, stimmt diese Regel heute nicht mehr. Auch das große Angebot an tiefgekühlter Ware macht Muscheln zum ganzjährig verfügbaren Vergnügen.

Frische von Muscheln
Bei der Zubereitung von Muscheln sollte man auf zwei Dinge achten: die rohe Muschel sollte fest geschlossen sein, die gekochte Muschel sollte geöffnet sein. Ist weder das eine, noch das andere während der Zubereitung gegeben, ist die Frische und damit der Genuss der Muschel nicht mehr garantiert.

Öffnen von Austern
Zum Öffnen der Austern sollten Sie sich einen guten Austernbrecher leisten. Sie legen die Muschel in ein festes Leinentuch und hebeln die flache Seite vorsichtig hoch. Falls Sie über den Erwerb eines Kettenhandschuhs nachdenken, sollte Ihnen klar sein, dass dieser nicht vor Stichverletzungen beim Abrutschen des Messers schützt, sondern nur vor Schnittwunden.

Öffnen von Jakobsmuscheln
Bewaffnen Sie sich mit einem Messer mit kurzer, stabiler Klinge und einem Küchenhandtuch. Fassen sie die Muschel mit der einen Hand in dem Handtuch. Die flache Schalenseite zeigt dabei nach oben. Fahren Sie mit dem Messer in die Schalen und durchtrennen Sie dabei den Schließmuskel, der mit der oberen Schalenhälfte verwachsen ist. Hebeln Sie die Schalen auseinander. Das Muschelfleisch liegt nun in der gewölbten Schale, die in Ihrer Handfläche ruht. Lösen Sie das Muskelfleisch an seinem grauen Rand vorsichtig aus der Schale.

Entfernen Sie nun die dunklen Museklfasern rund um die zarte „Nuss" (runder, zentraler Muskel) und trennen Sie diese von dem roten Rogen (Corail) der Jakobsmuschel. Beides wird unter fließendem Wasser abgespült. Sowohl die Nuss, als auch der Rogen sind beliebte Delikatessen. Die anderen Muskelfasern können zum Kochen von Fonds benutzt werden.
Die Zubereitung der Jakobsmuschel braucht etwas Fingerspitzengefühl: Zu langes Braten oder andere strapaziöse Kochtorturen machen die Muschel zäh und hart.

Schnecken, und damit auch die Meeresschnecken, gehören zum Stamm der Weichtiere (Molluska), der neben den Gliederfüßern den artenreichsten Stamm der Tierwelt darstellt.

Als Meeresschnecken werden alle Arten und Familien von Schnecken bezeichnet, die im Meer leben. Da die Klasse der Schnecken (Gastropoda) ursprünglich aus dem Meer stammt, bilden die sogenannten Meeresschnecken keine geschlossene systematische Gruppe.

Die Klasse der Schnecken (Gastropoda) unterteilt sich in 3 Unterklassen:

Die Vorderkiemer (Prosobranchia) verfügen über ein einteiliges, spiralig gedrehtes Kalkgehäuse, die Kiemen liegen vor dem Herzen in einer Manteltasche über dem Kopf.

Die Hinterkiemer (Ophistobranchia) haben freiliegende Kiemen oder Kiemenbüschel hinter dem Herzen. Zu dieser Klasse zählen die Nacktschnecken.

Die Unterklasse der Lungenschnecken (Pulmonata) lebt auf dem Land oder im Süßwasser.

Lebensraum: Meeresschnecken bevölkern alle Meere und Ozeane der Welt. Sie leben in Korallenriffen, Seegraswiesen oder auf Sandböden. Da sie sich nicht schnell fortbewegen können, ist ihr Lebensraum im Radius meist sehr beschränkt. Einige Schnecken verstecken sich tagsüber in Spalten, Nischen oder im Sand.

Beschreibung: Für die meisten ist das spiralförmige Haus das klassische Erkennungsmerkmal der Schnecken. Es gibt allerdings auch Arten, die wie Muscheln aussehen, zum Beispiel die sogenannten Seeohren (Abalonen). Diese Arten weisen nur eine verminderte Ausprägung der sonst bei Schnecken festzustellenden Rechts-Links-Symmetrie auf. Andere Unterklassen verfügen über gar kein Haus, hier handelt es sich um die sogenannten Nacktschnecken. Schnecken können winzig klein sein, manche Arten werden aber bis zu 1 m (ausgestreckter Saugfuß) lang.

Kulinarisches: Einige Arten der Meeresschnecken sind als Meeresfrüchte, teilweise auch als besondere Delikatessen äußerst beliebt, was den Bestand mancher Arten bereits gefährdet.

Die französischen Bigorneaux (gemeine Strandschnecken) werden nach dem Kochen in Salzwasser auf Spießchen als Hors d'œuvre entweder naturell oder mit Kräuterbutter gereicht. In England heißen die Strandschnecken übrigens Periwinkles. Auch die in der Schale gekochten Wellhornschnecken sind beliebte Delikatessen. Zu den Spezialitäten der ostasiatischen Küche zählen die eher wie Muscheln aussehenden Seeohren, z.B. die Kamtschatka-Seeohren oder die vor allem Japan als Sushi-Zutat beliebten großen Abalone. Sie werden meist roh, in dünne Scheiben geschnitten verzehrt, da sie gekocht leicht zäh werden.

In den USA und im karibischen Raum sind die großen, Conch genannten Meeresschnecken sehr beliebt, zum Beispiel als Conch-Salad.

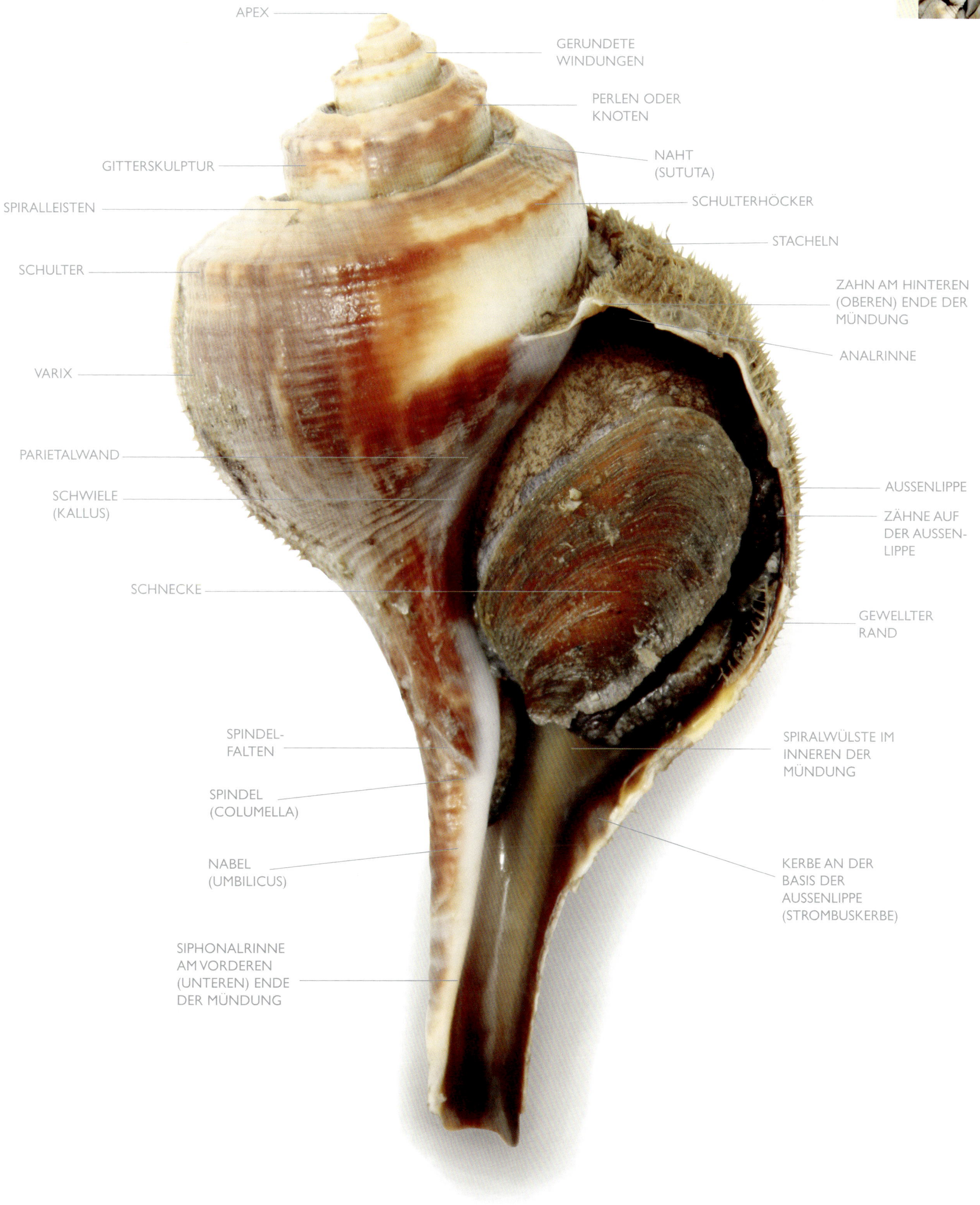

APEX	GERUNDETE WINDUNGEN
GITTERSKULPTUR	PERLEN ODER KNOTEN
SPIRALLEISTEN	NAHT (SUTUTA)
SCHULTER	SCHULTERHÖCKER
VARIX	STACHELN
PARIETALWAND	ZAHN AM HINTEREN (OBEREN) ENDE DER MÜNDUNG
SCHWIELE (KALLUS)	ANALRINNE
SCHNECKE	AUSSENLIPPE
SPINDELFALTEN	ZÄHNE AUF DER AUSSENLIPPE
SPINDEL (COLUMELLA)	GEWELLTER RAND
NABEL (UMBILICUS)	SPIRALWÜLSTE IM INNEREN DER MÜNDUNG
SIPHONALRINNE AM VORDEREN (UNTEREN) ENDE DER MÜNDUNG	KERBE AN DER BASIS DER AUSSENLIPPE (STROMBUSKERBE)

DIE WELLHORNSCHNECKEN

Die Wellhornschnecken gehören mit einer Schalenlänge von bis zu 11 cm zu den größten Schnecken Europas.

Das auffallend spitz zusammenlaufende Gehäuse mit den unterschiedlich dicken geschwungenen Wachstumsringen erinnert an ein gewelltes Horn – daher der Name. Durch die besondere Form lassen sich Wellhornschnecken gut von anderen Schnecken unterscheiden. Die Farbe wiederum ist in der Regel kaum zu erkennen, da sich Wellhornschnecken häufig mit Algen tarnen oder ihr gesamtes Gehäuse mit Seepocken bedeckt ist. Das Verbreitungsgebiet dieser Schnecken erstreckt sich über die Ost- und Westküstengebiete des Nordatlantiks. Dort sind sie hauptsächlich in kaltem Wasser auf bevorzugt weichem Untergrund aufzufinden. Die Wassertiefe variiert je nach Alter: Während die Jungschnecken Flachwasserbereiche aufsuchen, sind die älteren Schnecken eher in tieferen Gewässern vertreten.

Bei der Beutesuche orientieren sich die Wellhornschnecken vor allem über Rezeptoren im Osphradium, dem Geruchsorgan in der Mantelhöhle. Ein langer Schlauch, der Sipho, dient dabei als Verlängerung nach außen.

Als Fleischfresser ernährt sich die Wellhornschnecke vor allem von Würmern, Krebsen, Muscheln und Weichtieren.

Feinde der Wellhornschnecke sind große Krebse und Fische, die den Panzer der Schnecke knacken. Im flachen Gewässer und im Watt fallen sie zudem den Möwen zum Opfer. Die Gehäuse von toten Wellhornschnecken werden häufig von Einsiedlerkrebsen genutzt. Eine Gefahr stellte früher aber auch die Meeresverseuchung durch Tributylzinn (TBT) aus giftigen Schiffanstrichen dar, die mittlerweile aufgrund des wachsenden Verbraucherprotests aber auf dem Rückmarsch ist. Bei den Schnecken hat es Auswirkungen wie ein Geschlechtshormon und führt zur Umwandlung von Weibchen in unvollständige Männchen. Da Wellhornschnecken getrennt geschlechtlich sind, führt dies in Folge zu fehlendem Nachwuchs.

Die Paarungszeit hängt von der Wassertemperatur ab. So warten Wellhornschnecken in kalten Gebieten bis zur Wassererwärmung im Frühling, während sich die Schnecken in den warmen europäischen Gewässern erst bei der Abkühlung im Herbst paaren. Durch die interne Befruchtung entstehen Eikapseln zum Schutz der Eier. Diese werden in riesiger Menge als Kapselpaket vom Weibchen abgelegt. Um die ungeschlüpften Jungen zu schützen, sind einige der Kapseln leer. Trotz des Schutzes überleben etwa 99% der Eier nicht, da die früh geschlüpften Jungschnecken die folgenden fressen. Die Entwicklung in der Kapsel durchläuft mehrere Stadien, nach denen die Entwicklung aber abgeschlossen ist und im Gegensatz zu anderen Meeresschnecken keine weitere im freien Wasser stattfindet.

Die Strandschnecke besitzt ein 0,6 bis 3 cm großes, kräftiges und kegelförmiges Gehäuse, dessen Färbung variabel ist. Anhand der feinen Zuwachs- und Spiralstreifen auf der Gehäuseoberfläche, lassen sich bis zu sieben Umgänge erkennen, wobei die letzte große Windung den größten Teil bildet. Die Strandschnecke zeigt einen spitzen Gehäusegipfel und ihre äußere Mündungslippe führt in einem flachen Winkel an den Gehäuserand.

Ihr Verbreitungsgebiet erstreckt sich über alle Küsten. Der Lebensraum der Strandschnecke umfasst Weich- und Hartböden auf den weiten Wattflächen der Gezeitenzone geschützter Küstenbereiche. Besonders häufig findet man sie jedoch in der direkten Nähe von Muschelbänken, Buhnen und Molen. Hier findet sich eine Besiedlungsdichte von bis zu mehreren hundert Individuen pro Quadratmeter. Diese weiden mit ihrer Raspelzunge die Algen und Tiere ab, die sich dort angesiedelt haben. Da sie die Schalen sessiler Muscheln reinigt, ist sie für das Überleben dieser Populationen oft von großer Bedeutung.

Teilweise leben die Schnecken so hoch, dass sie nur gelegentlich durch Spritzwasser befeuchtet werden. Besonders in längeren Trockenperioden ist die Strandschnecke durch das Verschließen des Gehäuses gut angepasst, in dessen Inneren sie Atemwasser speichern kann. In diesem Zustand kann sie drei bis vier Wochen ohne Wasserbedeckung überdauern. Durch einen winzigen Spalt der Mündung kann die Schnecke Sauerstoff aus der Luft aufnehmen. Die Aufnahme von Luft-Sauerstoff kann aufgrund einer speziellen Anpassung der Atemorgane stattfinden.

Die Strandschnecke ist ein unselektiver Weidegänger. Mit der Radula werden Hart- und Weichböden abgeweidet. Auch junge Keimlinge von Algen und die Nauplien der Seepocken werden von der Strandschnecke gefressen.

Gefährlich werden können ihr unter anderem die Seepocken, die sich auf ihrer Schale ansiedeln. Durch einen dicken Panzer von Seepocken können die Schnecken in ihrer Bewegungsfreiheit eingeschränkt werden und absterben.

Die Strandschnecke scheidet am Vorderkörper durch zahlreiche Drüsen ein Schleimband aus, auf dem sie sich kriechend fortbewegt. Zusammen mit dem Körpereindruck sind diese Bänder als Kriechspuren im weichen Sediment des Wattboden gut zu erkennen.

Die Strandschnecke wird auch als essbare Strandschnecke bezeichnet, da sie schon seit alter Zeit in den Küstenländern als Nahrung diente. In Frankreich sind Strand- und Wellhornschnecken unbedingt Bestandteil einer Meeresfrüchteplatte.

DIE STRANDSCHNECKEN
LAT. LITTORINIDAE

DIE KNOTIGE BIRNENSCHNECKE
LAT. BUSYCON CANALICULATA

Die knotige Birnenschnecke
lat. Busycon canaliculata

Familie: Gastropoda

Die bis zu 18 cm hohe Schnecke ist als Speiseschnecke in den USA sehr beliebt. Sie lebt an der amerikanischen Atlantikküste von Bosten bis zum Golf von Mexiko.

DIE GEMEINE UFERSCHNECKE
LAT. LITTORINA LITTOREA

DIE MEEROHREN, SEEOHREN,
ABALONE ODER OHRSCHNECKEN
LAT. HALIOTIS SPP.

Die Abalone oder das Seeohr, wie sie auf deutsch genannt wird, ist eine typische Speiseschnecke des pazifischen Ozeans. Zwar kommen Abalone auch in anderen Meeren, wie dem europäischen Atlantik vor, doch haben sie hier nicht den kulinarischen Stellenwert, den sie in den Anrainerstaaten des Pazifiks genießen. Dort erreicht dieses Nahrungsmittel der Luxusklasse Preise von 40 Dollar pro Kilo. Der Leckerbissen wird als „Caviar in a shell" bezeichnet. Insgesamt sind über 100 Arten dieser Meeresschnecke bekannt. Sie bewohnen die Küstengewässer der Ozeane bereits seit 100 Milliarden Jahren. Mit Auftreten des Menschen dienten sie ihm als Nahrung, Schmuck und Handelsware. Die Wildbestände der begehrten Spezialität gehen aufgrund starker Überfischung erheblich zurück. In Kalifornien sind acht Arten beheimatet: die Red Abalone (Haliotis rufescens), Pink Abalone (Haliotis corrugata), Green Abalone (Haliotis fulgens), Beach Abalone (Haliotis cracherodii), White Abalone (Haliotis sorenseni), Readed Abalone (Haliotis assimilis), Pinto Abalone (Haliotis kamtschatkana) und die Flat Abalone (Haliotis walallensis). Hier sanken die Wildfänge aufgrund dezimierter Bestände von 2.500 Tonnen im Jahr 1957 auf 140 Tonnen im Jahr 1994. Mittlerweile gibt es aber strenge Fangquoten und Mindestmaßregelungen für jede Spezies. Weltweit werden heute Abalone in Aquakulturen gezogen. So begann man bereits 1940 in der kalifornischen Stanford´s Hopkins Marine Station mit der Zucht der Roten Abalone und der Erforschung ihres Larvenstadiums. Diese Art schwimmt nämlich nach dem Schlüpfen zunächst pelagisch umher. Ernährt werden die Tiere in den Aquakulturen mit ihrem natürlichen Futter, den Großalgen, oder mit Pellets aus Algen- und Fischmehl. Mittlerweile haben sich verschiedene Techniken bei Schneckenzucht herausgebildet. Von einfachen Steinwällen, die einen Teil der chinesischen Küste als Abalone-Becken vom offenen Meer trennen, bis zur technisch ausgefeilten Indooranlage mit Kreislauf-Filtersystem kommt alles zum Einsatz. Kulinarisch wertvoll ist der große, weiße Fuß der Schnecke.

Abalone werden frisch, in Dosen und getrocknet angeboten. In getrockneter Form gehen sie hauptsächlich nach China, wo sie als Aphrodisiakum gelten. Abalone werden gekocht oder, wie in Japan, hauchdünn aufgeschnitten und roh mariniert gegessen. Das Äußere der nachtaktiven Schnecke ist zumeist mit Algen überwuchert und bietet dem Tier so eine gute Tarnung. Das Innere der Schale ist von einer prächtigen Perlmuttschicht überzogen. Traditionelle Kunsthandwerker stellen daraus wie bereits vor Urzeiten Amulette her. Die „Paua"-Ketten der Südsee-Insulaner sind heute vor allem in der Surfer-Szene beliebt. Schon längst sind traditionelle Motive durch industriell gefertigten Kitsch, wie springende Delphine, weitgehend verdrängt worden. Die Schalen werden auch poliert oder geschliffen als Dekoration angeboten. Ihre Perlmuttschicht ist dann auch von außen sichtbar.

Im Inneren der Schecke wächst mit etwas Glück und einem Sandkorn die sogenannte Mahlperle heran, die zu Schmuck verarbeitet wird. In Neuseeland ist es gelungen, diese Perlen mit ähnlichen Verfahren wie bei der Austernperle zu züchten. Zur Perlenproduktion nutzt man dort die heimische Schwarzfuß-Abalone, die in der küstennahen Brandungszone in Tiefen bis zu 30 Metern vorkommt. In diesem sauerstoffreichen Wasser weidet sie nachts in den üppigen Seegraswiesen. Diese Art erreicht Längen von 18 cm lang und kann bis zu 13 cm breit werden.

Abalone diverser Arten

DIE EUROPÄISCHE ABALONE
LAT. HALIOTIS TUBERCULATA

Die Schale der Schnecken, die in ihrer Form einer menschlichen Ohrmuschel ähnelt,

brachte den Meerohren ihren Namen ein. Sie kann einen Durchmesser

von bis zu 25 cm erreichen. Aus den vorderen Löchern des Gehäuses kann

die Schnecke tentakelartige Mantelfortsätze strecken,

die eine Sinnesfunktion übernehmen.

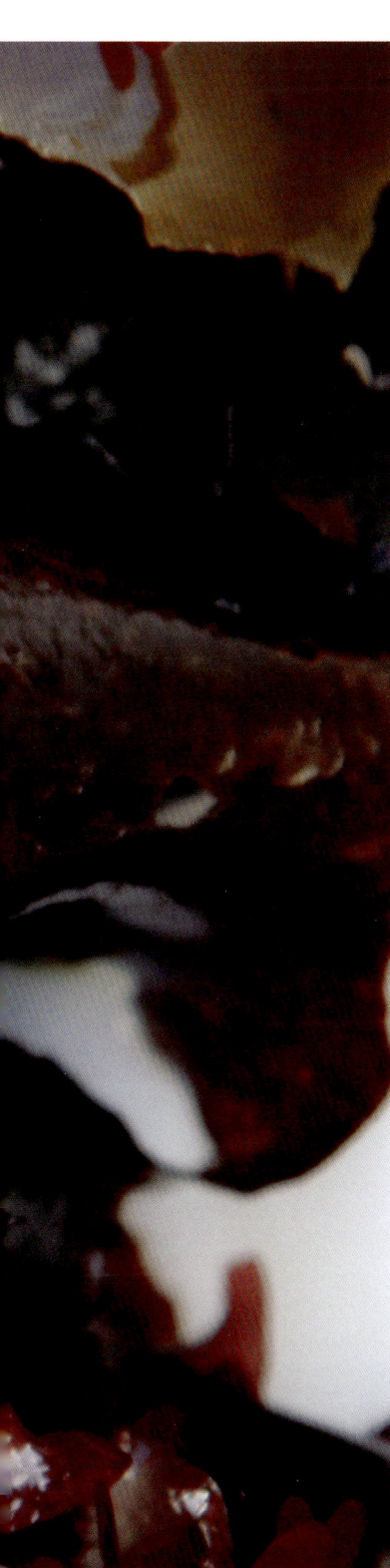

Abalone lassen sich einfach in der Aquakultur farmen. Im deutschen Raum hat sich auf Sylt eine Abalone-Versuchsfarm etabliert, die die europäische Art Haliotis tuberculata züchtet. Ernährt werden diese mit Frischalgen der Gattung Palmaria Palmata. Diese Rotalge hat sich als ideales Futter bewährt und zeigt im Ergebnis maximale Wachstumsraten. In jeder Woche frisst Haliotis tuberculata etwa die Hälfte ihres Eigengewichts an Algen. Dabei wächst sie in drei Jahren auf 8 cm an, das ist ihre Verkaufsgröße. Die kräftigen Tiere leben auf Kunststoffplatten und Kalkschalen in flachen Becken, unter denen sie sich tagsüber verbergen. Selbst kleine Exemplare saugen sich derart fest, dass es unmöglich ist sie allein mit Muskelkraft zu lösen. Nach Abalone tauchende Jäger nutzen Messer, um die Tiere zu lösen. In der Aquakultur werden die Schnecken ständig mit sauerstoffreichem, frischem Wasser umströmt. In der Nacht dann machen sie sich auf, um mit ihrer Raspelzunge die schmackhaften Algen abzuweiden.

ABALONEZUCHT
AUF SYLT

Die Gehäusegröße der Tritonshörner variiert von 1,5 bis 50 cm. Auch die Form der Gehäuse ist zwischen den Arten stark unterschiedlich. Viele Arten haben Spindelfalten in unterschiedlichen skulptierten Ausprägungen und häufig Zähne oder Falten auf der Außenlippe. Der Deckel ist dick und hornig. Nach der deutschen Bundesartenschutzverordnung dürfen die Gehäuse des Gemeinen Tritonshorns nicht nach Deutschland eingeführt und erst recht nicht gehandelt werden. Das Verbreitungsgebiet sind alle tropischen und subtropischen Meere. In ihrem Lebensraum, dem Gezeitenbereich, sind sie an Felsküsten, auf Korallenriffen und auf dem Sand zu finden. Diese fleischfressenden Schnecken ernähren sich bevorzugt von anderen Schnecken und Seeigeln.

Das knotige Tritonshorn
lat. Charonia lampas

Überfamilie: Tonnoidea
Familie: Ranellidae
Verbreitung: westliches Mittelmeer und anschließender Atlantik, Indo-Westpazifik
Größe: bis 21 cm

Lebensraum: Vom Flachwasser bis in Tiefen von 145 Metern.

Beschreibung: Dickwandiges Gehäuse mit markanter Spiralstruktur und hohem Gewinde. Naht uneben. Warzige Struktur. Weiße Grundfarbe mit ockerbraunem und dunkelbraunem Muster. Spindel und Lippe weiß-braun gestreift. Innenschale weiß. Räuberische Schneckenart.

Das gemeine Tritonshorn
lat. Charonia tritonis

Überfamilie: Tonnoidea
Familie: Ranellidae
Verbreitung: Indopazifik, Süd-Japan, Australasien
Größe: 30–40 cm

Lebensraum: Korallenriffe

Beschreibung: Das hohe, spitze Gewinde des Gemeinen Tritonshorns nimmt weniger als die Hälfte der Gehäusehöhe ein; die Anfangswindungen fehlen stets. Zwei ausgeprägte Varices befinden sich auf jeder Windung. Die Spiralleisten der Endwindung sind breit, flach, glatt und durch tiefe Riefen und zuweilen eine schmale zusätzliche Leiste getrennt. Die Naht ist tief eingeschnitten. Direkt darunter befindet sich eine gewellte und gerunzelte Leiste. Die Siphonalrinne ist weit und kurz. Längs der Spindelwand befinden sich schmale Falten. Die Färbung des Gehäuses ist cremefarben mit dunkelbraunen Flecken- und Sichelzeichnungen. Die Mündung ist orangebraun mit weißen Rinnen zwischen den Zähnen der Außenlippe. Die Spindelzähne sind weiß gefärbt, mit dunkelbraunen Zwischenräumen.

Besonderheit: Wird als Signalhorn verwendet.

Man trifft sie bei fast jedem Tauchgang in sehr geringen Wassertiefen, oft in großer Stückzahl auf engem Raum. Viele Purpurschnecken leben auf den Felsen der Gezeitenzone. Diese Arten sind an den Küsten in fast ganz Europa verbreitet, bis hinauf in die Arktis.

Ihre Nahrung besteht aus anderen Schnecken und Muscheln. Die Purpurschnecken sind in der Lage, Muschelschalen zu durchbohren, was jedoch oft einige Tage dauert.

Interessant ist die Herkunft des Namens. Die Schnecke sondert aus einer Drüse in der Decke der Atemhöhle einen gelblichen Schleim ab, der im Sonnenlicht erst grün, dann blau, schließlich purpurn und scharlachrot wird. Dieser wurde bereits von den Phöniziern zum Färben von Stoffen und Gewändern verwendet.

Die Herkuleskeule
lat. Bolinus brandaris

Überfamilie: Muricoidea
Familie: Muricidae
Verbreitung: Mittelmeergebiet, Nord-West-Afrika
Größe: 7–9 cm

Lebensraum: Sandflächen im Schelfmeer

Beschreibung: Die Herkuleskeule hat ein keulenförmiges Gehäuse mit einem kurzen Gewinde und einer bauchigen Endwindung. Die Siphonalrinne ist lang und gerade. Auf der Endwindung sind sechs oder sieben Vacies mit zwei Reihen kurzer Stacheln. Die Färbung des Gehäuses ist gelblich oder lederfarben und die Mündung rotbraun.

Besonderheit: Die Römer benutzten einen Sud aus dem Weichkörper als Purpurfarbstoff.

Die Stachelschnecke oder Riesen Murex
lat. Chicoreus ramosus

Überfamilie: Muricoidea
Familie: Muricidae
Verbreitung: Sri Lanka, Philippinen
Größe: 15–30 cm

Lebensraum: Korallenriffe

Beschreibung: Das Gehäuse der Riesen Murex ist sehr groß und schwer. Die Schnecke hat ein niedriges Gewinde mit einer bauchigen Endwindung und kantiger Schulter. Drei Varices je Windung, dazwischen liegen manchmal ein oder zwei höckrige Axialrippen. Varices und Sophinalrinne haben kurze, gekräuselte Stacheln. Auf allen Windungen sind feine Spiralleisten. Das Gehäuse ist weiß, mit braunen Leisten und Flecken. Die Spindel ist rosa und glatt. Die Außenlippe hat einen sägezahnartigen Rand und einen deutlichen Zahn im unteren Teil.

Besonderheit: Eine der größten und schwersten Stachelschnecken, die in vielen Gegenden zu Zierzwecken verwendet wird.

Die Stachelschnecke oder Schuppenapfel
lat. Phyllonotus pomum

Überfamilie: Muricoidea
Familie: Muricidae
Verbreitung: Südosten der USA, Karibik
Größe: 7,5–11 cm

Lebensraum: Felsen und Sandböden in Küstennähe

Beschreibung: Dickwandiges Gehäuse mit kurzem Gewinde, Naht leicht eingesenkt, uneben, auf jeder Windung drei dicke Varices im gleichen Abstand, Mündung weit, gerundet mit spitzen Schuppen auf der Außenlippe.

Die Treppenschnecke
lat. Pugilina cochlidium

Überfamilie: Buccinoidea
Familie: Melongenidae
Verbreitung: Indischer Ozean, Australien, Philippinen
Größe: 6–15 cm

Lebensraum: küstennahe Sandböden

Beschreibung: dickwandiges Gehäuse mit hoher Endwindung, Mündung oben mit schmaler Rille, Spindel glatt, weiß mit gelblich braunem Muster

Die gekielte Felsschnecke
lat. Cuma lacera

Überfamilie: Muricoidea
Familie: Muricidae
Größe: 5 cm
Verbreitung: Indopazifik, Südostasien

Lebensraum: Schlammbedeckte Küstenfelsen

Beschreibung: Diese Art hat ein kurzes Gewinde und eine große, bauchige Endwindung mit weiter Mündung. Jede Windung hat einen scharfen Kiel, der Zacken trägt. Auf der Endwindung befindet sich ein Kiel mit großen, spitzen Höckern. Die Spindel sind glatt und gerade; die Außenlippe gewellt. Das Gehäuse ist gelblich-braun und die Mündung weißlich gefärbt.

Besonderheit: Wird an der Küste von Mumbai (ehem. Bombay) gegessen.

Die Pantoffelschnecke
lat. Crepidula fornicata

Überfamilie: Crepiduloidea
Familie: Crepidulidae
Größe: 3–5 cm
Verbreitung: Nordost-USA, Nordwest-Europa

Lebensraum: An Gehäusen der eigenen Art oder festen Objekten sitzend, im Flachwasser.

Beschreibung: Die Pantoffelschnecke hat ein abgeflachtes, ovales Gehäuse mit leicht eingerolltem, kaum wahrnehmbarem Gewinde am Hinterende. Die Mündung ist durch eine dünne Scheidewand zur Hälfte verschlossen. Die Außenseite des Gehäuses ist glatt oder gerunzelt. Die Färbung kann cremefarben, gelblich oder braun sind und rotbraune Flecken oder Streifen haben. Die Innenseite der Schale ist weiß, jedoch schimmert das äußere Muster durch.

Das Markenzeichen der Pantoffelschnecke ist ihre Schale, die von unten so geformt ist wie ein Pantoffel. Von außen erinnert sie durch ihre glatte Oberfläche eher an eine Muschel als an eine Schnecke.
Auch in Bezug auf ihre Nahrungsaufnahme ist sie eine sehr untypische Meeresschnecke, da sie sich nicht durch das Abweiden von Meeresuntergründen oder räuberisch ernährt, sondern – wie eine Muschel – Plankton aus dem Wasser filtert. Einerseits verwendet sie dafür ihre Kiemen, andererseits baut sie ein Netz aus Schleimfäden, in dem

das Plankton hängen bleibt. Ein gefülltes Netz wird dann eingeholt und als Ganzes mit dem Plankton gefressen.

Ihren geografischen Ursprung hat die Pantoffelschnecke an den Atlantikküsten der USA, Mexikos und Kanadas sowie der Pazifikküste der USA und Mexikos und im Golf von Mexiko. 1870 wurde sie dann gemeinsam mit den Austern nach Europa eingeschleppt, wo sie auch heute noch zu finden ist. Hauptsächlich lebt sie auf Miesmuschelbänken unterhalb der Niedrigwasserlinie, wo teilweise bis zu 1.500 Schnecken auf einem Quadratmeter zu finden sind. Die Dichte ist nicht in allen Bereichen so hoch, da die Tiere keinen kalten Winter vertragen und die Sterblichkeitsrate in kälteren Gebieten entsprechend hoch ist.

Eine Besonderheit zeigen die Pantoffelschnecken auch bezüglich ihres Paarungsverhaltens. So wechseln sie im Laufe ihres Lebens das Geschlecht. Als Larven sind sie männlichen Geschlechts und leben zwei bis vier Wochen nach dem Schlüpfen als Plankton, bevor sie sich auf dem Meeresboden niederlassen. Dort sind sie sehr mobil und werden erst später, nach der Wandlung zum weiblichen Geschlecht, sesshaft. Für die Fortpflanzung setzen sich mehrere kleinere Männchen auf die größeren Weibchen und bilden Paarungsketten zur inneren Befruchtung. Siehe Abbildung unten.

Die westindische Spitzschnecke
lat. Cittarium pica

Überfamilie: Trochoidea
Familie: Trochidae
Verbreitung: Südost-Florida und Westindien, Puerto Rico
Größe: bis 7 cm

Lebensraum: Felslithoral

Beschreibung: relativ großes, glänzendes Gehäuse mit auffälliger schwarz-weißer Musterung und rundlicher Öffnung, innen befindet sich eine Perlmuttschicht.

Obwohl diese Schnecken nahe miteinander verwandt sind, weist jede ein charakteristisches Gehäuse auf, das sich von den anderen in Bezug auf Größe, Gewindehöhe und Ausbildung der Flügellippe unterscheidet. Flügelschnecken haben eine auffallend erweiterte Außenlippe, Spinnenschnecken haben ihrem Namen entsprechend lange Fortsätze, die Spinnenbeinen ähneln. Fingerspinnen sind spindelförmig und haben eine lange Siphonalrinne, die an einen Finger erinnert. Die Flügelschnecke besitzt zudem noch eine sogenannte Strombuskerbe, aus der sie ihren Augenstiel herausstrecken kann. Nach dem Washingtoner Artenschutzabkommen dürfen die Gehäuse der Riesenflügelschnecke nicht der Natur entnommen und kein Handel damit betrieben werden.

Allen Gehäusen gemein ist die dickwandige, schwere Schale und häufig eine auffallende Färbung. Außerdem besitzen Flügel-, Spinnen- und Fingerschnecken einen schmalen, spitzen Deckel, mit dem sie sich fortbewegen, aber auch gegen Angriffe wehren.

Das Verbreitungsgebiet dieser Schnecken ist hauptsächlich der Indo-Westpazifik. Vereinzelt sind sie auch in der Karibik und im Mittelmeer vertreten. Ihr Lebensraum sind Sand- und Schlammflächen im Flachwasser. Einige Vertreter sind auch im Riff vorzufinden. Sie sind Pflanzenfresser und ernähren sich hauptsächlich von Algen und organischen Pflanzenresten.

Die Riesenflügelschnecke
lat. Strombus gigas

Überfamilie: Stromboidea
Familie: Strombidae
Verbreitung: Süd-Ost-Florida, Antillen
Größe: 15–30 cm

Lebensraum: Algenrasen oder Sand

Beschreibung: Die Gehäuse der adulten Riesenflügelschnecke sind massiv, schwer und haben eine flügelartige Erweiterung der Außenlippe. Die Windungen weisen große Höcker auf, die sich oft zu langen, stumpfen Dornen entwickeln. Bei juvenilen Gehäusen sind diese etwas deutlicher zu sehen. Beim Heranwachsen verbreitet sich die am Rand meist dünne und zerbrechliche Außenlippe über die Gehäuselänge hinaus. Das cremefarbene Äußere wird von einem braunen Periostraktum überdeckt. Die Mündung ist glänzend rosa gefärbt.

Besonderheit: Der Weichkörper wird gegessen.

Die rote Fechterschnecke
lat. Stombus pugilis

Überfamilie: Stromboidea
Familie: Strombidae
Verbreitung: Karibik
Größe: 7–8 cm

Lebensraum: Küstennahe Sandflächen

Beschreibung: Massive, schwere Schale der Roten Flügelschnecke hat ein kurzes, zugespitztes Gewinde mit großer Endwindung. Die verdickte Außenlippe endet in einer breiten Strombuskerbe. Die Anfangswindungen sind entweder glatt oder haben eine Höckerreihe. Auf den jüngeren Windungen sind die Höcker zugespitzter und häufig auf der vorletzten Windung kräftig ausgebildet. Bis auf die glatten Mittel-Spiralleisten und -furchen ist das Gehäuse hellbraun oder gelborange. Die Mündung und die Spindel sind rot gefärbt.

Besonderheit: Der Name bezieht sich auf die heftigen Bewegungen, die das Tier ausführt. Der Deckel wird oft zum Eingraben in den Sand benutzt und dabei kräftig umhergeschwungen.

Die Hundsflügelschnecke
lat. Strombus canarium

Überfamilie: Stromboidea
Familie: Strombidae
Verbreitung: Tropischer Indopazifik
Größe: 3–10 cm

Lebensraum: Sandflächen

Beschreibung: Das Gehäuse der Hundsflügelschnecke ist für seine Größe recht schwer. Die glatte Endwindung verläuft birnenförmig mit flügelartig erweiterter Außenlippe und ist an der Basis gefurcht. Das Gewinde ist kurz, mit spitzem Apex. Die obere Windung ist gerundet, glatt oder mit Spiralleisten und -furchen versehen. Die Außenlippe hat einen verdickten Rand und eine seichte Strombuskerbe. Die Spindel verläuft gerade, mit einer dicken Schwiele. Das Gehäuse ist weiß, creme oder braun gefärbt mit dunkleren Streifen.

Die Flügelschnecke „Kleiner Bär"
lat. Strombus urceus

Überfamilie: Stromboidea
Familie: Strombidae
Verbreitung: West-Pazifik
Größe: 5–6 cm

Lebensraum: Sandflächen

Beschreibung: Die schlanken Gehäuse der Kleinen Bären variieren stark in Form und Farbe. Die Endwindung ist mehr als doppelt so hoch wie das Gewinde. Die Mündung läuft oben und unten eng zusammen und hat kräftige Rippen. Der Innenrand ist gerade und glatt gerundet. Die Strombuskerbe ist seicht und tief. Die glatten oberen Windungen haben Axialrippen und Höcker. Der untere Abschnitt der sonst glatten Endwindung ist mit Spiralfurchen versehen. Die Färbung des Gehäuses ist weiß, creme oder braun mit verwaschenen braunen Flecken und Tupfen.

DIE ROTE FECHTERSCHNECKE
LAT. STROMBUS PUGILIS

DIE HUNDSFLÜGELSCHNECKE
LAT. STROMBUS CANARIUM

DIE FLÜGELSCHNECKE „KLEINER BÄR"
LAT. STROMBUS URCEUS

Aufgrund der napfförmigen Schale sind die kleinen Schnecken, die maximal 6 cm groß werden, leicht zu erkennen. Außen ist das Gehäuse grünlich bis bräunlich; innen perlmuttglänzend mit weißen und dunkelbraunen Streifen. Durch den unregelmäßigen Schalenrand kann sie sich auch an kleine Unebenheiten am Felsen anpassen. Eigentlich ist die Schale für Schnecken eher untypisch, da diese in der Regel eine asymmetrische gewundene Form besitzen. Die Höhe der Schale hängt von dem Lebensraum der Napfschnecke ab. Schnecken, die bei Ebbe trocken liegen, haben eine höhere Schale, um genügend Wasser zum Atmen speichern zu können. Die Schalen der tiefer lebenden Schnecken sind hingegen flacher, um der Brandung nicht zuviel Widerstand zu bieten. An der Vorderseite hat die Napfschnecke ihren Kopf mit zwei Tentakeln. Den Hauptteil der Schaleninnenseite nimmt der Mantel ein, der am Rand weitere Tentakel aufweist, die der seitlichen Orientierung dienen. Die Mantelrinne, die sich zwischen Mantel und Saugfuß befindet, beinhaltet zahlreiche Kiemenfäden. Im Gegensatz zu den Kammkiemen anderer Schnecken ermöglichen die Kiemenfäden auch ein Überleben bei schlechter Sauerstoffversorgung, wenn sich die Napfschnecke an den Felsen drückt.

Der Lebensraum der Napfschnecke sind algenreiche Felsenküsten im Atlantik, im Ärmelkanal, in der Nordsee und auch im Mittelmeer. Wie ein Saugnapf haftet sie mit ihrem großen Saugfuß an Felsen und Steinen in der Gezeiten- bzw. Brandungszone, wodurch sich auch der Name abgeleitet hat.

Die Radula der Napfschnecken besteht aus einem starren, unbiegsamen Band mit wenigen Randzähnen und gehärteten Zwischenplatten. Damit weidet sie den Algenbewuchs an den Felsen ab. Neben den Tentakeln dient hier vor allem die Schleimspur als Orientierung, damit keine Bereiche mehrfach abgesucht werden. Zudem fördert der Schleim die Algenbildung, wodurch sich die Schnecke neue Nahrung aufbaut.

Die Weideplätze sind hart umkämpft und jede Napfschnecke verteidigt ihr Gebiet gegen Artgenossen, indem sie die Eindringlinge mit ihrer Schale rammen und dadurch vertreiben. Außerdem verteidigt sie sich damit gegen ihren Feind, die Wellhornschnecke. Diese versucht die Schale der Napfschnecke aufzubohren. Um das zu verhindern, klemmt diese den Fuß der Wellhornschnecke mit ihrer Schalenkante ein.

Außer zu den Zeiten des Weidegangs verlassen die Napfschnecken ihre Lagerplätze nicht. Sie kehren auch immer wieder zu dem gleichen Platz zurück. Dabei handelt es sich um runde Schalenspuren, die durch das Drehen der Schale in den Untergrund entstehen und ein besonders dichtes Festhalten am Felsen garantieren.

Als Nahrungsmittel werden Napfschnecken seit der Mittelsteinzeit genutzt. Zudem wurde aus den Schalen früher Schmuck angefertigt. Ihr Geschmack ist mit dem bekannter Muschelarten vergleichbar und sie sind sowohl roh als auch gegart zu genießen.

DIE NAPFSCHNECKEN

Zubereitung von Schnecken

Waschen sie zunächst die Schnecken unter fließendem Wasser und lassen Sie sie in einem Sieb abtropfen. Die Tiere werden in ihren Häusern gegart. Dafür empfehlen sich schonende Zubereitungsarten wie das Dämpfen über einem aromatisierten Sud oder das Dünsten in wenig Flüssigkeit. Die Garzeit darf in jedem Fall nur sehr kurz sein. Je nach Größe reichen wenige Minuten aus um die Schnecken zu garen. Setzt man sie zu lange der Hitze aus, werden sie zäh und hart. Wenn Sie Ihre Schnecken servieren, sollten Sie jeden Esser mit einer Hummergabel oder einem kurzen Metallspieß zum Herausziehen des Schneckenfleisches ausstatten. Dabei erfassen Sie mit den Zinken der Gabel oder dem Spieß den Fuß der Schnecke und ziehen das Tier aus dem Gehäuse.

Nicht alle Schnecken werden als Speiseschnecken verwendet. Manche Arten sind sogar giftig, andere zu klein oder zu selten um als kulinarische Spezialität gelten zu dürfen. Aber sie sind so schön das wir auch diese gerne zeigen wollen. Der folgende Teil widmet sich diesen Spezies.

Veränderliche Flügelschnecke

Flügelschnecke

Gemeine Täubchen

Echte Tulpenschnecke

DIE VERÄNDERLICHE FLÜGELSCHNECKE
LAT. STROMBUS MUTABILIS

Überfamilie: Stromboidea
Familie: Strombidae
Verbreitung: Tropischer Indopazifik
Größe: 3,5–4 cm

Lebensraum: Küstennahe Sandflächen

Beschreibung: Massives, gedrungenes Gehäuse variiert in Form und Farbe je nach Habitat. Breite Endwindung ist viel höher als das Gewinde. Axialrippen könne kräftig und höckerig sein. Außenlippe ist verdickt. Weiß oder cremefarben mit brauner Marmorierung.

DIE FLÜGELSCHNECKE
LAT. STROMBUS VITTATUS APICATUS

DIE TÄUBCHENSCHNECKE
LAT. COLUMBELLIDAE

Alle Täubchenschnecken haben kleine, meist spindelförmige Gehäuse, die zwischen 1 und 5 cm groß werden. Die Färbung des Gehäuses variiert zwischen den einzelnen Gattungen.
Täubchenschnecken sind in allen warmen Meeren weit verbreitet. Dort halten sie sich sowohl in der Gezeitenzone als auch im Tiefwasser auf.
Sie ernähren sich von Algen und von organischen Tierresten.

DAS GEMEINE TÄUBCHEN
LAT. COLUMBELLA MERCATORIA

Überfamilie: Muricoidea
Familie: Columbellidae
Größe: 1,3–2 cm
Verbreitung: Südosten von Florida bis Brasilien

Lebensraum: In flachem Wasser unter Felsen.

Beschreibung: Das Gehäuse des Gemeinen Täubchens ist dickwandig mit einem kurzen Gewinde und einer erweiterten Endwindung, die sich zur Basis hin stark verengt. Die Naht ist deutlich rinnenförmig. Auf den Windungen sind kräftige, regelmäßig angeordnete Spiralleisten zu erkennen. Die obere Hälfte der Spindel ist glatt und die untere weist sechs bis acht kleine Falten auf. Die Außenlippe ist über die gesamte Länge gezähnt. Das Gehäuse ist braun, weiß, orange und rosa mit variierenden Zeichnungen. Die Zähne und die Falten sind weiß. Die Spindel verläuft fast parallel zum Innenrand, wobei dazwischen eine enge Mündung liegt.

DIE TULPENSCHNECKE
LAT. FASCILARIIDAE

Aufgrund des spindelförmigen Gehäuses, das zwischen 1,5 und 60 cm groß werden kann, werden Tulpenschnecken teilweise auch Spindelschnecken genannt. Da die Siphonalrinne bei vielen Vertretern recht lang sein kann, ist zudem das Synonym Bandschnecken gebräuchlich. Charakteristisch sind schön gemusterte Gehäuse mit spiralig verlaufenden Rillen. Der Deckel ist dick und hornig.
Die fleischfressenden Tulpenschnecken sind im Golf von Mexiko sowie an der Ostküste der USA verbreitet und halten sich sowohl in seichten als auch in tieferen Gewässergegenden auf.

DIE ECHTE TULPENSCHNECKE
LAT. FASCIOLARIA TULIPA

Überfamilie: Muricoidea
Familie: Fasciolariidae
Verbreitung: Süden der USA, Karibik, Brasilien
Größe: 13–23 cm

Pferdeschnecke

Nabelschnecke

Hornschnecke

Schlüssellochschnecken

Lebensraum: In flachem Wasser und im Schelfmeer.

Beschreibung: Das hochgeschwungene Gehäuse der Echten Tulpenschnecke ist spindelförmig mit gerundeten Windungen, spitzem Apex und langer Siphonalrinne. Die Naht ist seicht und gerunzelt, die Spindel glatt und sanft geschwungen. Spiralrillen sind nur schwach ausgeprägt, außer direkt unter der Naht und an der Basis. Das Gehäuse ist weiß oder rosa gefärbt, mit braunen Flecken und Klecksen, welche auf der Endwindung drei oder vier Bänder bilden. Die Färbung des Mündungsrands ist rotorange.

Besonderheit: Die Variationsbreite der Gehäusehöhe ist recht groß. Manchmal werden leuchtend orange gefärbte Varietäten gefischt.

DIE PFERDESCHNECKE ODER TRAPEZ-BANDSCHNECKE
LAT. PLEUROPLOCA TRAPEZIUM

Überfamilie: Muricoidea
Familie: Fasciolariidae
Verbreitung: Tropischer Indopazifik
Größe: 13–20 cm

Lebensraum: Seichtes Wasser, bei Korallen

Beschreibung: Das Gewinde des Gehäuses der Trapez-Bandschnecke ist hoch mit großer Endwindung. Die Naht ist seicht mit weiter Mündung. Die glatte Spindel hat Spiralreihen mit großen Höckern. Die Färbung ist rötlich und cremefarben.

Besonderheit: Bekanntester Vertreter der Gruppe der Pferdeschnecken.

DIE NABELSCHNECKEN
LAT. NATICIDAE

Der auffallende Nabel in der Mitte des Gehäuses hat der Nabelschnecke ihren Namen gebracht. Die kugeligen Gehäuse haben zudem eine halbmondförmige Öffnung, wodurch sie häufig auch als Mondschnecken bezeichnet werden.
Nabelschnecken besitzen kurze Kopftentakel, zurückgebildete Augen und Lappen, die sie fast um das gesamte Gehäuse schlagen können.
Die Schneckenfamilie ist über die ganze Welt verbreitet. Sie ernährt sich räuberisch, indem sie mit ihrer Raspelzunge die Schalen anderer Weichtiere aufbohren und den Inhalt frisst.
Eine Besonderheit ist die Fortpflanzung, da Nabelschneckt untypischerweise getrennt geschlechtlich sind. Die Eier werden mit Sand verklebt und als Gebilde abgelegt.

DIE HORNSCHNECKEN
LAT. CERITHIIDAE

Hornschnecken gehören zu den häufigsten Schnecken im Seichtwasser und können ein bis zu 13 cm großes Gehäuse haben. Allerdings gibt es auch sehr kleine Exemplare. Diese Schnecken haben in der Regel keine farbenfrohen Gehäuse, weisen jedoch häufig interessante Spiralskulpturen auf.
Das Hauptverbreitungsgebiet sind tropische Meere, wobei sie auch in Europa vereinzelt vertreten sind. Sie bevorzugen seichtes Wasser in der Gezeitenzone und leben auf dem Meeressand in der Nähe von Korallenriffen. Dort ernähren sie sich vorzugsweise von pflanzlichen Stoffen.

DIE SCHLÜSSELLOCHSCHNECKEN
LAT. FISSURELLIDAE

Charakteristisch für diese Schneckenart ist neben dem mützenförmigen Gehäuse vor allem der Schlitz im vorderen Schalenrand. Daher hat die Schlüssellochschnecke auch ihren Namen. Das Gehäuse ist zudem stark gerippt und entweder weiß oder farbig gefärbt. Außerdem liegt bei dieser Schnecke eine seltene zweiseitige Gehäusesymmetrie vor.
Schlüssellochschnecken sind hauptsächlich in wärmeren Meeren verbreitet und leben in der unteren Gezeitenzone. Tagsüber heften sie sich fest an Felsen, von denen sie nachts die angesetzten Algen abweiden.

Kegelschnecke
Conus figulinus

Ringkegelschnecke
Conus circunncisus

Generalkegelschnecke

Giftige Schnecken

Es gibt eine ganze Reihe giftiger Meeresschnecken, wie zum Beispiel die Dach-, Turban-, Oliven, Elfenbein-, Trompeten- oder die Kegelschnecken. Die meisten Arten dieser kleinen Giftmischer findet man im Indopazifik. Das Gift dieser Schnecken befindet sich entweder in ihren inneren Organen oder in der Muskulatur. Welches Toxin die Tiere enthalten ist abhängig von der jeweiligen Schneckenart: Forscher haben unter anderem die Stoffe Saxi-, Neosaxi- und Tetrodotoxin in den Meeresmollusken gefunden. Letzteres ist das gleiche Gift, das auch den berüchtigten Kugelfisch zu einer tödlichen Delikatesse machen kann. Je nach Art des Toxins treten beim Menschen zwei unterschiedliche Vergiftungstypen auf: die paralytische Muskel- oder die Tetrodotoxinvergiftung. Erstere ruft mit Übelkeit, Erbrechen, Durchfall und abdominellen Schmerzen ähnliche Symptome hervor wie eine schwere Lebensmittelvergiftung. Hinzu kommen können Seh- oder Sprachstörungen und Atemlähmungen. Überlebt ein Vergiftungsopfer die ersten 12 bis 18 Stunden, sind seine Heilungschancen gut. Bei der Tetrodotoxinvergiftung setzen die ersten Krankheitssymptome sehr schnell ein. Möglich sind unter anderem Lähmungen der Skelett- und Atemmuskulatur, Ausfallerscheinungen von Hirnnerven, Kreislaufstörungen und Krampfanfälle. Überlebt der Patient die ersten 24 Stunden seiner Vergiftung, ist er über'm Berg.

Wie schaffen es diese Weichtiere aber, ihre giftigen Körpersäfte weiterzugeben? Die Kegelschnecken, die rund um den australischen Kontinent weit verbreitet sind, fügen unachtsamen Tauchern Giftstiche zu. Die großen Arten, wie Conus magnus oder conus textile, verfügen unter den Kegelschnecken über das weitaus tödlichste Gift. Zur Verteidigung der Giftschnecken muss gesagt werden, dass ihre Bisse gegen den Menschen einzig und allein der Selbstverteidigung dienen. Dabei benutzten sie die Zähne ihrer Radulazunge. Diese sind bei den Kegelschnecken zu flachen, scharfkantigen Blättern umgebildet, die zu hohlen Pfeilen mit Widerhaken zusammengerollt sind. Das spitze Ende eines Giftzahns sticht die Kegelschnecke in den Körper eines Beutetiers. Von der Giftdrüse fließt das Conotoxin der Schnecke durch das hohle Innere des Zahns und wird dem Opfer injiziert. Giftige Meeres-schnecken haben aber nicht immer nur eine fatale Wirkung auf die menschliche Gesundheit: in der Pharmaindustrie verwendet man die Toxine der giftigen Mollusken um Medikamente, wie zum Beispiel Schmerzmittel, herzustellen.

DIE KEGELSCHNECKEN
LAT. CONIDAE

Die rund 500 Arten der Kegelschnecken überzeugen optisch durch ihre formschönen und farbenfrohen Gehäuse, die zwischen 2 und 26 cm groß werden. Diese sind in Form eines Kegels gerollt, daher hat die Schnecke ihren Namen. Aufgrund der schönen Musterungen sind die Gehäuse beliebte Sammlerobjekte und einige Exemplare erzielen auf dem Sammlermarkt sogar vierstellige Preise.

Allerdings stellt die Sammlerfreude auch ein großes Risiko dar, denn Kegelschnecken sind giftig und ihr Stich kann auch für einen Menschen tödlich sein. Die Ursache für Angriffe auf Menschen liegt häufig in der Unachtsamkeit von Tauchern oder Strandwanderern, die lebende Tiere aufheben und daraufhin als Verteidigung gestochen werden. Das Gift der Kegelschnecke, das Conotoxin, besteht aus mehreren Oligopeptiden und wirkt wie ein Nervengift, wodurch es sogar als Schmerzmittel eingesetzt wird.

Die Hauptverbreitungsgebiete der Schnecke sind die tropischen Gewässer des Indischen und Pazifischen Ozeans. In besonderes großer Zahl sind sie rund um Australien vertreten. Generell halten sie sich in Flachwasser oder flachen Küstenzonen auf, allerdings leben einige Vertreter auch in tieferen Wasserzonen.

Tagsüber vergraben sich die Kegelschnecken im Sand oder in Riffspalten. Erst in der Dämmerung gehen sie auf Beutefang. Trotz ihrer räuberischen Jagd ernähren sie sich ausschließlich von kleineren Meerestieren, wie Weichtieren oder Würmern. Lediglich größere Arten erbeuten auch Fische. Bei der Erlegung der Beute wird immer nur ein Radulazahn verwendet, der als Giftpfeil mit Widerhaken dient. Da der abgeschossene Zahn verloren ist, haben die Kegelschnecken in einer Tasche in der Radula genug Reservezähne auf Vorrat.

Schmetterlings-
kegel

Kegelschnecke
Conus miles

Turbanschnecken

DIE RING-KEGELSCHNECKE
LAT. CONUS CIRCUNNCISUS

DIE GENERAL-KEGELSCHNECKE
LAT. CONUS GENERALIS

Überfamilie: Conoidea
Familie: Conidae
Verbreitung: Tropischer Indopazifik
Größe: 7–9 cm

Lebensraum: Tropischer Indopazifik

Beschreibung: Die Generalkegelschnecke hat ein dickwandiges Gehäuse mit konkaven Seiten und spitzem Apex. Die jüngere Windungen liegen alle oberhalb und haben eine tiefe Rinne. Die Endwindung ist groß und an der Schulter leicht gerundet. Färbung und Muster des Gehäuses variieren. Häufig sind diese Schnecken hell- oder dunkelbraun mit drei weißen, durch braune Streifen und Flecken gegliederten Spiralbändern. Die Mündung ist weiß.

Besonderheit: Während des 18. Jahrhunderts wurden einige Arten, darunter auch diese, nach Armee- oder Marinerängen benannt.

DER SCHMETTERLINGSKEGEL
LAT. CONUS PULCHER

Überfamilie: Conoidea
Familie: Conidae
Verbreitung: Westafrika
Größe: 7–22 cm

Lebensraum: In seichtem Wasser

Bechreibung: Die Windungen des Gehäuses des Schmetterlingskegels weisen keinerlei Spiralskulptur auf. Zur Spitze hin verlaufen sie leicht konkav. Die Endwindung kann bis zu 12 flache Spiralleisten nahe der Basis tragen, die auf älteren Exemplaren abgewetzt sind. Das Gehäuse ist weiß oder cremefarben, mit orangebraunen Flecken und Strichen, die abwechselnd in breiten und schmalen Spiralbändern verteilt verlaufen.

Besonderheit: Weltweit größte Kegelschnecke; selten größer als 20 cm große Exemplare, gewöhnlich weniger als halb so groß.

DIE KEGELSCHNECKE
LAT. CONUS MILES

Überfamilie: Conoidea
Familie: Conidae
Verbreitung: Indopazifik
Größe: bis über 7 cm

Lebensraum: Flachwasserspezies, hält sich gerne in Felsspalten in Küstennähe auf.

Bechreibung: Gehäuse glänzend mit niedrigem Gewinde. Weiße Grundfarbe mit braunen Spiralbändern und dunkler Basis.

DIE TURBANSCHNECKEN
LAT. TURBINIDAE

Den Namen hat die Turbanschnecke von ihrem Gehäuse, das optisch an einen Turban erinnert. Das Gehäuse kann eine Höhe von ca. 1,8 cm und einen Durchmesser von bis zu 20 cm erreichen. Bis auf eine Art der Turbanschnecken haben alle einen kalkigen Deckel, der meistens skulpturiert ist. Es gibt allerdings auch Vertreter mit glatten Gehäusen. Das Gehäuse kann auffallend gefärbt oder ganz weiß sein.
Turbanschnecken halten sich hauptsächlich in warmen Gewässern auf und dort vorzugsweise in der Nähe von Korallenriffen.

Perspektivschnecke

Gepunktete Tonne

Riesen-Fass-Schnecke

DIE SONNENUHR-SCHNECKE
LAT. ARCHITECTONCIDAE

Das Gehäuse der Sonnenuhrschnecke hat eine Höhe von ca. 0,5 und einen Durchmesser von ca. 7,5 cm. Charakteristisch sind die Wülste, die treppenförmig das flache, kegelförmige Gehäuse bilden. Diesen Windungen passt sich das häufig auffällige Farbmuster an. Der Deckel ist hornig und der Nabel auf der Unterseite des Gehäuses hat einen dicken Randwulst.
Sonnenuhrschnecken sind in tropischen und subtropischen Meeren verbreitet und leben dort meistens im Flachwasser. Aufgrund ihrer räuberischen Lebensweise sind sie häufig auch an Korallen und Seeanemonen zu finden, wo sich ihre Beute bevorzugt aufhält.

DIE PERSPEKTIV-SCHNECKE
LAT. ARCHITECTONICA PERSPECTIVA

Überfamilie: Architectonicoidea
Familie: Architectonicidae
Verbreitung: Tropischer Indopazifik
Größe: 5–6 cm

Lebensraum: Sandflächen

Beschreibung: Das festwandige Gehäuse der Perspektivschnecke hat regelmäßig anwachsende Windungen und eine tiefe Naht. Die Spiral- und Axialfurchen auf den Windungen erzeugen ein Gittermuster. Die Wülste oberhalb und unterhalb der Naht ähneln einer Reihe abgeflachter Perlen. Der Außenrand der Basis wird von zwei flachen Leisten umrahmt. Die Färbung des Gehäuses ist grau bis gelbbraun mit abwechselnd weißen und dunkelbraunen Spiralbändern. Der Nabelrand hat dunkelbraune Flecken.

Besonderheit: Wülste im Inneren des Nabels ähneln den Stufen einer Wendeltreppe.

DIE TONNENSCHNECKE
LAT. TONNIDAE

Die artenarmen Tonnenschnecken haben ein recht großes Gehäuse (zwischen 4 und 30 cm), wodurch wohl auch der aussagekräftige Name entstanden ist. Das Gehäuse ist sehr dünnwandig und hat eine niedrige Windung mit tiefen Nähten. Ein Deckel fehlt bei dieser Schneckenfamilie.
Sie sind hauptsächlich in tropischen und gemäßigten Meeren verbreitet und halten sich in Meerestiefen bis 5.000 Meter im Sand auf. Bei ihrem räuberischen Jagdverhalten reißen sie mit ihrem hakenförmigen Kiefer und der angepassten Radula verhältnismäßig große Stücke aus dem Beutetier heraus und verschlingen diese.

DIE RIESEN-FASS-SCHNECKE
LAT. TONNA CEPA

Überfamilie: Tonnoidea
Familie: Tonnidae
Verbreitung: Indopazifik
Größe: 10–13 cm

Lebensraum: Im Sand, in der Gezeitenzone

Beschreibung: Das ziemlich große, kugelige, zerbrechliche Gehäuse der Riesen-Fass-Schnecke hat ein mäßig hohes Gewinde und eine tief eingesenkte Naht. In Spiralrichtung verlaufen in weitem Abstand Rillen. Auf den Windungen erscheinen die Zwischenräume als glatte, gerundete Wülste, die auf der Endwindung stärker abgeflacht sind. Die Oberfläche weist feine, unregelmäßig angeordnete Axiallinien auf. Die weite Mündung hat einen dünnen, gekerbten Rand. Die Außenseite ist hellbraun, cremefarben oder gelb gefärbt mit braunen, weiß gesäumten Streifen und Flecken, die wahllos verteilt, an der Schulter aber dichter angeordnet sind. Die Mündung ist braun und am Rand weißer. Die Färbung der Spindel ist weiß.

Nixenschnecke

Blutender Zahn

Helmschnecke

DIE GEPUNKTETE TONNE
LAT. TONNA DALIUM

Überfamilie: Tonnoidea
Familie: Tonnidae
Verbreitung: Indopazifik, Japan, Neuseeland
Größe: 13 cm

Lebensraum: Schelfmeer

Beschreibung: Die Gepunktete Tonne hat ein großen, kugeliges, zerbrechliches Gehäuse mit niedrigem Gewinde und vertiefter Naht. Die Außenlippe mit gewelltem Rand endet in einer seicht eingekerbten Siphonalrinne. Der untere Teil der Spindel ist stark gedreht. So hat die vorletzte Windung nur zwei bis vier und die Endwindung 10 bis 20 Spiralleisten. Das Gehäuse ist weiß, cremefarben oder fahlbraun. Auf den Leisten befinden sich viereckige Flecken. Der Apex ist braun gefärbt.

Besonderheit: Exemplare aus Taiwan scheinen die meisten Spiralleisten zu haben, solche aus Malaysia die wenigsten.

DIE NIXENSCHNECKE
LAT. NERITIDAE

Das Gehäuse von Nixenschnecken, oder auch Schwimmschnecken, kann eine Höhe von ca. 1 cm und einen Durchmesser von ca. 4 cm erreichen. Die Form ist kugelig bis halbkugelig und ist nur leicht gewunden. Die Außenlippe ist verdickt und kann gezahnt sein. Die Oberfläche ist glatt, warzig oder runzelig. Die Färbung und Musterung der Gehäuse variiert stark zwischen den einzelnen Arten.

Eine Besonderheit der Nixenschnecke ist ihre Fähigkeit, im Gehäuse Wasser zu speichern und sie somit auch Trockenperioden zeitweise zu überstehen. Dadurch sind die Lebensräume im Verbreitungsgebiet der tropischen Meere sehr verschieden. Einige Nixenschnecken leben in der Gezeitenzone, andere bevorzugen Brack- oder Süßwasser und einige nutzen die Fähigkeit der Wasserspeicherung und weiden kurzzeitig Pflanzen im Uferbereich ab.

DER BLUTENDE ZAHN
LAT. NERITA PELORONTA

Überfamilie: Neritoidea
Familie: Neritidae
Verbreitung: Antillen, West-Florida, Bermuda
Größe: 2,5–3 cm

Lebensraum: Felsen in Küstennähe

Beschreibung: Das Gehäuse des Blutenden Zahns ist dickwandig und für eine Nixenschnecke recht groß, mit niedrigem Gewinde. Die Oberfläche hat zuweilen schwach erhabene Spiralleisten. Der Deckel ist dunkelrot mit gesprenkelter Innenseite. Die Färbung des Gehäuses ist gelb, rötlich oder creme mit dunkleren Streifen oder Zickzackbändern.

Besonderheit: Trivialname bezieht sich auf die Spindelzähne.

DIE HELMSCHNECKE
LAT. CASSIDAE

Die Helmschnecke hat ein sehr stabiles, massives Gehäuse mit einem kurzen, teilweise stark skulptierten Gewinde. Die Färbung glänzt in Rot-, Braun- und Orange- Tönen. Die nach innen führenden rotbraunen Furchen der großen Mündungsöffnung münden in weiße Spindelfalten. Ihre Zähnchen an der aufgewölbten Außenlippe sind hellrötlich bis weiß. Die Oberfläche dieser Meeresschnecke ist reich strukturiert mit drei bis vier Reihen stumpfer Höckerchen. Das Gehäuse wird zwischen 7,5 und 13 cm groß. Eine Besonderheit ist, dass sich männliche Gehäuse von weiblichen unterscheiden, da sie unter anderem kleiner sind. Helmschnecken sind hauptsächlich in wärmeren Meeren verbreitet, wo sie meist in flachem Wasser auf dem sandigen Untergrund leben. Einige Arten in Neuseeland und vor Südafrika bevorzugen allerdings tiefere Meereszonen. Helmschnecken ernähren sich hauptsächlich von Seeigeln.

Kaurischnecke

Tigerschnecke

DIE PORZELLANSCHNECKE
LAT. CYPRAEIDAE

Porzellanschnecken erreichen eine Gehäusegröße zwischen 4 und 15 cm. Aufgrund ihres wunderschön gefärbten Gehäuses, das häufig ein auffallendes Punktmuster aufweist, und der glatten Oberfläche, werden Porzellanschnecken seit Jahrhunderten weltweit bewundert und gesammelt. Der glatten, porzellanartigen Oberfläche verdankt die Schnecke auch ihren Namen.

Interessant ist zudem, dass sich das Gehäuse in der Entwicklung der Porzellanschnecke verändert. So haben Jungschnecken ein kurzes, spitzes Gewinde und eine große Endwindung. Diese umschließt mit der Zeit das Gewinde und der Wachstumsrand verdickt sich. Zum Schluss bilden sich noch die charakteristischen Zähne auf beiden Seiten der verengten Öffnung.

Porzellanschnecken sind in wärmeren Meeren vertreten, dabei hauptsächlich im Indo-Westpazifik. Vereinzelt sind sie auch im Mittelmeer, der Karibik und an der Westküste Mittelamerikas vorzufinden. Tagsüber leben Porzellanschnecken verborgen. Erst in der Nacht weiden sie Algen bei Korallenriffen ab. Außerdem ernähren sie sich von Korallentieren, Polypen und Tierresten.

DIE KAURISCHNECKE
LAT. TALPARIA TALPA

Im pazifischen und afrikanischen Raum wurden diese Schnecken früher als Zahlungsmittel eingesetzt.

DIE TIGERSCHNECKE
LAT. CYPRAEA TIGRIS

Überfamilie: Cypraeoidea
Familie: Cypraeidea
Verbreitung: Indopazifik
Größe: 4–14 cm

Lebensraum: Unter Korallenblöcken

Beschreibung: Das Gehäuse der Tigerschnecke ist sehr groß, bauchig und schwer. Die Basis ist flach oder leicht konkav. Die Zähne der Außenlippe sind breit und kurz. Die gegenüberliegenden Zähne sind schmaler und länger, nur die vier untersten sind größer und kürzer. Die Farbmuster befinden sich in zwei Schichten auf weißem Untergrund: unten blaugrau, oben rot- bis dunkelbraun. In beiden Schichten besteht das Muster aus dichtstehenden und oft miteinander verschmolzenen Flecken und Tupfen, die in der oberen Schicht häufig von einem gelborange gefärbten Hof umgeben sind.

Besonderheit: Es sind auch eine völlig schwarze Variante und Riesenformen bekannt.

DIE BUCKELSCHNECKE
LAT. CYPRAEA MAURITIANA

Überfamilie: Cypraeoidea
Familie: Cypraeidea
Verbreitung: Tropischer Indopazifik
Größe: 6–12 cm

Lebensraum: Unter Felsen

Beschreibung: Die Buckelschnecke hat ein dickwandiges, schweres, auffallend hoch gewölbtes Gehäuse. Die Basis ist im Bereich der Außenlippe flach und auf der Spindelseite konvex. Der Rand ist nicht deutlich gegen die Seiten abgesetzt, sondern lediglich an den Enden mehr hervortretend. Die Mündung ist stark gebogen und am unteren Ende, wo flache Fortsätze herausragen, deutlich breiter als am oberen. Die Zähne sind kräftig ausgebildet, vor allem auf der Außenlippe. Das Gehäuse ist cremefarben mit dichtem, braunem Farbmuster, das nur runde, häufig miteinander verschmolzene helle Flecken frei lässt. Die Ränder, die Basis und die Zähne sind dunkelbraun, wobei die Zahnzwischenräume stets heller sind.

Besonderheit: Auf der Außenlippe sind mehr Zähne als auf der gegenüberliegenden Spindellippe.

Buckelschnecke

Babylonischer Turm

DER BABYLONISCHE TURM
LAT. BABYLONIA SPIRATA

Überfamilie: Muricoidea
Familie: Buccinidae
Verbreitung: Indopazifik
Größe: 6–7,5 cm

Lebensraum: Sand, Felsen der Gezeitenzone

Beschreibung: Das Gehäuse des Babylonischen Turms ist sehr dickwandig und schwer. Der Apex verläuft spitz. Die Windungen sind durch tiefe Rinnen getrennt und wirken wie in die große Endwindung eingesenkt. Die Oberfläche des Gehäuses ist glatt und mit weißen und braunen Flecken und Tupfen gezeichnet. Die Anfangswindungen sind purpurrot gefärbt.

Zeltolivenschnecke

Bauchige Olivenschnecke

Randschnecken

DIE OLIVENSCHNECKEN
LAT. OLIVIDAE

Das bis zu 10 cm lange, glatte Gehäuse der Olivenschnecken ist zylindrisch und läuft in der Regel an einer Seite spitz zusammen. Somit erinnert es von der Form her tatsächlich an eine Olive. Im Gegensatz zu der recht eintönigen Gestalt sind die Färbungen der Gehäuse sehr vielfältig und weisen oft auffallende Muster auf. Olivenschnecken sind weltweit in tropischen Meeren verbreitet und sind häufig in flachem Wasser zu finden. Allerdings leben sie auch in tieferen Meereszonen. Am Tag sind diese Schnecken tief im Sand versteckt. Erst beim Gezeitenwechsel in der Nacht graben sie sich hoch unter die Sandoberfläche und mach sich dort auf die Jagd nach Fischresten, Muschelfleisch und kleinen Krabben.

DIE ZELT-OLIVENSCHNECKE
LAT. OLIVIA PORPHYRIA

Überfamilie: Muricoidea
Familie: Olividae
Verbreitung: Golf von Kalifornien bis Panama
Größe: 9–10 cm

Lebensraum: Sand der Gezeitenzone

Beschreibung: Diese bei weitem größte Olivenschnecke hat ein eindrucksvolles, schweres Gehäuse mit niedrigem Gewinde. Die Naht ist tief rinnenförmig und die Siphonalkerbe breit. Von der Seite gesehen erscheint die Außenlippe leicht konkav, was bei anderen Olivenschnecken nicht auftritt. Die Spindelschwiele ist sehr dick und erstreckt sich fast über die ganze Höhe der Endwindung. Über die gesamte Länge hinweg sind Falten ausgebildet. Dünne, gewinkelte Linien bilden Reihen überlappender Dreiecke auf rosaviolettem Untergrund.

Besonderheit: Die Schnecke hat ihren Namen von den zeltförmigen Musterelementen, die ein Zufallsprodukt der Einlagerung von Pigmenten an der Außenlippe während des Schalenwachstums darstellen.

DIE RANDSCHNECKEN
LAT. MARGINELLIDAE

Die Randschnecken gehören zu den kleineren Exemplaren der großen Klasse der Schnecken. So werden sie meistens gerade mal 2 cm groß, wobei einzelne Gehäuse auch schon mal 5 cm groß werden. Charakteristisch sind die glatten, glänzenden Gehäuse mit auffallenden Falten auf der Spindel. Die Verbreitungsgebiete der Randschnecken sind warme und tropische Meere, wo sie sich unter Felsen oder an Algen aufhalten. Als Fleischfresser machen sie Jagd auf andere Weichtiere. Teilweise setzen sie sich auch auf die Flossen von Fischen und fressen Hautablagerungen ab.

DIE FEIGENSCHNECKEN
LAT. FICIDAE

Die artenarmen Feigenschnecken haben dünnwandige, glatte, feigenförmige Gehäuse, die bis zu 15 cm groß werden. Das Gewinde ist kurz und die Endwindung groß, mit lang ausgezogener Siphonalrinne. Die Windungen tragen Spiralleisten, während die Mündung und die Spindel glatt sind. Der Mantel dieser Schnecken kann die ganze Schale überdecken.
Das Hauptverbreitungsgebiet sind tropische Regionen wie Ostafrika, der Indo-Westpazifik und die pazifische und atlantische Küste von Amerika. Dort leben sie vorwiegend im flachen Wasser auf Sandflächen. Im Sand machen sie sich auch auf Futtersuche, indem sie ihn durchgraben. Die Futteraufnahme wird nicht wie bei den Tonnenschnecken durch säurehaltige Speichelabsonderung vorbereitet.

DIE BÄNDER-FEIGENSCHNECKE
LAT. FICUS GRACILIS

Überfamilie: Tonnoidea
Familie: Ficidae
Verbreitung: Ostasien, Südliches Japan
Größe: bis zu 15 cm

Lebensraum: In tiefem Wasser

Bänderfeigenschnecke

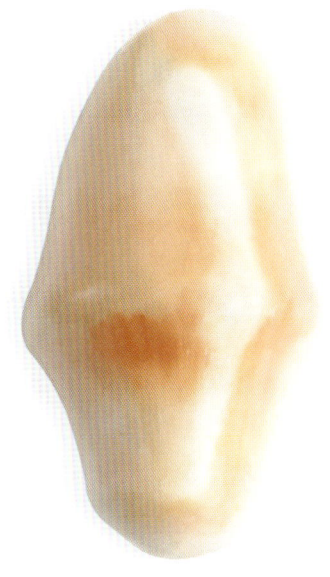

Flamingozunge

Walzenschnecke

Beschreibung: Diese große Art hat wie alle Feigenschnecken ein sehr zerbrechliches, nur wenig formvariables Gehäuse. Die längliche, bauchige Endwindung lässt nur ein niedriges, gedrücktes Gewinde frei. Die Außenlippe ist am oberen Ende leicht verdickt. Das Gewinde bildet, von oben gesehen, eine weitläufige Spirale mit scharf eingeschnittener Naht. Die gerade oder leicht gekrümmte Spindel hat abwechselnd kräftige und schwächere flache Spiralleisten, die von feinen Axialstreifen gekreuzt werden. Die Anfangswindungen und die Mündung sind glatt und glänzend. Die Grundfarbe des Gehäuses ist braunorange. Die axialen Streifen und Zickzackbänder sowie die Mündung sind braun-orange und zur Außenlippe hin heller.

Besonderheit: Dies ist bei weitem die größte Feigenschnecke der Welt.

DIE EISCHNECKEN
LAT. OVULIDAE

Eischnecken sind eng verwandt mit den Porzellanschnecken, unterscheiden sich jedoch durch einige Einzelheiten. So werden die Gehäuse der Eischnecke gerade mal 1,5 bis 6 cm groß. Die Form ist jedoch nahezu identisch: birnen- bis spindelförmig, an den Enden verlängert und mit sichtbaren Lippenzähnen.
Allerdings ist das Gehäuse wesentlich dünner und leichter. Ein bedeutender Unterschied ist das auffällige Punktmuster der Porzellanschnecke. Stattdessen sind Eischnecken einfarbig weiß, rosa oder gelb.
Hauptverbreitungsgebiet sind tropische Meere und das Mittelmeer. Dort ernähren sie sich räuberisch.

DIE FLAMINGOZUNGE
LAT. CYMPHOMA GIBBOSUM

Überfamilie: Cypraeoidea
Familie: Ovulidae
Verbreitung: Südosten von Florida bis Brasilien
Größe: 2,5–3 cm

Lebensraum: Auf Hornkorallen

Aussehen: Dieses massive, glatte, längliche Gehäuse ist eines von einem halben Dutzend verwandter Arten. Die Oberseite wird von einem erhabenen Wulst quer unterteilt. Auf der Unterseite setzt sich dieser nicht fort. Der Bereich um die schmale Mündung ist glatt.

Besonderheit: Weichkörper mit Giraffenmuster.

DIE WALZENSCHNECKEN
HIER LAT. CYMBIUM OLLA

Wellhornschnecken Volutidae sind mit 250 Arten eine recht große Familie. Einige Exemplare erreichen Ausmaße bis 50 cm. Wie auch dieses an der Algarve gesammelte Exemplar lauern die räuberischen Schnecken über Schlamm- oder Sandgründen anderen Weichtieren, vorwiegend anderen Schnecken, auf. Aber auch Aas wird gerne verzehrt.

Kreiselschnecken

Gemeine
Bischhofsmütze

DIE KREISELSCHNECKEN
LAT. TROCHIDAE

Das kräftige, kegelförmige Gehäuse der Kreiselschnecke hat bis zu sechs schwach gewölbte Umgänge. Die Außenseite des Gehäuses ist flach spiralig gerippt ist. Der Deckel ist rund und hornig, im Gegensatz zu dem der Turbanschnecken, der kalkig ist. Das Gehäuse mit roten oder violettbraunen Streifen erreicht eine Höhe zwischen 0,5 und 13 cm.

Die Schnecke lebt an den europäischen Küsten des Atlantiks in ständig von Wasser bedeckten Bereichen von bis zu 100 Meter Tiefe. Man findet sie dort auf Hartböden und auch auf großen Tangflächen. An den Küsten der Nordsee (z.B. bei Helgoland) findet man häufig angeschwämmte Schalenreste.

Das Meerestier trägt zu Lebzeiten eine „Schutztüre", das so genannte Operculum oder auch Shiva-Auge. Es schützt das Leben des Tieres bei Angriffen dadurch, dass es durch die Muskelkraft der Schnecke vor die Öffnung des Schneckenhauses gezogen wird. Nach dem natürlichen Ableben des Tieres löst sich der Stein und wird als „Shiva-Auge" freigegeben. Zwar gibt es weltweit über 300 Kreiselschneckenarten, jedoch zeichnen sich nur wenige der freigegebenen Schutzdeckel durch die Farbenpracht aus, wie es bei den Shiva-Augen der asiatischen und australischen Meere der Fall ist.

Kreiselschnecken ernähren sich von Algenbewuchs auf Korallen oder Steinen.

DIE MITRASCHNECKEN
LAT. MITRIDAE

Ihren Namen trägt die Mitraschnecke aufgrund der Ähnlichkeit mit einer Bischofsmitra. Diese Meeresschnecke ist ein kleines buntes Schmuckstück: weiß mit spiralig angeordneten Reihen orangefarbener Tupfen. Sie hat ein schweres, stabiles Gehäuse, das 5 bis 16 cm lang ist. Die Struktur ist entweder glatt oder weist Axialrippen auf. Einen Deckel besitzt sie nicht.

Verbreitet sind Mitraschnecken hauptsächlich in wärmeren und gemäßigt temperierten Meeren. Je nach Gattung halten sie sich in der Gezeitenzone unter Steinen, an Riffen oder eingegraben im Sand auf.

Diese Schnecken ernähren sich von Aas, organischen Resten und auch Borstenwürmern. Wenn sie gestört werden oder sich in Gefahr befinden, stoßen sie eine, für den Menschen ungefährliche, dunkelrote Flüssigkeit aus.

DIE GEMEINE BISCHOFSMÜTZE
LAT. MITRA MITRA

Überfamilie: Muricoidea
Familie: Mitridae
Verbreitung: Tropischer Indopazifik
Größe: 10–18 cm

Lebensraum: In flachem Wasser auf Sand.

Beschreibung: Das Gehäuse der Gemeinen Bischofsmütze ist robust und schwer. Das Gewinde ist kürzer als die Endwindung. Die Naht ist seicht und uneben. Die Windungen sind sanft gerundet und glatt, bis auf undeutliche Spiralriefen auf den ersten Windungen und kräftigere Riefen an der Basis. Die verengte Mündung endet in der breiten Siphonalrinne. Die Spindel hat drei bis vier kräftige Falten. Das Gehäuse ist weiß mit orangefarbenen Tupfen auf den Spiralreihen und rechteckigen Flecken auf den Windungen.

Beilpyramide

Schraubenschnecke

Bohrer Schraubenschnecke

Gewickelte Schraubenschnecke

DIE PYRAMIDENSCHNECKEN
LAT. PYRAMIDELLIDAE

Das sehr kleine Gehäuse der Pyramidenschnecke ist hoch getürmt bis eikegelförmig und hat eine glatte oder gerippte Oberfläche. Die Spindel kann Falten tragen. Bei den meisten Arten ist ein dünner, horniger Deckel vorhanden. Einige dieser Arten sind farbenprächtig, andere dagegen weiß oder durchscheinend.

Pyramidenschnecken sind sehr weit verbreitet, so zum Beispiel in allen europäischen Meeren. Dort leben sie vorzugsweise an großen Muscheln. Zur Nahrungsaufnahme verfügen einige Arten über einen langen Rüssel mit Saugscheibe und einen stilettartigen Saugstachel an der Stelle der Radula, mit dem sie die Beute anstechen und aussaugen.

DIE BEILPYRAMIDE
LAT. PYRAMIDELLA DOLABRATA

Überfamilie: Pyramidelloidea
Familie: Pyramidellidae
Verbreitung: Zirkumtropisch
Größe: 2,5–4 cm

Lebensraum: Sand im Schelfmeer

Beschreibung: Die Beilpyramide ist eine der größeren und reizvolleren Schneckenarten mit einem glatten, glänzenden Gehäuse. Das Gewinde ist hoch und fast geradseitig mit etwa zehn Windungen. Der Apex mit weniger als zwei Windungen ist, wie meist bei den Pyramidenschnecken, seitlich gekippt, fehlt allerdings häufig bei adulten Stücken. Der Nabel ist eng und tief. Die Außenlippe ist dünn und scharf. Die Spindel weist drei kräftige Falten auf. Ältere Exemplare haben eine Spindellippe. Das Gehäuse ist cremefarben oder grauweiß mit drei dunkel- oder hellbraunen Spiralstreifen auf den Windungen und vier auf der Endwindung.

Besonderheit: Eins der Musterbänder kann fehlen.

DIE SCHRAUBENSCHNECKEN
LAT. TEREBRIDAE

Charakteristisch für die Schrauben- oder Bohrerschnecken ist die schlanke, lange Form (bis zu 27,5 cm) mit zahlreichen Windungen, der diese Schnecken auch ihren Namen verdanken. Die Mündung ist entsprechend klein und scharfkantig. Der Deckel ist klein und hornig. Einigen Arten fehlt die sonst typische Radula, während andere gebogene Zahnpaare besitzen und eine Unterart sogar einen ähnlichen Giftapparat wie die Kegelschnecken.

Das Hauptverbreitungsgebiet sind warme und tropische Meere. Dort halten sie sich vorzugsweise im Flachwasser der Gezeitenzone auf und graben sich meistens in den sandigen Boden ein. Vereinzelt sind Schraubenschnecken auch unter Felsen und Korallen zu finden.

Als Fleischfresser ernähren sie sich bevorzugt von verschiedenen Meereswürmern.

DIE BOHRER-SCHRAUBENSCHNECKE
LAT. TURRITELLA TEREBRA

Zwei typische Schraubenschnecken aus dem Indo-Westpazifischen Raum. Sie erreichen Größen bis 18 cm.

DIE GEWICKELTE SCHRAUBENSCHNECKE
LAT. ZARIA DUPLICATA

DIE STACHELHÄUTER
LAT. ECHINODERMATA

Seeigel in der Küche

Zugegeben: Seeigel verfügen über keinen großen Fleischanteil im Vergleich zu ihrem Körpergewicht. Ihre fünf innenliegenden Geschlechtdrüsen gelten jedoch als ausgesprochen schmackhaft und werden auch gerne roh verzehrt. Wenn Sie einen Seeigel zum Verzehr vorbereiten wollen, schützen Sie Ihre Hände mit Handschuhen vor seinen Stacheln. Schneiden Sie mit einer Nagelschere vorsichtig ein zentrales Loch in die Unterseite des stacheligen Panzers. Spülen Sie die Innereien des Tiers unter fließendem Wasser aus. Der an der Innenseite der Schale haftende Rogen ist von orange bis bräunlicher Farbe. Würzen Sie das Ganze mit etwas Zitronensaft, Salz und Pfeffer und löffeln sie den schmackhaften Inhalt aus. die Geschlechtsdrüsen des Seeigels können auch zur Zubereitung feiner Fonds und Soßen verwendet werden.

Die Stachelhäuter gehören zum Stamm der Neumünder (Deuterostomia) und zählen mit ca. 6.300 Arten zur zweitgrößten Tiergruppe innerhalb dieses Stammes. Alle Arten der Stachelhäuter sind Meeresbewohner und kommen nicht im Süßwasser vor. Bis auf wenige Ausnahmen halten sich diese benthal lebenden Tiere vorzugsweise in den küstennahen Flachwassergebieten auf. Die Stachelhäuter werden traditionell in die meist gestielten Pelmatozoa sowie die frei lebenden Eleutherozoa unterteilt. Die Eleutherozoa umfassen viele der bekannten Stachelhäuter wie Seesterne, Seeigel und Seegurken.

Lebensraum: Die Stachelhäuter (Echinodermata) sind weltweit in allen Ozeanen und Meeren zu finden. Dabei stellen sie in manchen Bereichen die am häufigsten anzutreffenden Bewohner des Meeresbodens dar. Die verschiedenen Arten sind meist spezifisch an bestimmte Umweltbedingungen angepasst – so gibt es unter den Stachelhäutern Arten, die nur in den Tropen anzutreffen sind, wohingegen andere Arten in den polaren Gewässern der Arktis oder Antarktis leben.
Die meisten Stachelhäuter verbringen ihr ganzes Leben auf oder in den sandigen Böden der Meere, auf Felsen oder in Korallenriffen. Nur wenige Seegurkenarten (Seewalzen) der Tiefsee leben freischwimmend. Die Arten der Flachwasserzonen und Meeresküsten „wagen" sich meist nicht in größere Tiefen als bis zu 100 Metern.

Beschreibung: Die zoologische Gruppe der Stachelhäuter ist sehr heterogen. Ihre Mitglieder folgen keinem allgemein gültigen Bauplan und lassen sich daher auch nicht allgemeingültig beschreiben. Ihre Formen reichen von den fünfstrahlig gebauten Seesternen, über die kugelrunden Seeigel bis hin zu den walzenförmigen Seegurken.

Kulinarisches: Die Stachelhäuter sind uns eher durch ihre unangenehme Seite bekannt, wenn man beispielsweise in die giftigen Stachel eines Seeigels tritt. Lokal kommt einigen von ihnen jedoch auch eine kulinarische Bedeutung zu. So werden in Japan, Peru und Frankreich gerne die Eier von Seeigeln gegessen, während die Seewalze in einigen Ländern Südostasiens eine Delikatesse darstellt.

DIE SEEIGEL
LAT. ECHINOIDEA

Lebensraum: Seeigel kommen in allen Meeren und Ozeanen der Welt vor. Da diese Tiere nachtaktiv sind, verbringen sie die Stunden des Tages eingegraben in Sand- und Schlickböden.

Beschreibung: Die Seeigel werden in 2 Gruppen eingeteilt: irreguläre und reguläre Seeigel. Mitglieder der ersten Gruppe, zu welcher Herzigel und Sanddollar zählen, haben meist einen breiten, auf der Oberseite gewölbten, unten abgeflachten Körper, der mit kleinen Stacheln besetzt ist. Die regulären Seeigel haben einen runden Körper, mit zum Teil bis zu 40 cm langen Stacheln, die teilweise Gift enthalten. Seeigel haben keinen Kopf, es gibt kein Vorne und kein Hinten. Auf der Unterseite befindet sich ihr Mund, der aus einem Kauapparat mit 5 beweglichen Zähnen besteht. Als Allesfresser nagen sie am Algenbewuchs submariner Felsen, verzehren aber auch Würmer und Weichtiere.

Kulinarisches: Die Geschlechtsdrüsen und Eier der Seeigel werden in Frankreich, Süditalien, Chile, Marokko und anderen Ländern roh oder in Salzwasser gekocht als Vorspeise geschätzt. In Japan wird der Seeigel Uni genannt. Bei der gleichnamigen Spezialität, die auf dortigen Speisekarten zu finden ist, handelt es sich ebenfalls um Seeigeleier. Besonders beliebt ist der Pupurfarbene Seeigel. Die Eier werden entweder kurz erhitzt, roh als Sashimi serviert oder als Bestandteil einiger Sushi verwendet. Ihr Geschmack wird als mild, süßlich, fischig und etwas nussig beschrieben.

Seegurken (Holothuroidea), auch Seewalzen genannt, leben an den Küsten fast aller Weltmeere. Dort kommen sie in vielen Arten vor. Einige von ihnen sind Sedimentfresser. Wie Stabsauger nehmen sie Schlamm und Sand auf, filtern das für sie Brauchbare heraus und scheiden den Rest wieder aus. Andere jagen mit Tentakeln nach Plankton.
In chinesischen Gewässern leben gut 60 Arten, etwa 20 davon werden verzehrt. Zur Konservierung werden die Innereien herausgenommen, die Seegurke gekocht und dann in der Sonne oder in Asche getrocknet. In dieser Form sind sie auch bei uns erhältlich und unbedenklich in der Verwendung. Vor dem Verzehr werden Seegurken in lauwarmem Wasser eingeweicht, das regelmäßig gewechselt werden muss. Diese Prozedur sollte man mindestens 1 Tag durchhalten, besser 2–3. Danach muss die Delikatesse noch mehrere Stunden kochen. Am besten werden Seegurken im Wok mit andere Zutaten geschmort.

DIE SEEGURKEN
LAT. HOLOTHURIOIDEA

Diese Tiere gehören zum Stamm der Stachelhäuter (Echinodermata) und bilden dort mit etwa 1.200 Arten die formenreichste Gruppe.

Lebensraum: Seewalzen kommen in nahezu allen Meeren der Welt vor. Man findet sie in den Polargewässern bis hin zum Mittelmeer, in der Nordsee und den Ozeanen. Hauptsächlich sind sie jedoch in den Küstengewässern des Indischen und des Westpazifischen Ozeans zu finden. Seegurken bevorzugen ruhiges Wasser und liegen meist frei auf dem Grund. Manche Arten graben sich auch im Sand ein oder hängen an Felsen und Korallenriffen. Ein kleiner Teil der Seewalzenpopulation lebt in Tiefen unter 3.000 Meter.

Beschreibung: Als einziger Stachelhäuter verfügt die Seegurke über einen walzenförmigen Körper. Die Tiere werden im Schnitt bis ca. 40 cm groß, einige Arten können auch bis zu 2 m lang werden und einen Durchmesser von 5 bis 21 cm erreichen. Die Farbe der Tiere variiert meist von olivgrün bis bräunlich, aber auch violette oder orange Artgenossen wurden schon gesichtet. Anders als die anderen Stachelhäuter befindet sich der Mund der Seegurke nicht in der Körpermitte, sondern am vorderen Ende des Körpers. Einige Seegurken-Arten verfügen über die sogenannten cuvierschen Schläuche. Diese dienen der Verteidigung und werden bei Gefahr in Richtung des Angreifers gerichtet. Sie bilden klebrige Schleimfäden, die den Feind verwirren und unter Umständen sogar kampfunfähig machen können. Die Klebstoffe können auch Gifte enthalten (Holothurine). Vor dem Verzehr einer Seegurke müssen diese Organe daher unbedingt entfernt werden.

Kulinarisches: Seegurken werden in Asien, aber auch in Spanien gegessen. Dabei gelten in Asien die eingelegten Innereien der Seegurken als Delikatesse. Die getrocknete, zwischendurch 2–3 Mal gedämpfte und schließlich noch mehrere Monate geräucherte Seewalze ist als Trepang oder bêche-de-mer in China, Indonesien und Malaysia besonders beliebt und wird vor allem für die Trepang-Suppe verwendet.
In Spanien gelten die Gonaden der Königseegurke als Delikatesse – sie werden gekocht und mit Nudeln gereicht. Auch bei uns werden getrocknete Seegurken mittlerweile in Asia-Läden angeboten.

DIE QUALLEN / THE JELLYFISH
LAT. CNIDARIA

Als Qualle oder Meduse bezeichnet man ein Lebensstadium von Nesseltieren (Cnidaria). Da sich Quallen nicht geschlechtlich fortpflanzen, kommt es meist zu einem Generationenwechsel: die Qualle produziert Geschlechtszellen, die zur Zygote verschmelzen. Aus dieser entsteht eine Larve, die sich am Boden festsetzt und aus der ein Polyp entsteht. Dieser bildet dann durch Abschnürung sogenannte Ephyralarven, die dann wieder zu neuen Quallen werden.

Lebensraum: Quallen leben in allen Weltmeeren – und das bereits seit mehr als einer halben Milliarde Jahren. Die allermeisten Quallen leben im Meer, es existieren jedoch auch einige Süßwasserquallen, die in Asien beheimatet sind.

Beschreibung: Quallen sind gallertartige Organismen, die zu ca. 99% aus Wasser bestehen. Ihre Gestalt ist schirmartig mit einem hängenden Magenstiel, an dessen Unterseite sich eine Mundöffnung befindet. Quallen bestehen aus zwei einschichtigen, nur knapp ein fünfzigstel Millimeter dicken Gewebslagen, der Außenhaut (Exodermis) und der Innenhaut (Endodermis), zwischen denen eine zellfreie Schicht, die Mesogloea, liegt. Die meisten Quallen haben lange Fangarme, auf denen Tausende von Nesselzellen sitzen. Bei Berührung platzt die Nesselkapsel im Inneren der Nesselzelle mit einem Druck von 150 bar auf und stülpt einen Nesselfaden nach außen, der das Gift abgibt. Diese Reaktion zählt zu den schnellsten im ganzen Tierreich.
Quallen sind faszinierend und mit ihren fantastischen Farben und Formen auch wunderschön. Neben winzig kleinen Exemplaren können Riesenquallen einen Durchmesser von mehr als 2 m und ein Gewicht von bis zu 200 kg erreichen.

Kulinarisches: Beim Gedanken an Quallen werden bei uns alle möglichen Assoziationen hervorgerufen – die an Essen sicher eher nicht. In der asiatischen Küche sind Quallen allerdings sehr beliebt, denn richtig zubereitet sind sie keineswegs glibberig, sondern bissfest und gleichzeitig außergewöhnlich zart. Man bekommt Quallen als eingesalzene, getrocknete Scheiben im Asia-Laden. Diese werden so lange gewässert, bis sie nicht mehr salzig sind, und lassen sich dann zum Beispiel blanchieren und mit asiatischem Dressing unter Salat mischen. Man kann sie auch im Wok anbraten und mit Sojasauce servieren. Dazu werden oft marinierte Scheiben von Abalone-Schnecken gereicht.

DIE SEESTERNE
LAT. ASTERIODEA

Lebensraum: Seesterne (Asteriodea) sind weltweit in den Meeren verbreitet. Die größte Artenvielfalt findet sich in den Küstenbereichen. Seesterne bevölkern so ziemlich jeden Untergrund, von Fels über Sand und Seegras bis hin zu Korallenriffen.

Beschreibung: Wie alle Stachelhäuter haben Seesterne keine Kopf und somit auch kein Vorne oder Hinten. Der Körper ist sternförmig mit typischerweise fünf oder einem Vielfachen von fünf Armen (Pentametrie). Es gibt allerdings auch Exemplare mit sieben, acht, dreizehn oder mehr Armen. Der Korallen fressende Dornenkronenseestern besitzt sogar bis zu 23 Arme. Auch die Größe der Seesterne variiert sehr stark. Erwachsene Tiere können bis 2 cm groß werden, aber auch Durchmesser von bis zu 90 cm werden bei einzelnen Arten erreicht.
An der Unterseite der Arme befinden sich zahlreiche Füßchen, mit denen sich der Seestern sehr langsam fortbewegt. In der Körpermitte befindet sich auf der Unterseite die Mundöffnung. Der Magen ist ausstülpbar und wird in die als Futter dienenden Muscheln eingeführt, wobei die Füßchen mit einer Kraft von bis zu 50 Newton die Muschelschalen auseinander spreizen. Wenn die Muschel verspeist ist, wird der Magen wieder ins Körperinnere gezogen.

Kulinarisches: Für den Menschen ist der Seestern kulinarisch nur in wenigen Gegenden der Welt von Bedeutung. In Asien werden sie beispielsweise gerne als Grillspieße am Straßenrand angeboten: als fernöstlicher Fingerfood. Ansonsten werden einige Arten als Bestandteil von Futter genutzt, das überwiegend an Geflügel verfüttert wird. Bei den alten Ägyptern und einigen alten Indianerstämmen wurden Seesterne auch als Düngemittel eingesetzt.

Problematisch: Einige Spezies, die auf dieser Seite gezeigt werden – wie sämtliche Seepferdchenarten – sind vom Austerben bedroht und stehen auf der roten Liste der IUCN (International Union for Conservation of Nature and Natural Resources, deutsch: Weltnaturschutzunion). In Asien sind sie trotzdem geschätzte Delikatessen. Wir, die Redaktion und alle anderen an diesem Buch Beteiligten, raten aber dringend davon ab, solche Tiere zu verzehren oder als Souvenir zu erwerben.

DIE SEENADELN
LAT. SYNGNATHIDEA

Als Seenadeln werden die zu den Unterfamilien der Fahnenschwanz-Seenadeln (Doryrhaphinae) und der eigentlichen Seenadeln (Syngnathidae) gehörenden Fische bezeichnet. Seenadeln haben eine reduzierte Rumpfmuskulatur und schwimmen mit Brust- und Rückenflossen. Das Maul ist als Fangsaugrohr ausgebildet, durch Saugschnappen fangen sie ihre Beute, die meist aus kleinen Krebstierchen besteht.

Lebensraum: Seenadeln bewohnen die Küsten aller Weltmeere, tropische, subtropische und gemäßigte Zonen, einige Arten leben auch im Brack- und Süßwasser. Die größte Artenvielfalt findet sich in den Gewässern rund um Australien. Die Art der Fahnenschwanz-Seenadeln (Doryrhamphinae) lebt ausschließlich im Meer, und zwar im tropischen Bereich des Indopazifiks.

Beschreibung: Zu den Seenadeln gehören winzige, wurmartige Tiere ebenso wie auch die über 65 cm lang werdende Burstenschwanz-Seenadel. Einige Arten haben lange dünne Schwänze, andere tragen Schwanzflossen. Besonders auffällig ist ihr langer, schmaler Körperbau sowie das zu einem Fangsaugrohr ausgebildete zahnlose Maul. Die Tiere aus der Unterfamilie der Fahnenschwanz-Seenadeln haben alle eine große, gebänderte oder gestreifte, mit leuchtenden Farben gezeichnete Schwanzflosse.
Seenadeln leben monogam in Paaren. Ebenso wie bei ihren Verwandten, den Seepferdchen, tragen auch bei diesen Fischen die Männchen die befruchteten Eier.

Die ältesten Pflanzen der Erde sind die Algen. Lange vor dem Entstehen der Landvegetation belebten sie die Urozeane und produzierten den ersten Sauerstoff, der die Lebensgrundlage für die heutige Fauna bildet.

Algen gibt es in großem Artenreichtum, darunter mikroskopisch kleine Lebewesen ebenso wie 15 m lange Braunalgen.

Vor etwa 250 Jahren wurde begonnen, Algen, die bereits schon als Nahrung dienten, zu kultivieren. Doch der Deckel der Schatztruhe ist erst einen Spalt weit geöffnet. Zwar gehören Algen wie die Laminoria seit jeher in China und vielen anderen asiatischen Staaten zum täglichen Speiseplan, jedoch werden von über 33.000 bekannten Algenarten zurzeit nur etwa 500 genutzt.

Bei der Algenzucht ist China, wie in allen anderen Aquakulturdisziplinen auch, führend. Allein 3 Millionen Tonnen Frischalgen der Sorte Laminora werden hier jedes Jahr produziert. Weltweit beläuft sich die Ernte auf 9 Millionen Tonnen Makro- also Großalgen, die in der Pharma-, Kosmetik- und Lebensmittelindustrie Verwendung finden.

MAKRO- UND GROSSALGEN

MULTITALENT ALGE

Algen werden als Lebensmittel genutzt, in der Kosmetik- und Pharmaindustrie eingesetzt oder als Dünger auf die Felder gefahren. Aber das ist sicher nur ein kleiner Teil dessen, was sie leisten können. Vermehrt werden sie als Biofilter in Fischzuchtbetrieben genutzt. Die Zukunft sind hier kombinierte Aquakulturen, die sowohl den Fisch als auch die „Salatbeilage" dazu liefern. Die verbleibenden Schlämme bieten sich als ausgezeichneter Dünger für die Felder an. Zusätzlich liefern die Algen auf natürliche Weise einen Futterbeitrag für die Aufzucht der Fische.

Derzeit erforscht die Pharmaindustrie die antibakteriellen Eigenschaften der Algen. Es scheint so zu sein, dass diese Pflanzen Antibiotika produzieren. Was nicht unlogisch wäre, denn in ihrem natürlichen Lebensumfeld haben sie sich gegen viele Bakterien und andere aufsitzende Organismen wie Algensporen und Tierlarven zu wehren. Es gibt sogar Hoffnungen, dass man aus Algen Arzneimittel gegen Tumore oder gar Aids gewinnen kann. Aber auch ein Holzanstrich gegen Fäulnis oder ein biologischer Bootslack sind denkbar.

„Functional Food" – Algen als Nahrungsmittel

Seit Urzeiten gehören Algen in asiatischen Ländern, allen voran Japan, Korea und China, zu den Grundnahrungsmitteln. Etwa 20 verschiedene Makro- also Großalgen werden dort verzehrt. Jeder Japaner verzehrt um die 3,5 kg Algen pro Jahr. Dabei reichen bereits 10 g Algen in Trockenform aus, um den Tagesbedarf eines Erwachsenen an Mineralien und Vitaminen zu decken.
10 g der getrockneten Mikro-Blaualge Spirulina weisen den gleichen Eiweißgehalt wie ein kleines Steak auf. Makroalgen aus dem Meer, vor allem Brauntange, haben einen sehr hohen Jod-Anteil. Sie sind also grundsätzlich geeignet, Jodmangel auszugleichen. Allerdings schwankt der Jodanteil bei Algen zwischen 5 und 11.000 mg je kg Algenmasse. Die letzte Zahl ist gewaltig und der Verzehr einer solchen Alge würde zur Überdosierung führen. Algen aus Aquakulturen geben da eine gewisse Sicherheit, denn bei uns in Deutschland wird der Jodgehalt überprüft und das ist die Voraussetzung für die Zulassung als Lebensmittel. Dabei gilt, je jünger die Pflanze, desto weniger Jod hat sie angereichert. Bei all diesen „Functional Food"-Eigenschaften der Algen darf man aber eins nicht vergessen: Algen schmecken echt lecker.

Natriumglutamat

Dieser Geschmacksverstärker aus Algen ist heute in fast allen Fertig- und Halbfertigprodukten im Lebensmittelbereich als Zusatzstoff zu finden. Natriumglutamat ist in unserer Wurst, in Fertigsuppen, in Saucen, und auch in vielen Restaurants wird diese weiße Wunderwaffe, von vielen Köchen schlicht „Power" genannt, eingesetzt. Der Stoff ist in vielen Lebensmitteln natürlich enthalten und wurde früher aus Meeresalgen extrahiert. Heute wird er aber zumeist in einem industriellen Fertigungsprozess gewonnen. Das Mittel regt den 5. Geschmackssinn, den sogenannten Umami, an und sorgt dafür, dass sich das Geschmacksempfinden gaumenüberspannend ausbreitet und so verstärkt.

Natriumglutamat wird als gesundheitsschädlich, oft sogar als gehirnschädigend bezeichnet und als suchterzeugendes Rauschgift verdächtigt. Tatsache ist, dass der unter E621 klassifizierte Lebensmittel-

Getrocknete Algen sind in der Küche wahre Multitalente. Gerade im asiatischen Raum ist der Gebrauch des dehydrierten Meergemüses weit verbreitet. Und das ist kein Wunder, denn getrocknete Algen sind nahezu unendlich lange haltbar. Sollen sie dann aber zum Einsatz kommen, weicht man sie einfach in etwas Wasser ein und schon sehen sie aus, als kämen sie gerade erst frisch aus dem Meer.

zusatz von fast allen täglich in irgendeiner Form konsumiert wird. In Japan und China hat der Verzehr von natriumglutamathaltigen Lebensmitteln eine sehr lange Tradition.

Sojasoße ist voll von Glutaminsäure und die Algen, die in Japan und China traditionell verzehrt werden, sind gleichzeitig der Rohstoff für die Algenproduktion (meist Braunalge Laminaria japonica). Übrigens: Chinesen und Japaner zählen neben den Isländern zu den gesündesten, langlebigsten und intelligentesten Völkern der Erde. Andererseits kennt man bei uns ein Phänomen, was man als China-Restaurant-Syndrom bezeichnet: Hier geht es um ein Unwohlsein nach dem Verzehr von asiatischem Essen, das wahrscheinlich auf bestimmten individuellen Unverträglichkeiten beruht.

Agar und Carrageen

Nimmt man eine Alge in die Hand, spürt man die glibberige Konsistenz der Pflanze. Diese Beschaffenheit entsteht durch Phykocolloide, gallertartige Substanzen zwischen den Zellwänden, die für eine größtmögliche Flexibilität der Alge sorgen. Und die ist lebenswichtig, denn sie sorgt dafür, dass die Algenpflanze durch die Wellen oder das Anschlagen an Felsen nicht zerstört wird.

Aus diesem Bindemittel werden die farblosen und geschmacksneutralen Algen-Kolloide Carrageen und Agar gewonnen – übrigens finden dabei in erster Linie Rotalgen Verwendung.

Agar wird als Geliermittel genutzt, in Gelees und Marmeladen eingesetzt. Aber auch als Bindemittel in Eiscreme, Pudding und Joghurt haben Carrageen und Agar aus Rotalgen sowie Alginat aus Braunalgen die durch die BSE-Krise zunehmend in Verruf geratene Gelatine weitgehend verdrängt.

Da der Agar-Algenextrakt nur von wenigen Mikroorganismen abgebaut wird, keine Stickstoffverbindungen enthält und sich ab ca. 45 °C verflüssigt, wird er auch für Nährböden in der Mikrobiologie eingesetzt.

Agar wird hauptsächlich in Asien produziert und kommt als Pulver in den Handel. Es ist keine reine Substanz, sondern ein Gemisch aus Zuckerbausteinen, die in Riesenmolekülen, den Polysacchariden, miteinander verbunden sind. Hauptbestandteil ist das Geliermittel Agarose mit ca. 70% gefolgt vom Agaropectin mit bis zu 30% Anteil.

Das Carrageen, mit ähnlichen Eigenschaften wie Agar, hat seit etwa 20 Jahren aus Preisgründen den Agar weitgehend vom Markt verdrängt. Denn Carrageen wird heute preisgünstig aus den Warmwasseralgen Eucheuma und Kappaphycus aus Aquakultur extrahiert. Diese armlangen, büschelig verzweigten Rotalgen wachsen mit rasantem Tempo an Unterwasser-Seilen im tropischen Flachwasser entlang der Küsten, etwa der Philippinen und Indonesiens. Dagegen müssen Agar-Rotalgen noch zu einem großen Teil aus Wildalgen natürlicher Algenbestände gesammelt werden, ein teures Unternehmen. Zudem treten bei der Extraktion von Agar umweltfeindliche Restsubstanzen auf, nicht so bei der Extraktion von Carrageen.

Das Leben der allermeisten Algen ist an das Meer oder an Süßwasser gebunden. Dort leben sie im Plankton, also frei pelagisch umhertreibend, oder am Boden (Benthos).

Die im Plankton lebenden Mikroalgen werden in sogenannten Fermentern produziert. Das sind Behälter, auch Bioreaktoren genannt, in denen für Mikroorganismen ideale Lebens- und Vermehrungsbedingungen geschaffen werden. Eingesetzt werden sie, um die Mikroorganismen selbst oder ihre Stoffwechselprodukte zu gewinnen.

Das Prinzip des Bioreaktors ist vor über 5.000 Jahren entwickelt worden. Und zwar mit der Entstehung der ersten Braukessel, die auch nichts anderes als Fermenter sind. Auch moderne Kläranlagen mit Bioklärstufen sind riesige Bio-Reaktoren.

In Asien werden Mikroalgen in offenen Gewässern oder offenen Tanks kultiviert. Diese Technologie setzt man bei uns vornehmlich für Großalgen ein.

Die Gemeine Strandkrabbe (Carcinus maenas) bevölkert die Küsten Europas. Sie ist die häufigste Krabbenart der Nord- und Ostsee.

ALGENARTEN UND ALGENFARMING

Klaus Lüning war Meeresbiologe am Alfred-Wegener-Institut für Polar- und Meeresforschung.

Sein Fachgebiet sind Meeresalgen. Vor einigen Jahren wechselte er von einer Forschungsstation

auf der Insel Helgoland in die Wattenmeerstation auf der Insel Sylt. Seit seiner Pensionierung

im März 2006 betreibt er die kommerzielle Sylter Algenfarm in List, zusammen mit Clemens Dittmeyer

auf dem Gelände von Dittmeyer's Austern-Compagnie.

Wir befinden uns auf der mondänsten Insel des Nordens, Sylt. Hier in der Wattenmeerstation des Alfred-Wegener-Instituts für Polar- und Meeresforschung betreibt der Meeresbiologe Klaus Lüning eine Algenzucht-Versuchsanlage. Professor Dr. Klaus Lüning forschte zuvor auf Helgoland. Dort beschäftigte er sich hauptsächlich mit den Wachstumstiefen und Lebensbedingungen der Großalgen. Eine Arbeit, die mit unzähligen Tauchgängen verbunden war.

Hier auf Sylt wird getestet, inwieweit sich Großalgen ganzjährig auch in diesem Klima züchten und so europaweit vermarkten lassen. Schon stehen die Sylter Algen auf vielen Speisekarten innovativer Restaurants. Neben der Vermarktung seiner Frischalgen als Lebensmittel eruiert Klaus Lüning auch die Chancen seiner Produkte in der Pharmaindustrie. Außerdem bilden Algen ein hervorragendes Viehfutter und Gründünger für Felder. Lüning forscht auch in Richtung Kombinations-Meeres-Farmen. Die Idee ist folgende: Ein Fisch-Aquakultur-Kreislaufsystem nutzt Algentanks als biologische Kläranlage. Diese Algen können dann weiterverkauft werden und bieten so Zusatzeinnahmen. Der dritte denkbare Erweiterungsbaustein ist die Verwendung der Algen als Futter für Tiere aus Mari-Kulturen, die sich pflanzlich ernähren. In einigen Versuchsbecken in der Wattenmeerstation wachsen Abalone-Schnecken heran, die mit Lünings gezüchteten Rotalgen (Palmaria) ernährt werden.

Das Gelände der Wattenmeerstation ist für die Algenfarm ideal. Die Nähe zum Meer sorgt für eine gute Wasserversorgung und für die 2.000 Liter Zuchttanks stehen großflächige Gewächshäuser zur Verfügung. Die Wattenmeerstation, ein Ableger des Alfred-Wegener-Instituts, ist im ehemaligen Leitstand eines Fliegerhorstes untergebracht. Hier im Wattenmeer übten Wasserflugzeuge Zielanflüge. Die ganzjährige Ernte fordert eine zusätzliche Bestrahlung der Pflanzen mit viel Licht. So wird die natürliche Wachstumspause umgangen, die bei Algen in der Natur im Spätsommer beginnt. Im Sommer selbst ist das Wasser der Nordsee für einige Arten zu warm. Daher sorgt ein Bestand verschiedener Arten für ganzjährige Verfügbarkeit. Der zukünftige Meeresbauer im Norden wird also seine Tanks mit einer intelligenten Mischung aus sogenannten Sommer- und Winteralgen besetzen. In den Bassins wachsen die Algen nicht wie in der Natur benthal, also auf dem Boden haftend, sondern bewegen sich frei im umgewälzten Wasser. In seinen Tanks züchtet Lüning die Rotalge Palmaria und die Braunalge Laminaria, für die er bereits eine offizielle Zulassung als Lebensmittel hat. Diese Makroalgen werden im Sylter Zuchtbetrieb nach 3–4 Monaten geerntet. Dadurch weisen sie einen deutlich geringeren Jodgehalt als Importware auf. Eingeführte Produkte, zumeist aus China, sind oft über ein Jahr alt und ihr Jodgehalt ist daher entschieden zu hoch.

Frische Algen halten sich im Kühlschrank einige Tage. Die einfachste Art Algen zuzubereiten: Waschen und mit anderen Salaten gemischt mit einem Dressing servieren.

DIE SYLTER ALGENFARM

DER ZUCKERTANG
LAT. LAMINARIA SACCHARINA

Eine wirtschaftlich bedeutende Klasse der Algen, mit ca. 2.000 Arten, sind die Phaeophyceae, die Braunalgen. Ihr Lebensraum sind die kälteren und gemäßigten Meeresgewässer, wo sie sich am Boden bis in Tiefen von 50 Meter verankern. Braunalgen werden in 6 Ordnungen unterteilt. Zur Ordnung Laminariales gehören die Tangarten mit der größten wirtschaftlichen Bedeutung. Aus ihnen werden Nahrungs-, Futter- und Düngemittel hergestellt. Tange erreichen beachtliche Größen.
Der Zuckertang aus der Nordsee bringt es auf 5 m und der Riesentang Macrocystis pyrifera erreicht sogar eine Länge von 100 m.

Die Braunalge (Laminaria saccharina), auf japanisch Kombu genannt, bildet ausgiebige Unterwasser-Algenwälder an den Felsenküsten der Nordhalbkugel. Im ausgewachsenen Zustand kann sie mehrere Meter lang werden. In Fernost gehören Laminaria wie Gemüse zum täglichen Speiseplan. Wir kennen hauptsächlich die Sushi-Alge, bei der es sich um die Rotalge Porphyra, mit einer Jahresernte von 1 Million Tonnen, in Fernost handelt. Von Laminaria werden dagegen allein in China jährlich ca. 3 Millionen Tonnen in Aquakulturen gezüchtet. Die Hälfte davon wandert in die Kochtöpfe oder den Wok, die andere Hälfte dient der Alginatgewinnung. Alginat wird als eine Art festes Gelee (Algen-Kolloid) vor allem in der Nahrungsmittelindustrie, verwendet, zum Beispiel im Speiseeis, aber auch in der Textilindustrie beim Farbaufdruck auf T-Shirts, oder als Abformmaterial in der Zahntechnik.

Großalgen bilden in der Hauptsache das pflanzliche Benthos der Meere.

In den kälteren und gemäßigten Gewässern herrschen die Braunalgen

und an der unmittelbaren Küste auch die Grünalgen vor. In den wärmeren Meeren

nimmt die Zahl der Algen ab. Dort findet man vornehmlich Rotalgenarten.

Mit ca. 4.000 Arten leben die Rotalgen (Rhodophyceae) vornehmlich am Meeresboden in bis zu 150 Metern Tiefe. Selten sind sie in Süßwasser anzutreffen. Die größte wirtschaftliche Bedeutung unter den Rotalgen haben neben der Sushi Porphyra einige Gelidium- und Gracilaria-Arten als Rohstoff für Agar und neuerdings, vor allem aus tropischen Warmwasser-Aquakulturen, die Rotalgen Eucheuma und Kappaphacus als Rohstoff für Carrageen, auch ein wertvolles Algen-Kolloid für die moderne Nahrungsmittel-Industrie, wie Agar und Alginat. Weitere Carrageenalgen, nämlich der Knorpeltang Chondus crispus (heißt in Irland „Carrageen") und die Art Gigartina mamillosa, beide häufig in der Nordsee anzutreffen, liefern medizinische und medizintechnische Produkte wie Massen für Zahnabdrücke, aber auch kulinarische Waren.

Die rote Fadenalge (Solieria chordalis) ist vornehmlich an den Küsten Südenglands, aber auch an der französischen und spanischen Atlantikküste zu finden. Zumeist auf Felsen verankert, lebt sie im Flachwasser in Tiefen bis zu 5 Meter. Die filigrane Soliera ist recht klein, ihre Fäden sind selten länger als 20 cm.

DIE ROTE FADENALGE
LAT. SOLIERIA CHORDALIS

DER KNORPELTANG
LAT. CHONDRUS CRISPUS

Chondrus crispus, der deutsche Name dieser Alge lautet Knorpeltang oder Irisches Moos. Sie wächst im Flachwasser des Nordatlantiks und der Nordsee, ist reich an Vitaminen und Eiweiß und vielseitig einsetzbar. Im Lebensmittelbereich ist Knorpeltang der Hauptlieferant von Carrageen, einem Dickungsmittel ähnlich wie Agar, das bei der Produktion von Puddings eingesetzt wird.

DIE ROTALGE
LAT. PALMARIA PALMATA

Diese Rotalge (Palmaria palmata) ist in den kühlen Zonen der Meere weit verbreitet. Man findet sie in Tiefen von bis zu 40 Metern, rund um den nördlichen Globus. Hier verankert sich die bis zu 40 cm lange Pflanze auf Steinen. Nicht selten wächst sie aber auch auf größeren Fremdalgen wie den Stielen des Palmentangs Laminaria hyperborea. Palmaria wird in Europa seit der Wikingerzeit verzehrt. Den Seefahrern diente sie wegen ihres hohen Vitamin C-Gehaltes als Mittel gegen Skorbut, außerdem ist sie reich an den Vitaminen B1, B2, B5, B6 und B12.

225

DER MEERSALAT
LAT. ULVA LACTUCA

Schön, und vor allem gesund sieht er aus: der Meersalat, manchmal auch Meerlattich genannt. Diese mehrzellige Grünalge ist besonders reich an den Mineralstoffen Kalzium, Magnesium und den Vitaminen A, B12 und C. Er kann sowohl frisch, als auch getrocknet verwendet werden.

Der Meersalat ist ein anspruchsloser Bewohner aller Weltmeere. Er kommt vor allem im Bereich zwischen Gezeitenzone und Sublitoral bis zu einer Tiefe von 15 Metern vor. Er wächst lithophytisch vor allem auf Steinen, seltener auf Muschelschalen oder Blasentangen. Der Meersalat eignet sich auch für die Aquakultur und kann hier zweimal jährlich geerntet werden.

Seine grünen Thalli benötigen sehr viel Sonnenlicht, daher kann er auch nicht in größeren Tiefen überleben. Diese flächigen, gewellten und kräftig grünen „Blätter" sind über einen kurzen Stiel mit ihrem Untergrund verbunden. Der Thallus des Meersalats besteht aus zwei Zellschichten und kann bis zu 20 cm lang werden.

DIE GRÜNALGEN

Eine bedeutende Klasse der Algen bilden die Grünalgen, die Chlorophyceae. Sie umfasst etwa 1.000 Arten, die überwiegend im Süßwasser, aber auch im Meer oder an Felsen in feuchten Böden und an Baumrinden leben. Allen gleich ist die grüne Farbe. Sie bilden Fäden oder blättrigen Wuchs aus, ähnlich wie höhere Pflanzen oder leben in einzelligen Kolonien.

Die Klasse der Grünalgen wird allgemein in 90 Ordnungen unterteilt, von denen die Chlorococcales und die Chlorotrichales für uns interessant sind. Zur ersten Gruppe gehört die Chlorella vulgaris, eine einzellige, kugelförmige Alge. Sie wird zu Futter und Nahrungszwecken in großem Umfang gezüchtet.

Zur zweiten Gruppe zählen Pflanzen, die man zumeist an Meeresküsten und im Brackwasser findet. Die Darmalge Enteromorpha, die Bündel aus feinen Fäden bildet und der Meersalat Ulva lactuca, mit langen flächigen grünen Blättern. Beide Pflanzen werden als Nahrungs- und Düngemittel verwendet und weisen einen hohen Gehalt an Vitaminen, Kohlenhydraten und Stickstoff auf.

Ähnlich wie die Blaualge Spirulina wird die Grünalge (Chlorella vulgaris) in Pulverform angeboten und als Nahrungsergänzungsmittel eingesetzt. Sie stabilisiert die Stoffwechselprozesse und schützt die Funktionen der Haut. Zudem hat sie einen positiven Einfluss auf den Blutkreislauf und das Herz. Ihre Inhaltsstoffe weisen einen hohen Mineralstoff- und Vitaminanteil auf. Auch Antioxidantien findet man in ihrer Substanz.

Chlorella vulgaris Produktionsanlage: In der Produktionsanlage des Unternehmens Altmark GmbH, mit Sitz in der kleinen Stadt Klötze in Sachsen Anhalt, wird Chlorella vulgaris in Glasrohren, nach einem Patent der Firma Prof. Steinberg Bioprodukte, produziert. 500 km dieser Glasrohre sind in Gestellen angeordnet, die ausschließlich mit natürlichem Sonnenlicht bestrahlt werden. In den Rohren befindet sich eine Kultivatlösung mit Nährstoffen in Lebensmittelqualität. Ist eine bestimmte Biomassekonzentration in der Kultivatlösung erreicht, wird ein Teil der Lösung entnommen und die Biomasse, also die Alge abzentrifugiert. Danach trocknet man die breiige Algenmasse zur Weiterverarbeitung als Pulver oder Tablette bis auf 5% Restfeuchte. Die nach dem Zentrifugieren wieder klare Flüssigkeit wird in das Glasrohrsystem zurückgeführt.

Kaiso Algen. Diese japanischen Algenmischungen werden getrocknet angeboten. Sie bestehen aus Riesenblättertang, Riesenstengeltang, Riementang, weißem, grünem und rotem Tang. Man lässt sie einige Minuten in kaltem Wasser quellen. Dann sehen sie aus wie frisch. Auch ihre Elastizität hat nicht gelitten. In Japan verzehrt man sie als Salat.

Plankton steht am Anfang der Nahrungskette und ist somit die Basis für das Leben im Meer. Viele Fische sind ausschließlich Planktonfresser. Die meisten Fische aber sind zumindest im Larvenstadium vom Plankton abhängig. Aber auch größere Tiere wie Wale, Mantas oder Walhaie ernähren sich ausschließlich von diesen Mirkoorganismen. Das Plankton ist eine Art Lebensgemeinschaft mikroskopisch kleiner Lebewesen die pelagisch, also frei im Wasser umher schwimmen.

Man unterscheidet zwischen Zooplankton, das sind kleine Tiere, und Phytoplankton, das aus Pflanzen, zumeist Algen besteht. Lebewesen des Phytoplanktons produzieren mittels Photosynthese also dem Sonnenlicht Nährstoffe. Sie wiederum dienen dem Zooplankton als Nahrung. Mikroskopisch kleine Algen sind so der unterste Baustein der Lebenskette unserer Meere. Den größten Anteil im pflanzlichen Plankton bilden die Diatomeen oder Kieselalgen. Mit 10.000 Arten bilden die Diatomeen eine sehr große Klasse im Reich der Pflanzen. Sie treten zumeist in großen Massen im Süß- und Salzwasser, einzeln lebend oder zu Kolonien verbunden auf. Das besondere an diesen Algen ist der zweischalige, bräunliche Panzer aus Silikat, einem Salz der Kieselsäure, der außen auf einer Pektinmembran ruhend, die Alge umgibt. Die Panzer sind in je einem Gürtel verbunden und dienen vermutlich zum Schutz gegen Kleinkrebse, die Diatomeen fressen, und gegen Parasiten und Krankheitserreger.

Diatomeen vermehren sich durch Teilung, indem jede Schalenhälfte ein Gegenstück ausbildet. Daher auch ihr Name, abgeleitet vom griechischen Wort diatemnein, das „durchschneiden" bedeutet. Die Silikatpanzer der Kieselalgen bleiben nach deren Absterben erhalten. Aus dem Tertiär, als es riesige Vorkommen an Kieselalgen gab, finden wir umfangreiche fossile Lagerstätten. Man nennt sie Kieselgur oder Diatomeenerde. Man stellt daraus Zahnfüllungen, Schleifmittel, Filterstoffe und Pflanzenschutzmittel gegen Insekten und Pilze her. In gereinigter Form, als „Terra Silicea" findet sie in der Kosmetik und als Nahrungsergänzungsmittel Verwendung.

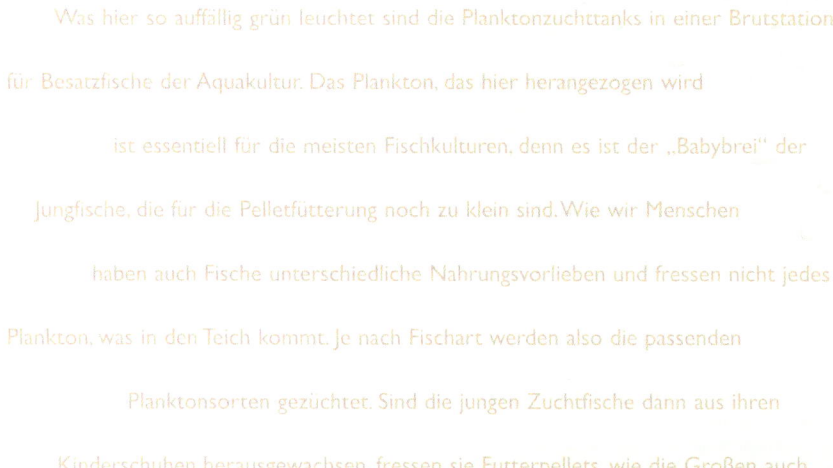

Dinoflagellaten sind die zweitgrößte Gruppe im Phytoplankton. Diese Algen besitzen einen Antrieb: Zwei fadenförmige Schwänze, die Flagellaten. Einer dieser Fäden kann die Alge drehen, der andere sorgt für die Fortbewegung. Diese Algen produzieren Gifte, die zu den stärksten natürlichen Toxinen gehören. Auch für den Menschen können diese Gifte gefährlich werden, nämlich dann, wenn wir Muscheln essen, die vorher viele Dinoflagellaten infiltriert haben, oder, wenn das Gift über die Muscheln in den weiteren Nahrungskreislauf gelangt. Vorraussetzung ist aber ein Massenauftreten dieser Algen, eine sogenannte Blüte, die man bei diesen Pflanzen als „rote Flut" bezeichnet.

Was hier so auffällig grün leuchtet sind die Planktonzuchttanks in einer Brutstation für Besatzfische der Aquakultur. Das Plankton, das hier herangezogen wird ist essentiell für die meisten Fischkulturen, denn es ist der „Babybrei" der Jungfische, die für die Pelletfütterung noch zu klein sind. Wie wir Menschen haben auch Fische unterschiedliche Nahrungsvorlieben und fressen nicht jedes Plankton, was in den Teich kommt. Je nach Fischart werden also die passenden Planktonsorten gezüchtet. Sind die jungen Zuchtfische dann aus ihren Kinderschuhen herausgewachsen, fressen sie Futterpellets, wie die Großen auch.

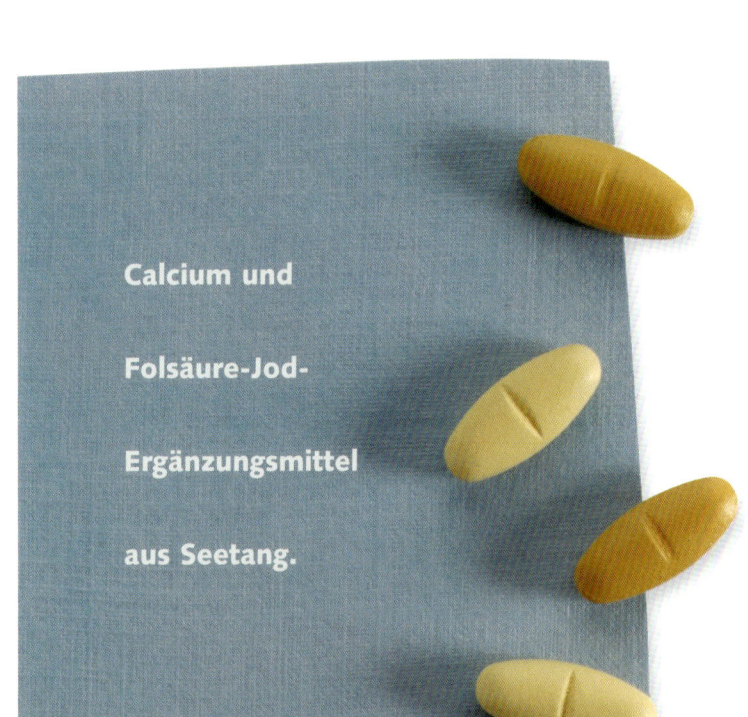
Calcium und Folsäure-Jod-Ergänzungsmittel aus Seetang.

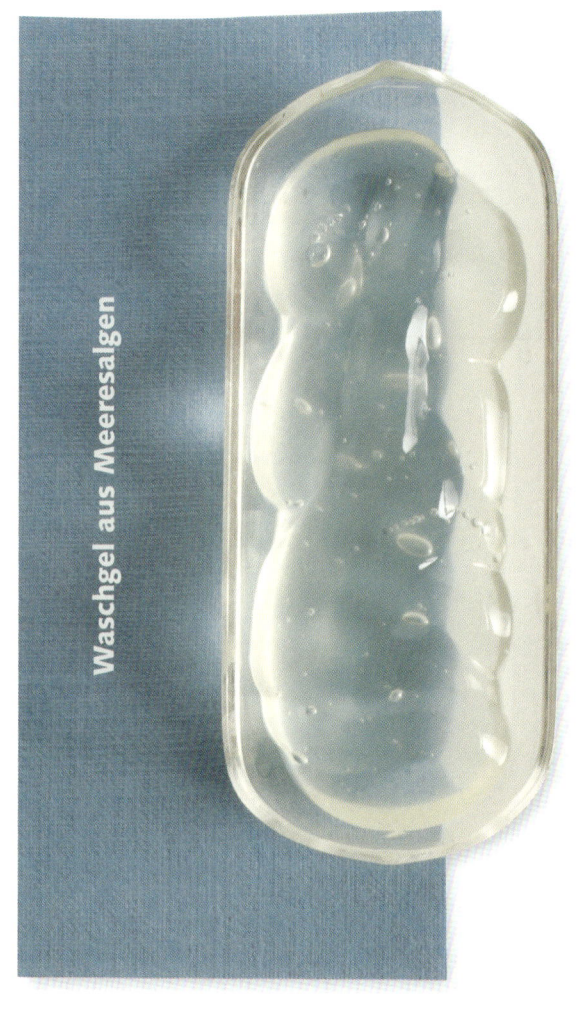
Waschgel aus Meeresalgen

DIE BLAUALGE
LAT. SPIRULINA

Blaualgen gehören eigentlich nicht zu den Algen, sondern sind verwandt mit den Bakterien. Ein zweiter gebräuchlicher Name für diese Lebewesen ist daher auch Cyanobakterien. Diese Gruppe umfasst ca. 2.000 Arten, die zumeist im Süßwasser aber auch im Meerwasser oder auf Gesteinsoberflächen leben. Auch sie setzen unter Verwendung von Kohlendioxid, Wasser und Licht Sauerstoff frei. Damit stehen sie als Lebensform auf einer Stufe zwischen Fauna und Flora.

Durch die Überdüngung der Gewässer kommt es oft zu Massenentwicklungen von Blaualgen, die grüne Algenblüte. Das ist nicht ganz ungefährlich, weil viele Blaualgen hochpotente Gifte produzieren, die auch dem Menschen gefährlich werden können.

Die Blaualge (Spirulina) ist in letzter Zeit als Nahrungsergänzungsmittel in Mode gekommen. Ihr natürliches Verbreitungsgebiet sind stark alkalische, salzige Seen in tropischen und subtropischen Regionen mit einem Ph-Wert zwischen 9 und 11. Von den Menschen, die an diesen Gewässern leben, wurden die Algen schon seit Urzeiten zur Ernährung genutzt. Dies ist von den Azteken am Lago de Texcoco und den Stämmen um den Tschadsee in Afrika bekannt. Bei uns ist dieses Cyanobakterium nur in Form von Pulver und in Tablettenform erhältlich. Getrocknete Spirulina haben einen etwa 65–70%igen Anteil an hochwertigem Eiweiß. Sie enthält alle essentiellen Aminosäuren, aber auch einige nicht essentielle, daneben viele Vitamine und Mineralstoffe. Spirulina soll den Cholesterinspiegel und den Blutdruck senken und ist demnach gut zur Prophylaxe gegen Herz-Kreislauf-Erkrankungen. Also echtes „functional food". Jod enthält Spirulina, im Gegensatz zu Meeresgroßalgen, nicht. Dieses Cyanobakterium wird bei uns in großen Mengen in Aquakulturen gezüchtet. Bei 40–50 °C Wassertemperatur wachsen die Algen schnell heran. Danach werden sie ausfiltriert und mit Heißluft getrocknet. Sollten wir einmal ferne Welten, wie den Mars, besiedeln, wird Spirulina uns helfen, dort eine Sauerstoffatmosphäre zu schaffen, so wie sie es auf der Ur-Erde auch getan hat, und zugleich den ersten Siedlern Nahrung sein.

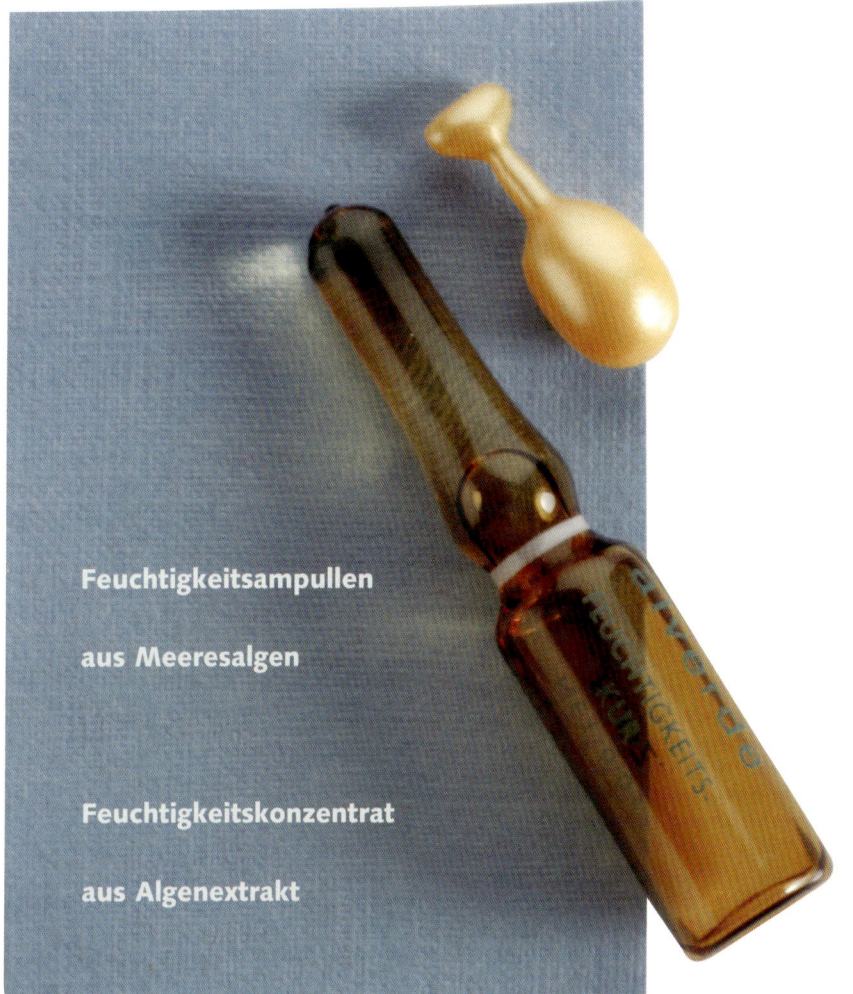

Feuchtigkeitsampullen

aus Meeresalgen

Feuchtigkeitskonzentrat

aus Algenextrakt

Gesichtswasser aus Meeresalgen

Reinigende Maske

aus Algen

und Mineralien

Passe Pierre „Algen", Queller, Glaskraut oder Glasschmelz, lat. Salicornia europaea:

Die hierzulande meist unter dem Namen Passe Pierre angebotenen grünen, gliederigen Pflanzen gehören biologisch nicht zu den Algen, sondern zu den Gänsefußgewächsen. Beißt man in ihre saftigen Stängel erfährt man einen herrlichen Geschmack von frischem, sauberen Meer, der von dem salzhaltigen Pflanzensaft der Stammsukkulenten-Pflanze herrührt.

Auf den ufernahen Salzwiesen und in flachen Schlick- und Wattgebieten oder Sandflächen der Nord- und Ostsee kommt die Pflanze oft in großen Mengen vor. Hier wird sie auch angepflanzt. Die sogenannten Quellerbeete dienen allerdings nicht vornehmlich der Anzucht von Speisepflanzen, sondern sind in erster Linie Verlandungsförderer bei der Landgewinnung.

Der Queller kann aber auch lange trocken stehen und extreme Sonneneinstrahlung vertragen. So findet man ihn auch als typische Pflanze am Rand von Salinen, wie auf dem Foto einer portugiesischen Saline in Tavira zu sehen ist. Hier ist das Trocknen der Salzbecken kein Problem für die Pflanze. Allerdings sind die wasserspeichernden Eigenschaften, die Sukkulenz von Salicornia, eine Folge der Plasmaquellung durch das Kochsalz im Pflanzensaft.

Der Queller verträgt den höchsten Salzgehalt aller Blütenpflanzen. Trocknet und verbrennt man ihn, so bleiben 75% Kochsalz, 10% Kalium und eine nicht unerhebliche Menge Jod und Brom übrig. Daher wurden diese Queller früher auch bei der Glasherstellung genutzt. Der Glasschmelz oder auch das Glaskraut wurde der Glasmasse zur Herabsenkung des Schmelzpunktes beigemengt. Darüber hinaus nutzte man sie zur Salzgewinnung.

Der Queller wird zwischen 5 und 40 cm groß und ist je nach Unterart mehr oder weniger verzweigt. Von August bis September treibt der Queller seine unscheinbaren kleinen Blüten aus, die sich hinter kleinen Schuppen an den fleischigen Stängeln verbergen.

Passe Pierre werden meist als Beilage zu Fischgerichten gereicht. Aufgrund ihres intensiven Eigengeschmacks kann man sie servieren, ohne zusätzlich zu würzen.

DIE PASSE PIERRE „ALGE"
LAT. SALICORNIA EUROPAEA

Der Begriff Sushi leitet sich von dem japanischen Wort Sui ab, was soviel wie sauer oder säuerlich bedeutet. Das führt uns zum gesäuerten Reis, der zu Bällchen oder Rollen geformt immer der Hauptbestandteil eines Sushigerichts ist. Weitere Bestandteile sind in der Hauptsache roher Fisch und Algen, aber auch Gemüse, Ei oder gegrillter Meeraal. Unsere modernen Sushigerichte haben nichts mehr mit dem Ursprung dieser Spezialität zu tun. Denn Sushi war früher eine Konservierungsmethode für Fisch und ist vermutlich in China entwickelt worden. Der Fisch wurde gesalzen und in gekochtem Reis eingewickelt in Erdlöcher gelegt und mit einem Stein beschwert, wo der Fisch fermentierte und der Reis säuerte. Beides wurde so haltbar, dass man noch nach Monaten den Fisch essen konnte. Während man in China den Reis nicht mit aß, verzehrten die Japaner, die mittlerweile diese Konservierungsmethode importiert hatten, beides. Ende des 18. Jahrhunderts tauchte dann in der Stadt Edo, dem heutigen Tokio, das erste „moderne" Sushigericht mit frischem, rohen Fisch auf (sashimi = roher Fisch). Dieser war damals sehr teuer. Um den Reis zu säuern, setzte man nun Essig ein. Sushi ließ sich so nicht nur feiner, sondern auch schneller und einfacher zubereiten. Die nun typische japanische Spezialität wurde Fast-Food-geeignet. In der Folge entstanden eine ganze Reihe von neuen Sushi Bars. Zunächst beschränkte sich der Sushi-Boom jedoch auf die schnell wachsende Metropole Tokio. Das große Erdbeben von 1923 trieb dann viele Sushi-Chefs aus der Stadt zurück in ihre Heimatstädte und Dörfer. Dieses traurige Ereignis trug wesentlich zur Verbreitung der neuen Sushi-Spezialität bei. In Japan ist die Sushi-Zubereitung immer noch eine Domäne der Männer. Denn hier ist man der Überzeugung, dass die Körpertemperatur von Männerhänden idealer für die Zubereitung ist, als die der Frauen. Sushi wird nicht nur unter geschmacklichen Aspekten zusammengestellt, sondern auch die Ästhetik der kleinen Häppchen ist von größter Bedeutung.

Unter anderem werden folgende Formen unterschieden:

Nigiri-Sushi
Dabei wird der Reis zu einem rundovalen Reisbällchen geformt. Darauf legt man ein Stück Fisch oder eine andere Zutat.

Nori-Maki
ist ein Röllchen aus Alge und Reis, in deren Mitte sich Fisch oder Gemüse befindet.

Ura-Maki
Darunter versteht man eine Sushi-Rolle, die von Reis umgeben ist. Daran haftet Sesam oder Fischrogen.

Temaki Sushi
sind mit Fisch oder Gemüse gefüllte „Tütchen".

Grundzutaten:
Sushi-Reis
Kome, Ketan oder Nikishi, ein Rundkornreis mit speziellen Klebeeigenschaften. Es ist nicht ganz einfach den Reis auf den Punkt zu garen.

Sushi-Zu
ist eine Würzmischung für den Reis. Enthalten sind Reisessig, Reiswein, Zucker und Salz.

Nori-Blätter
Aus zerkleinertem, gepresstem und leicht geröstetem Seetang.

Krebse / Fisch
Natürlich müssen wir auf die Qualität allerhöchsten Wert legen, wenn wir sie ungegart verwenden wollen.

Gemüse
Hier kommen verschiedene Gemüse in Frage. Klassisch sind Gurke, Karotte und Avocado.

Shogu
Sojasauce nimmt man zum Dippen der Sushi. Am besten eignet sich dunkle Sojasauce.

Wasabi
Farce aus japanischem grünem Meerrettich, der viel schärfer ist als unser europäischer.

Gari
Ingwer, der in feine Scheiben geschnitten wurde und süß-sauer eingelegt ist. Er wird traditionell zwischen den einzelnen Häppchen gegessen.

Abura-age
Tofufladen, die frittiert, gesüßt und mit gesäuertem Reis gefüllt werden. Solche Sushi nennt man Inari-Sushi.

SUSHI

Anleitung der „Sushi TSU"
www.sushi-tsu.de

GARI – Ingwer selber einlegen

3	Ingwerknollen
1/2 l	Reisessig
350 g	Zucker
2 EL	Salz
1 l	Wasser

Große Ingwerknollen schälen und in dünne Scheiben hobeln oder schneiden. Die Scheiben blanchieren, in ein Sieb abgießen und in Eiswasser abschrecken. Danach gut abtropfen lassen. Für den Sud den Reisessig, Zucker und Salz mit 1 Liter kochendem Wasser angießen. Diese Marinade kalt werden lassen und den Ingwer mindestens 48 Stunden darin ziehen lassen. Gut verschlossen und kühl aufbewahrts, hält sich der Ingwer in der Marinade mehrere Wochen.

Reis für Sushi kochen

Als Basisbestandteil eines Sushigerichts kommt dem Reis eine tragende Bedeutung zu. Wie schon erwähnt, sollte man Reissorten nutzen, die speziell für Sushi gezüchtet worden sind.

Perfekter Sushi-Reis hat eine leichte Klebeeigenschaft, sodass man ihn gut formen kann. Seine Konsistenz soll stückig sein, jedoch zart, sodass er nicht gebissen oder gekaut werden muss. Traditionell wird das folgendermaßen erreicht: Zunächst wird der Reis gewaschen. Dazu gibt man ihn in eine Schale und mengt ihn durch. Das trübe Wasser wird abgegossen. Diesen Vorgang wiederholt man so lange, bis das Wasser klar bleibt. Jetzt das Wasser wieder abgießen und den Reis ca. 1/2 Stunde trocken ruhen lassen.

Um den Reis zu kochen, geben wir die Reiskörner in einen gut verschließbaren Topf und fügen das 1 1/2-fache Volumen Wasser hinzu. Zum Würzen legt man einen Streifen Kombualge dazu. Dann führt man langsam Hitze zu und bringt das Ganze vorsichtig zum Kochen. Nun die Kombualge entfernen und den Reis bei niedriger Temperatur zehn Minuten dämpfen. Dabei den Deckel des Topfes geschlossen halten. Nun den Topf von der Herdplatte nehmen und bei immer noch geschlossenem Deckel weitere zehn Minuten ziehen lassen. Danach den Reis in eine Holzschüssel gießen und die Würzmischung Sushi-zu einrühren.

Unter fünf Tassen ungekochten Reis hebt man sieben bis neun Esslöffel der Flüssigkeit. Damit der Reis bei diesem Vorgang schneller abkühlt, nimmt ein echter Sushi-Meister einen Fächer zur Hand.

Sushi-Reis

220 g	japanischer Rundkornreis
500 ml	Wasser
2 EL	Reisessig
1 EL	Mirin (japanischer Reiswein)
1 TL	Salz
1 EL	Zucker

Zubereitung

Den Reis in einem Sieb unter fließendem Wasser solange waschen bis das abgehende Wasser klar aussieht. Den Reis dann mit dem Wasser in einen Topf geben und aufkochen lassen. Den Reis dann bei milder Hitze 3–4 Minuten köcheln. Den Herd ausschalten und den Reis auf der warmen Platte 10 Minuten nachquellen lassen. Alle übrigen Zutaten mischen, gleichmäßig unter den Reis heben und die klebrige Mischung bis zur Verwendung mit Klarsichtfolie abdecken.

Temaki-Sushi (handgerollte Sushi-Tüten)

400 g	gekochten Sushi-Reis
12	Noriblätter (auf eine Seitenlänge von 12 x 12 cm geschnitten)
400 g	frische Garnelen
1	Karotte, geschält
1/4	Salatgurke, geschält und entkernt
1/3	weißer Rettich, geschält
50 g	Wasabi-Mayonnaise

Sojasauce
eingelegter Ingwer

Zubereitung

Schneiden Sie das Gemüse mit einem Julienneschneider in dünne Streifen. Legen Sie jeweils ein Noriblatt mit einer Spitze nach unten auf eine Ihrer Handflächen. Mit der anderen Hand formen Sie ein lockeres längliches Reisbällchen und legen es in die Mitte des Algenblattes. Bestreichen Sie den Reis mit Wasabi-Mayonnaise und belegen Sie ihn mit Gemüsejulienne und Garnelen. Schließen Sie das Noriblatt indem Sie es zu einer spitzen Tüte zusammenrollen. Befeuchten Sie den Rand mit etwas Wasser und kleben Sie die Enden zusammen, damit die Reistüte geschlossen bleibt. Servieren Sie die Temakis mit Sojasauce und eingelegtem Ingwer.

Nigiri-Sushi (handgeformte Sushi-Happen)

400 g	gekochten Sushi-Reis
75 g	frischen, rohen Lachs
75 g	frischen, rohen Thunfisch
75 g	frische, rohe Garnelen
30 g	Wasabipaste

Sojasauce
eingelegter Ingwer

Zubereitung

Nigiri-Sushi sind relativ einfach herzustellen. Der lauwarme Sushi-Reis wird mit befeuchteten Händen zu einem ovalen Reisbällchen gerollt. Schneiden Sie den Fisch und die Garnelen in schmale, flache Streifen. Bestreichen Sie die Oberseite des Reisbällchens mit ein wenig Wasabipaste und belegen Sie das Ganze mit den Fisch- bzw. Garnelenstreifen. Servieren Sie die Nigiri-Sushi mit Sojasauce und eingelegtem Ingwer.

Uramaki-Sushi oder California Rolls (Inside-out-Sushi)

400 g	gekochter Sushi-Reis
4	Noriblätter, geviertelt
4 Stücke	Surimi (Krebsfleischersatz)
1/2	Avocado, geschält und entkernt
1/4	Salatgurke, geschält und entkernt
50 g	Wasabi-Mayonnaise
je 20 g	weißer und schwarzer Sesam (geröstet und gemischt)
20 g	Tobiko-Kaviar mit Wasabi
	Sojasauce
	eingelegter Ingwer

Zubereitung

Schneiden Sie das Gemüse mit einem Julienneschneider bzw. einem scharfen Messer in dünne Streifen. Umwickeln Sie Ihre Rollmatte mit Klarsichtfolie oder legen Sie Folie auf Ihr Handtuch. Legen Sie ein halbes Noriblatt auf die obere Hälfte der Matte bzw. des Handtuchs. Verteilen Sie 1/8 des Reis' gleichmäßig auf dem Algenblatt, ohne dabei die Reiskörner zu verdrücken und bestreuen Sie das Ganze mit dem gerösteten Sesam. Schlagen Sie die untere Hälfte der Matte bzw. des Handtuchs über den Reis und wenden Sie das Ganze um, sodass sich die Seite des Noriblattes oben befindet, die noch nicht mit Reis bedeckt ist. Bestreichen Sie das Noriblatt wie beim Maki-Sushi an der Ihnen zugewandten Seite quer von rechts nach links mit Wasabi-Mayonnaise. Legen ein Surimi (geviertelt), Gemüse und Avocado in einer Reihe der Mayonnaise folgend auf das Noriblatt. Rollen Sie das Ganze, wie bei einem Maki-Sushi auf, sodass sich die Reisschicht außen befindet, und verschließen Sie die beiden Enden bei Bedarf mit etwas Wasser. Schneiden Sie die California Rolls mit einem scharfen Messer in Scheiben und servieren Sie die Sushi mit Sojasauce, Tobiko-Kaviar und eingelegtem Ingwer.

Nori-Maki (Sushiröllchen)

4	Noriblätter (getrockneter, geröstete Seetangblätter)
400 g	vorbereiteter Sushi-Reis
1	Karotte, geschält
1/4	Salatgurke, geschält und entkernt
125 g	frische(r), rohe(r) Thunfisch, Lachs,

	Jacobsmuscheln, Garnelen o.ä. (Sushiqualität!)
1/2	Avocado, geschält und entkernt
50 g	Mayonnaise (wenn möglich selbst gemacht)
1 Msp.	Wasabipaste (japanischer Meerrettich)

Sojasauce
eingelegter Ingwer
Wasabipaste

Zubereitung

Schneiden Sie das Gemüse, die Avocado und den Fisch in dünne Längsstreifen (Julienne). Am besten geht dies mit einer Mandoline (verstellbarer Schneidehobel). Verwenden Sie für den Fisch ein gesondertes, sauberes Schneidebrett und ein sehr scharfes Messer. Stellen Sie den geschnittenen Fisch bis zur Verwendung wieder kalt. Mischen sie die Mayonnaise mit der Wasabipaste und würzen Sie, bei Bedarf, mit Salz nach.

Legen Sie ein Noriblatt auf eine dafür vorgesehene Bambusmatte (Makisu) oder auf ein Handtuch, das Sie mit einem Stück Klarsichtfolie bedeckt haben. Befeuchten Sie ihre Fingerspitzen in einer Schale mit kalten Wasser und streichen Sie das Algenblatt zuerst sehr sparsam mit ein wenig Wasser (Pinsel), dann mit einer dünnen Schicht Sushi-Reis ein. Lassen Sie an dem gegenüberliegenden Rand einen Streifen des Noriblattes frei. 3 cm vom Rand, der Ihnen zugewandten Querseite des Noriblattes, streichen Sie dann mit einem Teelöffel eine Schicht der Wasabi-Mayonnaise von links nach rechts. Legen Sie diesem Streifen folgend vorsichtig Gemüse, Avocado und Fisch auf. Sie sollten von allem nur eine relativ geringe Menge verwenden, damit der Anschnitt der Sushi-Rolle beim Servieren gut aussieht. Mit Hilfe der Bambusmatte oder der Klarsichtfolie rollen Sie das Sushi nun von der Ihnen zugewandten Seite auf. Befeuchten Sie den reisfreien Endstreifen des Noriblattes mit etwas Wasser und schließen Sie die Rolle mit sanftem Druck. Achten Sie darauf, das Noriblatt fest einzurollen, damit das Sushi genug Halt hat. Schneiden Sie die Maki-Rolle mit einem sehr scharfen Messer in ca. 2 cm breite Scheiben und servieren Sie die Sushi mit Sojasauce, eingelegtem Ingwer, Wasabi und einem Glas Sake.

Kevin Fehling

Kevin Fehling hat im Laufe seiner Karriere schon einige gute Häuser durchlaufen. Ganz in traditioneller Kochmanier nimmt er auf seinen Steifzügen durch deutsche Meisterküchen bei seinen Kollegen und Ziehvätern viel Know-how mit und entwickelt dabei seinen persönlichen Kochstil. Ganz zu Anfang seiner Karriere steht Kevin Fehling im Parkhotel und im Restaurant L' Echalotte in Bremen am Herd. 2001 wechselt er als Chef des Italien Restaurant auf die MS Europa und fährt für ein Jahr um die Welt. Danach zieht es ihn wieder in die alte Heimat im Norden der Republik. In Hamburg kocht Fehling im Restaurant Wollenberg einen Stern, bevor er als zweiter Mann an die Herdfront von Küchenchef Wahabi Nouri (Restaurant Piment) wechselt. Hier erlernt er das besondere Gefühl für Aromen und das Jonglieren mit exotischen Gewürzen, das seinen Kochstil bis heute prägt. 2004 führt Kevin Fehlings Weg ihn noch einmal zu einem der ganz Großen im Geschäft: als Garde Manger und Poissoner in Harald Wohlfahrts Schwarzwaldstube eröffnet sich dem jungen Koch eine weitere Perspektive seines Schaffens. Von Altmeister Wohlfart lernte Kevin Fehling aus einem gegebenen Produkt das Beste herauszuholen und bis zu vollendeter Perfektion zu führen. Ende des gleichen Jahres werden die Mühen seiner Wanderjahres belohnt und Fehling wechselt als Küchenchef in das Gourmetrestaurant La Belle Époque des Columbia Hotels Travemünde. Hier kocht er eine junge, französisch geprägte Küche mit regionalem Schwerpunkt. Mit seinen Kreationen will Fehling Traditionelles neu interpretieren und den Gast immer ein bisschen überraschen. Verkrampft kreativ soll es dabei aber nicht zugehen. Dem Michelin ist das einen Stern wert.

Nils Henkel

Mittlerweile kennt jeder die Geschichte: Nils Henkel wollte eigentlich gar nicht Koch werden. Eigentlich wollte er eine Tischlerlehre machen, dann Architektur studieren. Glücklicherweise hat er sein Herz an die Küche verloren. Mit Siebzehn beginnt er seine Lehre im Hotel und Restaurant Voss Haus in Eutin. Dann zieht es ihn für einige Jahre nach Hamburg, wo er im Landhaus Scherrer und anderen renommierten Häusern kocht. Von 1995–1997 arbeitet Nils Henkel im Restaurant Valkenhof in Coesfeld. Seine Karriereschritte macht er schnell: Demi-Chef, Chef de Partie, Sous-Chef. 1997 wechselt er als Sous-Chef zu Dieter Müller in das Schlosshotel Lerbach in Bergisch Gladbach. Als Koch strebt Nils Henkel ständig danach sich weiterzubilden: 1999 macht er seinen Küchenmeister und die Ausbildereignungsprüfung. Seit 2004 ist er Küchenchef in Lerbach. Nils Henkel ist ein kreativer Denker: Rezepte pinnt er auf kleine Schmierzettel, unterwegs benutzt er einen Pocket-PC. Zusammen mit Dieter Müller kocht er in Bergisch Gladbach gehobene französische Küche mit mediterranen und asiatischen Einflüssen. Henkel verbindet außergewöhnliches Talent mit großer Kreativität und Fleiß. Seit 2006 ist er Mitglied der Jeunnes Restaurateurs Deutschland. Er ist Dieter Müllers rechte Hand. Trotz, oder gerade wegen Müllers langem Schatten, hat er seinen eigenen Stil gefunden: er liebt Aromaten, mediterrane Zutaten wie Tintenfisch, Langustinos, frische Kräuter und Olivenöl. Nils Henkel strebt nach Jahren der Berufserfahrung immer noch nach der Entdeckung neuer Produkte und innovativer Kombinationsmöglichkeiten traditioneller Komponenten.

Dieter Müller

Die Liebe zur Gastronomie haben ihm die Eltern 1948 bereits in die Wiege gelegt. Schon mit zarten acht Jahren steht Dieter Müller mit dem Vater im elterlichen Restaurant im Badischen am Herd, obwohl er eigentlich lieber Fußball gespielt hätte. Nach der Ausbildung kocht er bei der Bundeswehr, dann klassische französische Küche in der Schweiz. Zusammen mit seinem Bruder Jörg revolutioniert Dieter Müller Anfang der 70er Jahre in den Schweizer Stuben die deutsche Küche: die Nouvelle Cuisine ist der aktuelle Trend. Nach nur einem Jahr kommt 1974 der erste Michelinstern. Drei Jahre später der zweite. 1981 eröffnet Jörg Müller sein Restaurant auf Sylt und übergibt seinem Bruder Dieter die alleinige Führung der Schweizer Stuben, die er bis 1990 als Küchenchef leitet. In dieser Zeit wird er zweimal Koch des Jahres, der Restaurantführer Gault Millau ehrt ihn mit 19,5 Punkten. Mit dieser Wertung bleibt er bis heute unter den deutschen Köchen ungeschlagen. Nach diesen Erfolgen geht Dieter Müller für zwei Jahre auf Wanderschaft. Er kocht in Thailand, Japan, Australien, Amerika und Frankreich. Zurück in der Heimat erfüllt er sich einen Traum: er eröffnet sein Gourmet-Restaurant Dieter Müller im Schlosshotel Lerbach in Bergisch Gladbach. In den beiden Folgejahren schenkt der Guide Michelin dem Restaurant jeweils einen Stern. 1997 den Dritten. In ganz Deutschland gibt es zu dieser Zeit nur zwei weitere Köche, die diese Auszeichnung tragen. 2002 erfüllt sich für Dieter Müller der Traum aller Köche: in allen Gastronomieführern wird er mit der Bestnote ausgezeichnet. Seit 2005 können Kochbegeisterte die Geheimnisse der Lerbacher Schlossküche in der hauseigenen Kochschule beschnuppern und sich in die Tricks des besten Kochs Deutschlands einweihen lassen. Dieter Müller ist Autor zahlreicher international ausgezeichneter Kochbücher.

Olaf Niemeier

Olaf Niemeier war lange unterwegs. Über zwei Jahrzehnte ist er als Koch um die Welt gereist. Auf seiner Wanderschaft lernt er viel über fremde Kulturen und macht nebenher auch noch Karriere als Medienstar. In Asien treibt Niemeier sich lange herum: Indien, Shanghai, Hongkong und Taiwan sind einige seiner Stationen. Aber auch in Boston und New York ist er zuhause. In New Delhi kocht Olaf Niemeier im schicken Ressorthotel Oberoi, nebenbei steht er als TV-Koch in der Show „Good Morning India" vor der Kamera. 2001 kommt der gebürtige Düsseldorfer zurück nach Deutschland. Seit der Eröffnung des Side, des ersten Hamburger Design Hotels, führt Olaf Niemeier als Küchenchef das hauseigene Restaurant fusion. Der Name ist hier Programm. Seine Wanderjahre als Koch in den Top-Küchen Asiens machen Olaf Niemeier zu einem Spezialisten in Sachen euro-asiatischer Fusion Cuisine. Er kennt nicht nur Techniken, Geräte, Zutaten und Gewürze der asiatischen Kuche aus persönlicher Erfahrung, sondern versteht es auch wie kein Anderer, diese fremden Einflüsse mit einer traditionellen gehobenen Küche europäischer Prägung auf authentische und gleichzeitig innovative Weise zu verbinden. Olaf Niemeier liebt es scheinbar, Unvereinbares auf verblüffende Weise zu verschmelzen. Sein kunstvolles Styling und die ungewöhnlichen Kombinationen auf seinen Tellern haben ihm den Beinamen „Chef Picasso" eingebracht. Wenn das kein Kompliment ist!

Jens Rittmeyer

Seine Karriere beginnt, wie bei Dieter Müller, im Badischen. Nach Ausbildung, Bundeswehr und erster Berufserfahrung zieht er weiter ins Rheinland. 1997 kocht er im Hotel im Wasserturm in Köln, danach im Restaurant Victorian in Düsseldorf, das mit einem Michelinstern ausgezeichnet ist. 2000 wechselt Jens Rittmeyer zu Dieter Müller ins Schlosshotel Lerbach in Bergisch Gladbach. Zwei Jahre bleibt er dort und erlernt die große Küchenkunst, die der Michelin mit drei Sternen ehrt. Die ersten Auslandserfahrungen erkocht er sich seit 2002 in Portugal. Zuerst in der Vila Joya (2 Sterne) und seit vier Jahren im Restaurante São Gabriel (1 Stern). Im logischen Zentrum seiner Küchenphilosophie steht für Jens Rittmeyer das Produkt in seiner naturbelassenen Ursprünglichkeit. Weder Zusatzstoffe noch Geschmacksverstärker finden in seiner modernen, leichten Küche Raum. Er setzt auf regionale Produkte der portugiesischen Algarve und arbeitet eng mit Bauern und Züchtern in nächster Umgebung seines Restaurants zusammen. Fisch und Meeresfrüchte bezieht er aus Sagres, einem der besten europäischen Fischmärkte. So kann er seinen Gästen ein Höchstmaß an Frische garantieren.

Götz Rothacker

Götz Rothacker ist einer der besten Köche in Schleswig-Holstein. Um so gut zu werden, ist er viel herumgereist und hat in einigen namhaften Häusern Deutschlands und der europäischen Nachbarn gekocht. Ganz zu Anfang seiner Karriere ist er bei Berthold Bühler in Essen, danach im Hotel Bareiss in Baiersbronn. 1994 kommt er in Harald Wohlfahrts Schwarzwaldstuben. Rothacker geht in die Schweiz und nach Frankreich, bevor er 1996 seine Prüfung zum Küchenmeister mit Auszeichnung besteht. Danach erkocht er die ersten Sterne: zwei im Jöhri's Talvo in Sankt Moritz, einen im Königshof in München, und einer in der Ermitage am See in Küsnacht. In jedem dieser Häuser war er als Küchenchef verantwortlich.

2006 holt die Hamburger Hotelier-Familie Lindtner Rothacker in ihr Seehotel Töpferhaus in Alt Duvenstedt. Im Gourmet-Restaurant bietet Götz Rothacker seinen Gästen eine klassisch französische Küche mit regionalen Einflüssen: klar, geradlinig und aromenbetont.

Bernd Stollenwerk

Seit 1997 ist Bernd Stollenwerk der kreative Kopf in der Küche des Gutes Lärchenhof in Pulheim bei Köln. Als Kölscher Jung lernt er nach eigener Aussage bei seiner Mutter die Grundlagen der guten Küche. Zum Beispiel wie man ihren legendären Sauerbraten zubereitet. Nur wer die einfachen Dinge und die Basiszubreitungen in der Küche beherrscht, hat nach Stollenwerks Meinung auch das Zeug zum großen Koch. Denn alles Große hat seinen Ursprung im Kleinen.

Nach seiner Ausbildung in Köln geht er nach Hamburg, wo er im Landhaus Scherrer und im Le Canard am Herd steht. Aber als echten Rheinländer zieht es ihn zurück in die Heimat. 1993 erkocht er einen Michelin-Stern für das Ambience am Dom. Vier Jahre später wechselt er zu Peter Hesseler nach Pulheim. Die Golfer, die auf dem Platz von Gut Lärchenhof spielen, mögen es eher deftig. Kein Problem für Stollenwerk. Seine Bistrokarte bietet bodenständige Kreationen wie Frikadellen mit Kartoffelsalat und Currywurst mit Pommes. Aber Bernd Stollenwerk wäre kein großer Koch, wenn er diesen einfachen Gerichten nicht einen besonderen Pfiff verleihen würde. Die Currywurst ist eine regionale Handarbeit aus Kalbfleisch und die Currysoße zur Wurst bereitet der Chef persönlich nach seinem eigenen Rezept zu. Für anspruchsvolle Genießer serviert Bernd Stollenwerk aufwendige Menüs einer regionalen Küche mit französischen Einflüssen von einer gesonderten Karte. Alle Gäste versammeln sich unter einem Dach, alle Gerichte kommen aus einer Küche. Bernd Stollenwerk führt hier das Regiment. 1998 hat der Guide Michelin ihm für seine kulinarischen Leistungen einen Stern verliehen.

Joachim Wissler

Er ist einer der ganz Jungen auf dem Olymp der deutschen Köche, die es zu drei Michelinsternen gebracht haben. Dazu gehört so einiges. Aber Joachim Wissler sucht sich schon als Teenager die richtigen Lehrmeister aus: Er stammt aus einer Gastronomenfamilie, die Ausbildung zum Koch absolvierte er in der Traube Tonbach bei Harald Wohlfahrt. Eine Zeitlang kocht er danach in verschiedenen Restaurants im Badischen. 1988 macht er seinen Küchenmeister. 1991 bekommt er seine erste Stelle als Küchenchef im Restaurant Marcobrunn auf Schloss Reinhartshausen im Rheingau. Von da an macht er steile Karrieresprünge: 1993 kommt der erste Michelinstern, zwei Jahre später der zweite. Als Gourmet-Hotelier Thomas Althoff 2000 sein Grandhotel Schloss Bensberg in Bergisch Gladbach eröffnet, holt er Joachim Wissler mit ins Boot. Innerhalb der ersten zwei Jahre erkocht er als Küchenchef des hauseigenen Restaurants Vendôme zwei Sterne und zuerst 18, dann 19 Punkte im Gaullt Millau. 2004 ist Wissler jüngster Drei-Sternekoch Deutschlands. Und das hat seine Gründe: Joachim Wissler liebt die Klarheit der Aromen. Er verbindet Gegensätzliches auf raffinierte Weise. Wissler kombiniert gehobene französische Küche mit regionalen Einflüssen. Für ihn beginnt die Kochkunst bei seinen Produkten. So belegt Wissler in der Praxis, dass bäuerliche Produkte neu durchdacht eine tragende Rolle in der Topgastronomie spielen können.

Zutaten

3	Europäische Hummer à 600 g

Zitronenöl (Akriverde)
Meersalz

Bulgur

50 g	Bulgur

Arganienöl

2	Limonenblätter
50 ml	Gemüsebrühe

Raz el Hanout, Curry, Fünf-Gewürz-Mischung, Salz, Pfeffer

1	kleine Zucchini
1	rote Paprika
1	Zweig Blattpetersilie, in Julienne
10	geschälte Erdnüsse

Pflanzenöl

Wasabi-Erbsencreme

50 g	Schalotten, in feinen Streifen
20 g	Butter
200 ml	Geflügelfond
100 ml	Sahne
300 g	Erbsen (TK)

Wasabi-Paste
Salz, Pfeffer
Zucker

Kokosmilchwolke

250 ml	Milch (1,5 % Fett)
100 ml	Kokosmilch, aus der frischen Kokosnuss
70 g	getrocknete Kokosflocken
1,5 g	Lecithin

Salz, Zucker

Zubereitung

Für den Hummer einen großen Topf mit gesalzenem Wasser zum Kochen bringen, und die Hummer kopfüber hineingleiten lassen. 6 Minuten bei reduzierter Temperatur garen. Danach in Eiswasser abschrecken. Die Scheren vom Körper lösen und für weitere 3 Minuten in heißem Wasser garen, erneut abschrecken. Hummerschwanz und -schere aus dem Panzer lösen und anschließend in gleichmäßige Scheiben schneiden, bis zur späteren Verwendung kühl lagern.

Den Bulgur mit ein paar Tropfen Arganienöl vermengen und bei mittlerer Temperatur in einer Pfanne kurz erhitzen. Gewürze und Limonenblätter zugeben und mit der Hälfte der Gemüsebrühe auffüllen. Den Bulgur 15 Minuten zugedeckt ruhen lassen, anschließend mit der restlichen Gemüsebrühe auffüllen, erneut 10 Minuten zugedeckt ruhen lassen. Paprika schälen und 1/3 in feine Würfel schneiden. Mit der äußeren Schicht der Zucchini ebenso verfahren. Die Zucchini- und Paprikawürfel in Olivenöl anschwitzen, Bulgur und die Petersilienjulienne dazugeben, vermischen und beiseitestellen.

Für die Wasabi-Erbsencreme Schalotten in Butter glasig dünsten und mit Sahne und Geflügelfond auffüllen. Den Fond mit der Sahne auf die Hälfte reduzieren und mit den Erbsen auffüllen und aufkochen lassen. Die Erbsen in einem Mixer pürieren und durch ein feines Sieb streichen. Mit Wasabi, Salz, Pfeffer und Zucker abschmecken.

Für die Kokosmilchwolke die Kokosflocken in einer Pfanne bei mittlerer Hitze leicht rösten und mit der Milch auffüllen. Abgedeckt 15 Minuten ziehen lassen, dann durch ein feines Sieb passieren und mit der Kokosmilch und Lecithin aufkochen. Mit Salz und Pfeffer abschmecken, abkühlen lassen und mit einem Stabmixer aufschäumen.

Zum Anrichten 2 Esslöffel Erbsencreme in ein Glas füllen und eine Schicht Bulgur auf die Creme streichen. Die Hummerscheiben zu einer Rosette obenauf legen und mit Zitronenöl leicht marinieren, mit Salz und Pfeffer würzen. Den Kokosschaum in der Mitte der Rosette platzieren.

Zutaten

8	frische Langoustinen (Kaisergranat)
1	Zitrone
3 EL	mildes Olivenöl

Meersalz, weißer Pfeffer aus der Mühle

Avocadostampf

1	reife Avocado
1	Limone
1 Spritzer	Olivenöl
1 Spritzer	Tabasco
1 Spritzer	Läuterzucker

Meersalz, Cayennepfeffer

Waldmeistercreme

140 ml	Milch
10 g	Waldmeister, gefroren
2	Limonenblätter
110 g	Crème fraîche

Salz, Pfeffer

Zubereitung

Das Langoustinenfleisch aus dem Panzer lösen und 4 Stück für einen späteren Zeitpunkt kalt stellen. Die anderen Langoustinen der Länge nach halbieren und den Darm entfernen. Das Fleisch gleichmäßig in einen reißfesten Gefrierbeutel flach auslegen und mit einem Plattiereisen behutsam dünn klopfen und dann gefrieren.

Das Avocadofleisch mit einer Gabel leicht zerdrücken. Mit Olivenöl, Limonensaft und Tabasco marinieren und mit Läuterzucker, Meersalz und Cayennepfeffer abschmecken.

Für die Waldmeistercreme die Milch auf 40° C erhitzen und den gefrorenen, klein geschnittenen Waldmeister und die Limonenblätter zugeben. Das Ganze dann 6–7 Minuten zugedeckt ziehen lassen. Anschließend die Milch passieren und die Crème fraîche einrühren. Mit Salz und Pfeffer abschmecken.

Zum Anrichten die gefrorene und nun feste Langoustinen-Platte mit einem Metallring ausstechen. Olivenöl und Zitronensaft verrühren, und die Teller in der Mitte damit bestreichen. Das Carpaccio gefroren auf die Teller setzen, und die Oberfläche mit dem zuvor verrührten Zitronensaft und Olivenöl marinieren. Mit Meersalz und weißem Pfeffer leicht würzen. Die Waldmeistercreme um das Carpaccio verteilen. Avocadostampf mit einem kleinen Ring in der Mitte anrichten.

Die Langoustinen in einer Pfanne mit geklärter Butter von beiden Seiten gold-gelb braten und mit Salz und Pfeffer würzen. Die glasig gebratenen Langoustinen auf den Avocado-Sockel setzen.

GERÖSTETES UND CARPACCIO UND WALDMEISTERCREME

Zutaten

2 Taschenkrebse à ca. 700 g

Taschenkrebssüppchen

50 g	Schalotten
je 100 g	Möhre, Sellerie, Lauch
50 g	Champignons
1 TL	Tomatenmark
200 ml	Noilly Prat
200 ml	Weißwein
1 l	Fischfond

Lorbeer
Estragon
Basilikum
Knoblauch
Sternanis
weißer und schwarzer Pfeffer

200 g	Sahne
20 g	Butter

Tabasco, Salz und Cayennepfeffer
1 Schuss weißer Portwein

Tatar

200 g Taschenkrebsfleisch
Schnittlauch, fein geschnitten
Zitronenöl
Olivenöl
Salz, Pfeffer

Aioli

1	Eigelb
80 g	Pflanzenöl
0,3 g	Safran
1/2	Knoblauchzehe, fein gehackt

Limonensaft
Salz, Cayennepfeffer

Melone

1 Cavaillon-Melone
Maldon-Salz
zerstoßener weißer Pfeffer

Wildkräutermischung von Essbare Landschaften

Zubereitung

Für die Taschenkrebse einen großen Topf mit gesalzenem Wasser zum Kochen bringen. Die Krebse in das kochende Wasser geben, Hitze reduzieren und 7 Minuten ziehen lassen. In Eiswasser abschrecken und auskühlen lassen. Beine und Scheren vom Körper lösen, mit einem Plattiereisen den Panzer vorsichtig aufbrechen, das Fleisch lösen, anschließend auf Panzersplitter kontrollieren und dann kühl lagern.

Die Taschenkrebs-Karkassen in kaltem Wasser säubern, dazu den Körper auseinanderbrechen und ausspülen. Karkassen gut abtropfen lassen, dann auf einem Blech im Ofen bei 180 °C rösten. Das klein geschnittene Gemüse in einem großen Topf mit Öl andünsten und Tomatenmark zugeben. Mit Weißwein und Noilly Prat ablöschen, aufkochen lassen, angeröstete Karkassen zugeben und mit Fischfond auffüllen. Erneut aufkochen, Kräuter und Gewürze beigeben und für 1 1/2 Stunden sieden lassen (nicht kochen). Anschließend den Fond passieren, auf 1 Liter reduzieren und mit Sahne auffüllen. Nochmals aufkochen lassen, die kalten Butterwürfel mit einem Stabmixer einmixen und mit Tabasco, Salz und Cayennepfeffer abschmecken.

Für den Taschenkrebstatar das ausgelöste und gekühlte Taschenkrebsfleisch grob schneiden und den Schnittlauch untermischen. Mit beiden Ölen, Salz und Pfeffer abschmecken.

Für die Aioli das Eigelb in einer Schüssel (ideal auf Eis) mit einem Schneebesen verrühren und tropfenweise das Öl einfließen lassen. Safran und gehackten Knoblauch dazugeben und mit Limonensaft, Salz und Pfeffer abschmecken.

Die Melone schälen, halbieren und entkernen. Das Melonenfleisch in ca. 2 cm dicke Scheiben schneiden und in einer beschichteten Pfanne anbraten. Die Scheiben in gleichmäßige Würfel schneiden und beiseitestellen.

Zum Anrichten den Taschenkrebstatar mithilfe eines Rings (4 cm Ø) in die Mitte des Suppentellers platzieren. Die Wildkräuter mit einer Vinaigrette nach Wunsch marinieren und dekorativ auf dem Teller anrichten. Die gebratenen Melonenwürfel an den Tellerrand setzen. Die erhitzte Suppe nochmals aufmixen, mit einem Schuss Portwein abschmecken und in die Teller füllen.

SÜPPCHEN UND TATAR VOM ... WILDKRÄUTERN UND SAFRAN-AIOLI

Zutaten

Seeigel-Bisque:
10	Seeigel à ca. 80 g
60 g	geschälte Schalotten
80 g	Butter
100 ml	Weißwein
100 ml	Noilly Prat
100 ml	Geflügelfond
100 ml	Krustentierfond
60 g	Crème fraîche

1 Lorbeerblatt, 1 Zweig Basilikum
Saft von 1/2 Limone
1 Schuss Champagner
Salz, Pfeffer

Seespinne:
1 Seespinne (ca. 2 kg)	
Meersalz	
40 g	Avruga-Kaviar

Spargel:
500 g	Spargel
20 g	Butter
Salz, Zucker	

Zubereitung

Die Seespinne in einem großen Topf mit gesalzenem Wasser zum Kochen bringen und 9 Minuten bei reduzierter Hitze garen. Dann in Eiswasser abschrecken und auskühlen lassen. Die Beine vom Körper lösen, und mit einer Küchenschere das Fleisch vorsichtig aus der Schale lösen. Das Fleisch in gleichmäßige Stücke schneiden (ca. 7 cm) und kühl lagern.

Die Seeigel mit einem Handtuch vorsichtig greifen und mit einer Schere um das „Auge" herum eine Öffnung schneiden. Den Seeigelsaft über einem feinen Sieb auffangen, und die roten Zungen behutsam mit einem Espressolöffel vom Panzer lösen.

Die Schalotten in feine Streifen schneiden und mit 20 g Butter in einem Topf farblos anschwitzen. Weißwein und Noilly Prat zugeben und fast komplett einkochen. Geflügel- und Krustentierfond zugießen und aufkochen lassen. Crème fraîche und Kräuter beigeben und 10 Minuten ziehen lassen. Die restlichen kalten Butterwürfel mit einem Stabmixer nach und nach einmixen, und das Ganze anschließend passieren. Die Bisque mit Champagner, Limonensaft sowie Salz und Pfeffer abschmecken.

Den Spargel schälen und mit Salz und Zucker in kochendem Wasser gar kochen und in Eiswasser abschrecken. Einen Teil des Kochfonds aufbewahren. Die Spargelstangen in 1 cm dünne Scheiben schneiden und auf 8 cm Länge kürzen. Zum Anrichten die Spargelscheiben in einer Sauteuse mit 20 g Butter und etwas Spargelfond erhitzen. Wieder herausnehmen und auf einem Teller zu einem Rechteck anrichten. Die Seespinnenbeine ebenfalls im Fond leicht erwärmen und auf den Spargel setzen.

Die Seeigel-Bisque erhitzen, und die Seeigelzungen sowie die Hälfte des Seeigelsaftes einmixen. Den Avruga-Kaviar gleichmäßig um den Spargel dressieren. Die fertige Bisque in eine Espressotasse oder in die ausgewaschenen Seeigel-Hohlkörper einfüllen, auf den Teller setzen und servieren.

SEESPINNENBEINE AUF SPARGEL MIT AVRUGA-KAVIAR UND SEEIGEL-BISQUE

252

Zutaten

4	Bärenkrebse

Vinaigrette

3	Zitronengrasstangen
60 ml	Portwein, weiß
60 ml	Noilly Prat
100 ml	Wasser
2	Korianderzweige
40 ml	Balsamico, weiß
40 ml	Pinienkernöl
40 ml	Traubenkernöl
1 Msp.	Limonenschalen, gerieben und getrocknet

Salz, Pfeffer, Zucker

80 g	Tobiko-Kaviar mit Wasabi

Salat

1/2	grüne Papaya

Salz, Bergpfeffer

Kartoffelgitter

1	Kartoffel, mehlig
1 EL	geklärte Butter

Korianderöl

200 ml	Rapsöl
1/2 Bund	Koriander
1/2 Bund	Petersilie

Meersalz

Zubereitung

Die Bärenkrebse in kochendes Salzwasser geben und bei reduzierter Hitze etwa 3 Minuten ziehen lassen. Danach die Krebse aus der Schale brechen und den Darm entfernen.

Für den Salat muss frühzeitig die Vinaigrette zubereitet werden. Dafür das Zitronengras in feine Scheiben schneiden und mit Portwein, Noilly Prat, Wasser und Korianderzweigen kurz aufkochen. Diesen Fond über Nacht ziehen lassen.

Am nächsten Tag passieren, mit weißem Balsamico, Pinienkernöl und Traubenkernöl vollenden und mit Salz, Pfeffer, Zucker und Limettenschale abschmecken. Nun die grüne Papaya schälen, in dünne Streifen schneiden und mit der Zitronengras-Vinaigrette, Salz und etwas Bergpfeffer für etwa 1 Stunde marinieren.

Für die Zubereitung der Kartoffelgitter die Kartoffel schälen und in dünne Streifen schneiden. Diese mit etwas geklärter Butter vermengen und als Gitter auf eine Silikonmatte legen. Mit einer weiteren Matte abdecken und im Backofen bei 180 °C etwa 4–5 Minuten goldgelb backen.

Für das Korianderöl wird das Rapsöl zusammen mit dem Koriander, der Petersilie und etwas Meersalz püriert und das grüne Öl anschließend langsam durch ein feines Sieb gegossen.

Zum Anrichten portioniert man den Papayasalat als Viereck auf dem Teller und setzt darauf den warmen Krebsschwanz. Nun den Tobiko-Kaviar mit etwas Vinaigrette vermischen und auf dem Teller verteilen. Zum Schluss etwas Korianderöl darüber träufeln und das knusprige Kartoffelgitter dazugeben.

VARIATION VON DER KÖNIGSKRABBE MIT EINGELEGTEM RETTICH

Zutaten

Gelee-Cannelloni
200 ml	Krustentierfond, hell und klar
1 Blatt	Gelatine
2 g	Agar-Agar
80 g	Königskrabbenfleisch
1 TL	Krustentier-Mayonnaise

Zitronensaft, Koriandergrün
Salz, Piment d´Espelette

Maccaroni-Chartreuse
10	Maccaroni, gekocht
80 g	Königskrabbenfleisch
2 EL	Krustentierfarce

Koriandergrün
Salz, Pfeffer
Metallringe (Ø 3 cm)

20	Rettichscheiben, süßsauer eingelegt (siehe separates Rezept)

Königskrabbensalat im Filloteig
1/2	Avocado
60 g	Königskrabbenfleisch

Limonen-Olivenöl
Salz, Pfeffer

4	WanTan-Teigringe (Ø 3 cm)

Krustentierschaum (siehe separates Rezept)

Krabbenmousse
300 ml	Krustentierfond, rot
50 g	Königskrabbenfleisch
2 Blatt	Gelatine
50 g	Sahne

kleine Riegelformen

Garnitur
2 Pack.	Shisokresse, rot und grün
2 EL	Korianderöl
2 EL	Koriandermayonaise

Zubereitung

Für die Zubereitung der Gelee-Cannelloni den klaren Krustentierfond mit Agar-Agar 2 Minuten kochen lassen. Danach vom Herd nehmen und die zuvor eingeweichte Gelatine darin auflösen. Die Mischung nun durch ein feines Sieb auf ein flaches Kunststoffblech passieren und abkühlen lassen. Für die Füllung das Königskrabbenfleisch würfeln und mit der Krustentier-Mayonnaise vermischen. Mit Zitronensaft, gehacktem Koriander, Salz und Piment d´Espelette würzig abschmecken. Das abgekühlte Krustentiergelee in gleichmäßige Rechtecke schneiden, mit dem Krabbensalat füllen und zu Cannelloni zusammenrollen.

Für die Maccaroni-Chartreuse zunächst die Maccaroni auf 3 cm Länge schneiden und gebutterte Metallringe damit auskleiden. Das Königskrabbenfleisch mit der Krustentierfarce vermischen und mit Salz, Pfeffer und gehacktem Koriander abschmecken. Die Masse in die Maccaroni-Ringe füllen, glatt streichen und zum Servieren fünf Minuten bei 90 °C im Dampf garen.

Für die Zubereitung des Königskrabbensalates das Königskrabbenfleisch in feine Würfel schneiden. Die Avocado mit einer Gabel zerdrücken und mit dem gewürfelten Krabbenfleisch vermischen.

Anschließend mit Salz, Pfeffer und etwas Limonen-Olivenöl abschmecken und zum Anrichten zur Hälfte in die WanTan-Teigringe füllen.

Für das Krabbenmousse den roten Krustentierfond zunächst um die Hälfte reduzieren. Das Königskrabbenfleisch mit der Reduktion mixen und die zuvor eingeweichte Gelatine darin auflösen. Das Ganze passieren und abkühlen lassen. Anschließend die Sahne schlagen, unterheben und in kleine Riegelformen abfüllen.

Zum Anrichten werden jeweils vier eingelegte Rettichscheiben nebeneinander auf rechteckige Teller verteilt. Darauf in Reihenfolge die einzelnen Königskrabben-Komponenten platzieren. Die restlichen vier Rettichscheiben mit Shisokresse zusammen rollen und auf den Mousseriegel legen. Den Sesamschaum zum Krabbensalat in den Wan-Tan-Ring füllen. Als Garnitur einen Krustentier-Grissini, zubereitet aus Brandteig und Krustentierreduktion anlegen und servieren.

Eingelegter Rettich

Zutaten

1	weißer Rettich
200 ml	Apfelessig
200 ml	Wasser
150 g	Zucker
20 g	Ingwerwurzel
10	Pfefferkörner
1 TL	Senfsaat
1 TL	Korianderkörner
1	Sternanis
2	Macisblüten
3	Kardamomkapseln
1/2 Bund	Koriandergrün
1 Msp.	Kurkumapulver

Zubereitung

Den Rettich zunächst schälen, in Scheiben schneiden und beliebig ausstechen. Anschließend den Apfelessig mit Wasser und Zucker aufkochen, die Gewürze und die restlichen Zutaten zufügen und ziehen lassen. Den ausgestochenen Rettich mit dem warmen, passierten Fond in Gläser füllen, diese verschließen und einige Stunden im Kühlschrank ziehen lassen.

Krustentierschaum mit Sesamöl

Zutaten

150 ml	klarer Krustentierfond, kräftig reduziert
100 ml	Milch
100 g	Sahne
75 g	Königskrabbenfleisch
2 Blatt	Gelatine
20 ml	Sesamöl

Salz, Pfeffer
Zitronensaft

Zubereitung

Für die Krustentierschaum zunächst den Fond mit Milch und Sahne aufkochen und das Krabbenfleisch darin fein pürieren. Die zuvor eingeweichte Gelatine darin auflösen und durch ein feines Sieb passieren. Anschließend mit Sesamöl, Salz, Pfeffer und Zitronensaft abschmecken und in einen ISI-Syphon geben. Zwei CO_2-Patronen einleiten und das Ganze kühl stellen.

Zutaten

2	bretonische Hummer à 500 g

Peperoni-Vinaigrette

500 g	Hummerkarkassen
50 g	Schalotten
20 g	Ingwer
5	Zitronengrasstangen
2	Staudenselleriestangen
500 ml	Hummerfond
1 Msp.	Xanthan
50 g	Peperoni, rot und mild
50 g	Schalotten
1	Granny Smith-Apfel
20 ml	Limonensaft
20 ml	Limonen-Olivenöl
1/2 Bund	Koriander

Salz, Pfeffer aus der Mühle

Erbsenconfit

300 g	feine Erbsen, tiefgekühlt
50 ml	weißer Portwein
50 ml	Apfelsaft
100 ml	Sahne
50 g	Butterwürfel, kalt
1	Granny Smith-Apfel

Salz, Pfeffer

Kokosschaum

100 g	Hummerkarkassen
300 ml	Kokosmilch
1 EL	Kokosflocken
1	Peperoncini
2	Korianderzweige
3 g	Lecithin

Salz, Pfeffer

Zubereitung

Den Hummer in sprudelnd kochendes Salzwasser geben, die Hitze reduzieren und 4 Minuten ziehen lassen. Danach kurz abschrecken und das Fleisch aus der Schale brechen. Den Hummerschwanz jedoch in der Schale belassen und längs halbieren. Für die Peperoni-Vinaigrette die Hummerkarkassen mit Schalotten, Ingwer, Zitronengras und Staudensellerie in Öl anschwitzen. Dann den Hummerfond hinzufügen, 30 Minuten leicht köcheln lassen und anschließend den Koriander hinzugeben. Nach weiteren 10 Minuten ziehen lassen die Menge durch ein Tuch passieren und auf etwa 400 ml reduzieren. Den reduzierten, lauwarmen Fond mit dem Limonen-Olivenöl verquirlen und mit Salz und Pfeffer abschmecken und mit Xanthan leicht binden. Nun den Apfel, die Schalotten und Peperoni in feine Würfel schneiden. Die Schalottenwürfel kurz blanchieren und danach gut ausdrücken. Danach die geschnittenen Äpfel, Schalotten und Peperoniwürfel zu dem Fond geben. Kurz vor dem Anrichten noch die gehackten Korianderblättchen zufügen.

Für das Erbsenconfit den Apfelsaft und den weißen Portwein reduzieren, mit Sahne auffüllen und einmal aufkochen. Die Erbsen danach mit der aufgekochten Sahne im Thermomix mixen und die kalte Butter untermengen. Anschließend den Apfel schälen und in feine Würfel schneiden. Die Erbsenmasse durch ein feines Sieb streichen, die Apfelwürfel unterheben und mit Salz und Pfeffer abschmecken.

Die Hummerkarkassen für den Kokosschaum leicht anrösten. Danach Kokosmilch, Kokosflocken und die Gewürze zufügen, einmal aufkochen und 30 Minuten ziehen lassen. Anschließend nochmals aufkochen und durch ein feines Sieb passieren. Zum Schluss Lecithin untermixen und das Ganze mit Salz und Pfeffer abschmecken.

Die halbierten Hummerschwänze vor dem Anrichten in Erdnussöl und etwas Butter anbraten, die Scheren und Gelenke zufügen und alles kurz sautieren. Das Erbsenconfit in tiefen Tellern anrichten und die Peperoni-Vinaigrette angießen. Nun den Hummer auf dem Erbsenconfit platzieren und etwas Kokosschaum daraufgeben. Als Garnitur empfehle ich Hummer-Grissini, zubereitet aus Brandteig und Hummer-Reduktion.

Zutaten

36	Yabbie-Krebse
1	Blumenkohl, klein und fest
80 g	Butterwürfel, kalt
2 EL	Pinienkernöl
2 EL	Pinienkerne, geröstet und halbiert

Salz und Pfeffer aus der Mühle

Anis-Krebsnage

500 g	Krebskarkassen
30 g	Butterschmalz oder geklärte Butter
250 g	Gemüse (Lauch, Schalotten, Fenchel, Staudensellerie)
100 ml	Noilly Prat
100 ml	Weißwein, trocken
250 g	Pelati-Tomaten
1/2	Knoblauchzehe
10	weiße Pfefferkörner, zerstoßen
1 EL	Anissamen, grün
2	Thymianzweige
2	Estragonzweige

Petersilienöl

100 ml	Rapsöl
50 g	Petersilie, blanchiert
50 g	Petersilie, roh

Salz
Petersilienchips

Zubereitung

Die Yabbie-Krebse in sprudelnd kochendes Salzwasser geben, die Hitze reduzieren und etwa 3 Minuten ziehen lassen. Dann die Krebsschwänze und -scheren ausbrechen und die Därme entfernen. Für die Zubereitung des Blumenkohlconfits diesen in Röschen zerteilen und vier schöne Scheiben zur Seite legen. Einen Teil des Blumenkohls roh in feines Granulat hacken und kühl stellen. Den restlichen Blumenkohl mit leichtem Biss dämpfen und die Hälfte davon mit der Butter mixen. Die andere Hälfte grob hacken und unter das Püree heben. Anschließend mit Salz, Pfeffer und etwas Pinienkernöl abschmecken. Kurz vorm Anrichten die gerösteten Pinienkerne unterheben.
Für die Anis-Krebsnage die Krebskarkassen unter fließend kaltem Wasser abspülen, abtropfen lassen und in dem erhitzten Butterfett zusammen mit dem Gemüse anrösten. Den Noilly Prat und Weißwein dazugießen, die Tomaten im Mixer pürieren und unterrühren. Alles gerade eben mit kaltem Wasser bedecken. Nun die Gewürze und Kräuter untermischen und bei milder Hitze im offenen Topf 20 Minuten köcheln lassen. Ein Durchschlagsieb mit einem Passiertuch auslegen und den Krebsfond hineinschütten. Die Tuchenden fassen und gleichmäßig nach unten und oben bewegen, so lange, bis der Fond ganz durchgelaufen ist. Den Fond einkochen, bis er intensiv in Geschmack und Farbe ist.
Für das Petersilienöl zunächst die Petersilie hacken und mit dem Öl im Mixer sehr fein pürieren. Anschließend durch ein feines Sieb passieren und leicht salzen.
Zum Anrichten zunächst die Krebsschwänze in etwas Krebsnage glasieren und die Blumenkohlscheiben in Butter goldbraun anbraten. Das Blumenkohlconfit mit einem Ring auf die heißen Teller auftragen und jeweils 9 Krebse sternförmig darauf platzieren. Dabei die Scheren in der Mitte anrichten. Die Krebse mit Krebsnage nappieren und das Petersilienöl drumherum fließen lassen. Die Blumenkohlscheiben in die Mitte setzen und mit dem Blumenkohl-Granulat und Petersilienblättchen fertig stellen.

Zutaten

4	Marronkrebse
2	Artischocken, klein
4	Strauch-Cherrytomaten
100 g	Crosné
8	Romanesco-Röschen
100 g	Bohnenkerne, grün
100 g	Cocos Blanc Bohnen, weich gekocht
12	Oliven, schwarz
	Rosmarin, Zitronenthymian
4	Trevisanoblätter
100 ml	Krustentierjus (siehe Rezept Yabbies Seite 258)

Salz, Pfeffer, Limonensaft
Olivenöl

Krebsöl

1 kg	Krebskarkassen
1/2 TL	Pfeffer, weiß
1/2 TL	grüner Anis
1/2 TL	Fenchelsamen
1/2 TL	Korianderkörner
1	Knoblauchzehe
1	Lorbeerblatt
2	Zitronenthymianzweige
500 ml	Olivenöl

Zubereitung

Die Marronkrebse in kochendes Salzwasser geben und darin für 2 Minuten ziehen lassen. Die Scheren weitere 2 Minuten garen und anschließend das Fleisch ausbrechen.

Für das Krebsöl die Krebskarkassen gut säubern, wässern und im Ofen langsam ganz trocknen lassen. Die getrockneten Karkassen etwas zerstoßen, die Gewürze zufügen und mit dem Olivenöl bedecken. Das Öl nun auf 80 °C erhitzen und mit den Karkassen etwa 2 Stunden ziehen lassen. Anschließend alles durch ein Passiertuch ablaufen lassen und nach Geschmack salzen.

Das fertige Krebsöl zum Fertigstellen der Marronkrebse auf 50 °C erwärmen und die Krebsstücke darin etwa 10 Minuten ziehen lassen.

Für das mediterrane Gemüse zunächst die Artischocken putzen, säubern und in Limonenwasser bissfest blanchieren. Die Cherry-Tomaten in Krebsöl sautieren, bis die Schale aufspringt, dann würzen und anschließend warm stellen.

Die Crosné mit etwas Salz zwischen den Händen sauber reiben und anschließend bissfest blanchieren, ebenso den Romanesco. Die grünen Bohnenkerne auspellen, kurz blanchieren und abschrecken. Zum Anrichten die Artischocken in Krebsöl ansautieren und die Crosné, den Romanesco, die Bohnenkerne, die Cocos Blanc Bohnen und die geviertelten Oliven hinzufügen. Alles mit Salz, Pfeffer, Limonensaft und frischem Rosmarin und Zitronenthymian aromatisieren. Die Trevisanoblätter in Olivenöl anbraten, mit Salz und Pfeffer würzen und dann auf heißen Tellern anrichten. Die anderen Gemüse locker anrichten und den confierten Krebsschwanz mit den Scheren in der Mitte platzieren. Die Krebse und das Gemüse mit der reduzierten Krustentierjus nappieren und so servieren. Als Beilage empfehle ich knusprig gebackenes Olivenbrot.

CONFIERTE MARRONKREBSE MIT MEDITERRANEM GEMÜSE

Zutaten

8	Garnelen, in 16 Stücke portioniert
	Olivenöl
	Pfeffer und Salz

Salbeibutter

100 g	Butter
2	Eigelb
12	Salbeiblätter, fein geschnitten
4 EL	Petersilie, fein geschnitten
2 EL	rote Paprikawürfel, fein geschnitten und blanchiert
2 EL	gelbe Paprikawürfel, fein geschnitten und blanchiert
1/2	Knoblauchzehe, zerdrückt
2 EL	Limonensaft
4 EL	Toastbrot, gemahlen

Zitrone, Salz, Pfeffer

4 EL	Auberginenconfit (siehe separates Rezept)

Artischocken

2	Artischocken, mittelgroß und frisch
2	schwarze Oliven, in Streifen geschnitten
1/2	Zitrone
4 EL	Kartoffelpüree
1/2 EL	grüne Oliventapenade

Heller Krustentierschaum

Garnelenköpfe und -abschnitte

200 g	Wurzelgemüse-Würfel (von Zwiebeln, Sellerie, Lauch, Fenchel und Karotten)
1	Tomate
300 ml	Fischfond
20 ml	Cognac
	Gewürzmischung (weißer Pfeffer, Piment und Koriander)
	frischer Thymian, Estragon und Blattpetersilie
20 g	kalte Butterwürfelchen
20 g	Olivenöl, kaltgepresst
	Salz

Garnitur

Blüten von Salbei und Schnittknoblauch
kleine Basilikumblätter

ÜBERBACKENE RIESENGARNELE MIT KRUSTENTIERSCHAUM, AUBERGINEN-TOMATENCONFIT UND **ARTISCHOCKENSPALTEN**

Zubereitung

Für die Salbeibutter zunächst das Eigelb mit Butter schaumig rühren und alle weiteren Zutaten gut untermischen. Anschließend mit Zitrone, Salz und Pfeffer gut würzig abschmecken. Die Mischung zuerst in Klarsichtfolie und danach in Alufolie straff einrollen und gut durchkühlen.

Die Artischocken für die Zubereitung der Artischockenspalten rundum gut zuschneiden. Mit einem Ausstecher das Heu aus den Böden entfernen und mit einer halben Zitrone gut abreiben. Anschließend in Salzwasser mit Zitronensaft die Böden leicht köchelnd bissfest garen.

Für den Krustentierschaum die abgespülten Garnelenköpfe und -abschnitte in heißem Olivenöl anbraten. Das Wurzelgemüse zugeben, etwa vier Minuten anschwenken und mit Cognac flambieren. Eine klein geschnittene Tomate und Fischfond hinzugeben und mit zerdrückten Gewürzen und Kräutern etwa 25 Minuten köcheln lassen. Anschließend durch ein feines Sieb passieren, mit einem Saucenstab Butter und Olivenöl einrühren und mit Salz würzig abschmecken.

Vor dem Anrichten die Garnelenstücke mit Salz und Pfeffer würzen und beidseitig in heißem Olivenöl saftig braten. Danach dünne Salbeibutterscheibchen auflegen und gratinieren. Das leicht erwärmte Auberginenconfit verteilen. Dazu aus Kartoffelpüree und grüner Oliventapenade ein Olivenpüree zubereiten, dieses mit Olivenstreifen auf erwärmte Artischockenspalten spritzen und anrichten. Die Garnelen auflegen und mit aufgeschäumter Sauce und Basilikum servieren.

Auberginen-Confit

Zutaten

1	Aubergine
2	Basilikumblätter
1 TL	Balsamico, weiß
2 EL	Ofentomaten, gewürfelt
2 EL	Olivenöl
Mehl	

Salz, weißer Pfeffer aus der Mühle

Zubereitung

Die Aubergine längs in 4 mm dicke Scheiben schneiden. Mit Salz und Pfeffer würzen, mehlieren und in heißem Olivenöl beidseitig hellbraun, aber nicht trocken, braten. Danach abkühlen lassen und in kleine Rauten schneiden. Diese mit Balsamico, Olivenöl, Tomatenwürfeln, feingeschnittenem Basilikum, Salz und Pfeffer würzen und anschließend gut vermischen. Das Confit kann gekühlt im verschlossenem Weckglas mehrere Tage aufbewahrt werden.

HALBE GEBRATENE LANGUSTE MIT LIMETTEN-ORANGENSAUCE UND WEISSEM UND ROTEM CHICORÉE

Zutaten
2	Langusten á 500-600 g
1	Thymianzweig
	Olivenöl
	Salz, Pfeffer
	Kerbel, Chilifäden

Chicorée
8	Chicorée, weiß
4	Chicorée, rot
2	Vakuumbeutel
4 EL	Olivenöl
2 EL	Zitronensaft
	Salz, weißer Pfeffer

Limetten-Orangensauce
40 ml	Orangensaft
1 EL	Limettensaft
250 ml	Krustentierfond, hell
1/2 TL	Currypulver
2 EL	Petersilie, grob gehackt
6	Korianderblättchen
30 g	Butter
20 g	Olivenöl, mild
	Salz

Zubereitung

Für die Zubereitung des Chicorée die äußeren Blätter falls notwendig abschneiden und den Chicorée kalt abspülen. Anschließend den roten und weißen Chicorée getrennt in Beutel verteilen. Nun das Olivenöl mit Zitronensaft und einer Tasse Wasser gut vermischen und mit Salz und Pfeffer würzen. Die Flüssigkeit auf die Beutel verteilen, anschließend vakuumieren und in siedendem Wasser etwa 16 Minuten garen. Danach in eiskaltem Wasser auskühlen lassen.

Zum Servieren vier kleinere weiße Chicorée längs halbieren und anbraten. Die restlichen weißen und roten Blätter einzeln lösen und in Olivenöl mit wenig Farbe anbraten.

Für die Sauce zunächst den Orangen- und Limettensaft auf die Hälfte einköcheln lassen. Den Krustentierfond hinzugeben und das Ganze nochmals etwas reduzieren. Anschließend mit dem Curry, den Kräutern, Butter und Olivenöl gut mixen, fein passieren und mit Salz abschmecken.

Zum Anrichten die längs halbierten Langustenschwänze mit Salz und Pfeffer würzen und in Olivenöl mit Thymian beidseitig saftig braten. Den Chicorée auf heiße Teller verteilen, die Languste auflegen und mit aufgeschäumter Sauce, Kerbel und Chillifäden servieren.

Zutaten

4	Jakobsmuscheln mit Rogen, ausgelöst
4	Scheiben Pancetta, sehr dünn (toskanischer Bauchspeck)
4	kleine Briochescheiben
1/2 EL	Olivenöl zum Braten

Salz und Pfeffer aus der Mühle
4 Basilikumherzen zur Dekoration

Gewürzzwiebeln

1	Gewürzbeutel (mit 1 Nelke, 1 Zimtstangensplitter, 1 Pimentkorn, 3 zerdrückten Pfefferkörnern, 3 Verveineblättern, 1 Thymianzweigchen)
500 ml	Wasser
1 Spritzer	weißer Balsamico
4 EL	Schalottenwürfelchen, sehr fein
20 ml	Verjus
20 ml	lieblicher Wein

Meersalz und Pfeffer aus der Mühle
Zucker
Butter

Melonenspiegel

100 ml	Melonensaft, gemixt und passiert
1 g	Agar-Agar
3/4 Blatt	Gelatine, kalt eingeweicht
1 EL	Wassermelone, fein gewürfelt
1 TL	Schalottenwürfelchen, kurz blanchiert
1 Prise	Salz
1 Spritzer	Tabasco
1/4	Wassermelone, möglichst kernlos

Zitrusschaum

50 ml	Orangensaft
20 ml	Noilly Prat
20 g	fein geschnittenes Zitronengras
6 cl	Fischfond
1 Msp.	Speisestärke
10 ml	Olivenöl
10 ml	Zitronenolivenöl
10 ml	Walnussöl

Salz
1 Spritzer Tabasco

Zubereitung

Für die Zubereitung der Gewürzzwiebeln den Gewürzbeutel (alle Zutaten in ein dünnes Tuch eingebunden) im Wasser mit 1 Spritzer weißem Balsamico, etwas Zucker und Salz zum Kochen bringen. Die Schalottenwürfel zugeben, vom Ofen nehmen und etwa 8 Minuten ziehen lassen. Danach abschütten und gut abtropfen. In eine heiße Sauteuse mit Butter geben, gut verrühren, Verjus und Wein zugeben, mit der Flüssigkeit fast trocken einköcheln lassen und mit etwas Meersalz und Pfeffer abschmecken. So können die Schalotten in einem Weckglas längere Zeit im Kühlschrank aufbewahrt werden.

Für den Melonenspiegel den Melonensaft mit Agar-Agar gut verrühren, einmal gut durchkochen lassen (etwa 10 Sekunden) und die ausgedrückte Gelatine einrühren. Melonen- und Schalottenwürfel dazugeben, mit Salz und Tabasco abschmecken. Die heiße Flüssigkeit auf ein kleines Tablett oder großen flachen Teller gießen (2 mm dick) und stehen lassen. Durch das Agar-Agar ergibt sich schnell ein festes Gelee. Dieses dann abdecken und kühl stellen. Am besten einen Tag vorher zubereiten.

Für den Zitrusschaum Orangensaft und Noilly Prat mit Zitronengras auf ein Drittel reduzieren. Fischfond angießen, nochmals etwas reduzieren. Danach fein passieren, mit angerührter Speisestärke ganz leicht binden. Zum Servieren die Öle einmixen und mit Salz und Tabasco abschmecken.

Zum Anrichten die vorbereiteten Jakobsmuscheln mit Salz und Pfeffer würzen. Die Rogen in aufgeschnittenem Speck einrollen. Die Briochescheiben hellbraun toasten, angewärmte Schalotten dünn aufstreichen und sehr fein geschnittene Melonenstreifen (gut abgetropft) darüber legen. Jakobsmuscheln saftig in Nussöl braten, je einen ausgestochenen Melonenspiegel aufsetzen, mit kurz bei kleiner Hitze gebratenem Rogen und aufgeschäumtem Zitrusschaum servieren.

DIETER MÜLLER
GEBACKENE JAKOBSMUSCHEL
MIT MELONENSPIEGEL AUF
GEWÜRZZWIEBEL-BRIOCHE
UND GEBRATENEN ROGEN IM SPECKMANTEL

Zutaten

8 Carabinieras

Rote Currysauce

1	Schalotte
300 g	Langoustinokarkassen
200 g	Pelati-Tomaten
500 ml	Krustentierfond
200 ml	Fischfond, kräftig
100 ml	Roséwein
100 ml	Paprikasaft von roter Paprika
50 g	Bananen

Mondamin, angerührt
1 Msp.	Rote Currypaste
1 Msp.	Rotes Currypulver
1 TL	Paprikapulver, mild
100 g	Butter

Salz, Zitronensaft

Taboulé

100 g	Couscous, mittelgrob
125 g	Geflügelfond
1/2	Zitronengrasstange
1	Limonenblatt
1 Spritzer	Weißwein
10 g	Butter
1 TL	Zuckerschotenwürfel
1 TL	Ofentomatenwürfel
1 EL	Olivenöl
1 EL	gehackte Kräuter (Petersilie, Minze und Koriander)
1/4 TL	Ras el Hanout

Salz, Pfeffer
Arganenöl

Minzöl

1/2 Bund	Petersilie
5	Minzzweige
200 ml	Rapsöl

Minzöl (aus der Apotheke)

Garnitur

Minzblätter
Kapern
Garnelenbeinchen

Zubereitung

Die Carabinieras aus der Schale brechen, die Schwanzflosse an der Garnele belassen. Den Darm mit einer Pinzette sorgfältig entfernen.

Für die Currysauce die Schalotte schneiden und mit den Karkassen in Olivenöl anschwitzen. Pelati-Tomaten zufügen und mit Krustentierfond und Fischfond auffüllen. Aufkochen und etwa 40 Minuten köcheln lassen. Dann den Fond durch ein Tuch abpassieren und gut ausdrücken. Den Roséwein auf 2 cl einkochen und zufügen, die Banane würfeln und mit Paprikasaft zufügen. Den Fond aufkochen und mit Mondamin leicht binden. Dann die Gewürze zufügen und im Mixer fein pürieren, dabei die Butter untermixen und mit Salz und Zitronensaft abschmecken. Die Sauce nochmals durch ein feines Sieb passieren.

Für das Taboulé den Geflügelfond mit einem Spirtzer Weißwein, Limonenblatt und klein geschnittenem Zitronengras in einem Topf aufkochen. Den Couscous in eine flache Schüssel geben und den kochenden Fond durch ein Sieb daraufgießen. Die Schüssel mit einem Deckel verschließen und etwa 15 Minuten ziehen lassen, bis der Couscous den Fond aufgenommen hat. Den Couscous mit einer Gabel auflockern und die gehackte Butter unterheben. Die Zuckerschoten in Olivenöl anschwitzen und mit den Ofentomatenwürfeln und den Kräutern unter den Couscous mischen. Das Taboulé mit Ras el Hanout, Salz, Pfeffer und einigen Tropfen Arganenöl abschmecken.

Zur Herstellung des Minzöls die Petersilie in kochendem Salzwasser etwa 1 Minute kochen, dann in Eiswasser abschrecken. Die Petersilie sehr gut ausdrücken und mit den Minzblättchen und Rapsöl im Mixer sehr fein pürieren. Zum Schluss wenige Tropfen Minzöl zufügen und in ein feines Sieb geben. Das schön grüne, aromatische Öl langsam ablaufen lassen.

Die Carabinieras mit Salz und Pfeffer würzen und in heißem Olivenöl saftig braten. Die Minzblätter, Kapern und Garnelenbeinchen in Olivenöl knusprig frittieren. Das Taboulé mit einem Ring auf ovale Teller zu je zwei Sockeln formen. Jeweils eine Carabiniera auflegen und die rote Currysauce angießen. Das Minzöl als Faden um die Sauce ziehen und mit frittierter Minze, Kapern und Garnelenbeinchen dekorieren.

Zutaten für 6 Personen

240 g	Jakobsmuscheln
	Salz, Pfeffer aus der Mühle
10 ml	Erdnussöl
540 g	La Ratte Kartoffeln
10 g	Jeera (Kreuzkümmel)
30 g	Schnittlauchblüten, fein geschnitten

Dressing

50 g	Schalotten, gewürfelt
15 g	Ingwer, gewürfelt
4 g	Knoblauch, gewürfelt
3 g	kleine rote Thai Chilis, gewürfelt
10 ml	Alba-Öl
25 g	Shakker (Rohrzucker)
40 g	Miso Paste, hell
75 ml	Reisessig
25 ml	Japanische Pflaumensauce
25 ml	Ajiponzu (Zitronen-Soja-Sauce)
20 ml	Goma Abura (Sesamöl)
15 g	Sesamsaat
10 g	Himalaya Salz

Gelbwurzel Öl

5 g	Tumeric Pulver (Gelbwurzel)
1 g	grüner Kardamom
10 g	Ingwer
5 g	Himalayasalz
150 ml	Pflanzenöl

Zubereitung

Für das Dressing das Alba Öl in einem Topf erhitzen und die Schalotten, Ingwer, Knoblauch und Chili anschwitzen. Den Shakkar hinzugeben und leicht goldbraun karamellisieren lassen. Miso Paste beifügen und mit anschwitzen, bis es eine homogene Masse ist. Mit Reisessig ablöschen und danach die Pflaumensauce und Aijponzu dazugeben. Auf kleiner Flamme für ca. 5–8 Minuten köcheln lassen. In einer Pfanne das Sesamöl erhitzen und die Sesamsaat goldbraun rösten. Zum Dressing geben, mit Himalayasalz abschmecken und kühl lagern.
Für das Gelbwurzelöl in einem Topf etwas Öl erhitzen. Kardamom, Ingwer, Salz und Gelbwurzelpulver für ca. 2–3 Minuten anschwitzen. Das restliche Pflanzenöl dazugeben und bis auf ca. 60 °C erhitzen. Vom Herd nehmen, 30 Minuten ziehen lassen, fein passieren und zur Seite stellen.
Die Kartoffeln in Salzwasser mit Jeera bissfest kochen. Abgießen und abkühlen lassen. Die Kartoffeln in dünne Scheiben schneiden, in einer Pfanne ansautieren, das Dressing hinzugeben und zuletzt die geschnittenen Schnittlauchblüten dazugeben.
Die Jakobsmuscheln mit Salz und Pfeffer würzen und in heißem Erdnussöl saftig goldbraun braten. Den Kartoffelsalat im Ring auf einem Teller anrichten, die Jakobsmuscheln obenauf legen und mit dem Gelbwurzel-Öl garnieren.

OLAF NIEMEIER
SAUTIERTE JAKOBSMUSCHELN AN EINEM SALAT VON GEBRATENEN KARTOFFELN MIT JAPANISCHEM DRESSING

Zutaten für 6 Personen

12	Garnelen à ca. 110 g
60 g	Ingwer, gewürfelt
25 g	Chili, gewürfelt
70 g	Salz
60 ml	Alba Öl
60 g	Koriander, fein gehackt

Laksa-Sauce

15 g	Pandanblätter
10 g	Laksablätter (vietnamesische Minze)
70 g	Zitronengras, gewürfelt
30 g	Galanga (junger Thai Ingwer), gewürfelt
10 g	Thai Chilis, gewürfelt
25 g	Knoblauch, gewürfelt
150 g	Schalotten, gewürfelt
100 g	Shakkar (Rohrzucker)
4 g	Jeera (Kreuzkümmel)
1 g	Elaichi (grüner Kardamom)
4 g	Tumeric (Gelbwurzel)
5 g	Garnelen-Paste
2 g	getrocknete Garnelen
60 ml	Sake
60 ml	Tamarindenpüree
800 ml	Kokosnuss-Milch
15 g	Himalayasalz
10 ml	Pflanzenöl

Gemüse

210 g	Mini Pak Choy
180 g	Erbsensprossen
60 g	Ingwer
25 g	Chili
20 g	Knoblauch
40 ml	Pflanzenöl
120 ml	Sojasauce
150 g	Tomaten, enthäutet, entkernt und in Julienne geschnitten

Zubereitung

Die Garnelen schälen und den Darm entfernen. Für die Laksa-Sauce die Pandanblätter und die geputzten Laksablätter in 1,5 Liter Wasser ca. 10 Minuten auf kleiner Flamme ziehen lassen. Den Laksa-Sud passieren und zur Seite stellen. Zitronengras, Galanga, Chilis, Knoblauch und Schalotten in einem Topf mit etwas Öl, Shakkar, Jeera und Elaichi anschwitzen und leicht karamellisieren lassen. Mit Tumeric bestäuben, die Garnelen-Paste und die getrockneten Garnelen hinzugeben. Mit Sake ablöschen, Tamarindenpüree hinzufügen und mit dem Laksasud auffüllen. Das Ganze bis zur Hälfte einkochen lassen und dann die Kokosnuss-Milch hinzugeben. Nochmals einkochen lassen, pürieren und passieren. Mit etwas Himalayasalz abschmecken. Die fertige Sauce zur Seite stellen. Ingwer und Chili in Albaöl im Wok anschwitzen, die Garnelen dazugeben, mit Salz würzen und mit der Laksa-Sauce bedecken. Auf kleiner Flamme gar ziehen lassen. Vor dem Servieren fein gehackten Koriander hinzugeben.

Pak Choy und Erbsensprossen waschen und putzen. Ingwer, Chili und Knoblauch in einem zweiten Wok in Pflanzenöl anschwitzen. Erbsensprossen, Pak Choy dazugeben, mit Soja Sauce abschmecken. Kurz vor dem Servieren die Tomatenstreifen hinzugeben.

OLAF NIEMEIER
RIESENGARNELEN AUS DEM WOK MIT ERBSENSPROSSEN UND TOMATEN, SERVIERT IN EINER LAKSA-SAUCE

Zutaten für 6 Personen
Fischküchlein
- 150 g Jakobsmuscheln
- 200 g Seeteufelfilet
- 150 g Heilbuttfilet
- 5 g   Chili
- 60 g   Ingwer
- 80 g   grüne Bohnen
- Kaffirblätter (Limonenblätter)
- 40 g   Zucker
- 10 ml Fischsauce
- 100 ml Sake
- 15 g   Koriander
- 30 g   Sesam
- Kartoffelstärke zum Braten
- 10 ml Pflanzenöl

Linsensalat
- 250 g Beluga Linsen
- 10 g   Salz
- 100 g Schalotten
- 50 g   Karotten
- 40 g   Sellerieknollen
- 25 g   Ingwer, püriert
- 10 ml Pflanzenöl
- 100 ml Sake
- 15 ml Balsamico, dunkel
- 20 g   Frühlingszwiebel
- 10 g   Salz
- 5 g   Pfeffer

Gurken-Vinaigrette
- 250 g Gurken
- 10 g   Salz
- 100 g Schalotten
- 40 g   Ingwer
- 10 g   Chili, in Würfel geschnitten
- 20 ml Pflanzenöl
- 60 ml Reisessig
- 100 ml Sake
- 10 g   Salz
- 5 g   Pfeffer

OLAF NIEMEIER
ASIATISCHE FISCHKÜCHLEIN
AUF EINEM BELUGA LINSENSALAT UND EINER
SÜSSSAUREN GURKEN-VINAIGRETTE

Zubereitung

Den Fisch mit einem Messer in feine Würfel hacken, in eine Schüssel geben und kalt stellen. Chili, Ingwer und Bohnen putzen und in Brunoise schneiden. Die Limonenblätter in ganz feine Würfel schneiden. Pflanzenöl in einen Topf geben und Chili, Ingwer, Bohnen und Limonenblätter mit Zucker anschwitzen und leicht karamellisieren lassen. Mit Fischsauce und Sake ablöschen. Abkühlen lassen und zum Fisch geben. Koriander hacken und mit dem Sesam hinzufügen. Gut vermengen und kleine Küchlein formen. Die Küchlein in Kartoffelstärke wenden und in heißem Fett braten.

Für den Linsensalat die Beluga Linsen in Salzwasser kochen und abgießen. Das geputzte und in kleine Würfel geschnittene Gemüse mit Ingwer in Öl anschwitzen. Mit Sake und Balsamico ablöschen. Die gekochten Linsen hinzugeben und gut durchmengen. Mit fein geschnittenen Frühlingszwiebeln, Salz und Pfeffer abschmecken.

Für die Vinaigrette die Gurken waschen, in feine Brunoise schneiden und einsalzen. Ca. 10 Minuten ziehen lassen, das Wasser abgießen und die Gurken ausdrücken. Schalotten und Ingwer schälen, in feine Würfel schneiden und mit dem Chili in Öl anschwitzen, 1/3 von den Gurken hinzufügen. Die Mischung mit Reisessig und Sake im Mixer pürieren und mit dem restlichen Öl aufmontieren. In eine Schüssel geben und die restlichen Gurken-Brunoise zufügen. Mit Salz und Pfeffer abschmecken.

Zutaten

1	kleiner Felsen-Oktopus, ca. 800 g

Meersalz

hochwertiges Olivenöl zum Braten

1	Thymianzweig
1	angedrückte Knoblauchzehe
24	geröstete Mandeln
150 g	Favas (Saubohnen)

etwas Fleur de Sel
etwas Saft von 1/2 Bio-Zitrone

Zitronen-Mandel-Polenta

80 g	gelber Polentagrieß
2	Schalotten, fein gewürfelt
150 ml	Geflügelfond
50 ml	Weißwein (vorzugsweise Sauvignon blanc)
50 g	Rohmilchbutter mit Fleur de Sel
50 g	frisch geriebener Parmesan
30 g	geröstete, gehackte Mandeln
25 g	gewürfelte, eingeweckte Bio-Zitronen

Zitronenpfeffer
Mandelöl

Seeigelvelouté

100 ml	Geflügelfond
100 ml	Fischfond
12	Tomatenfilets, ohne Haut
1	Schalotte
2	Basilikumblätter
25 g	Sauerrahmbutter
10 ml	weißer Portwein
10 ml	Weißwein (möglichst Chardonnay)
10 ml	Noilly Prat
10 ml	hochwertiges Olivenöl

Gonaden (= Zungen) von 6 Seeigeln
evtl. Fleur de Sel und etwas frischer Vinho Verde

Zubereitung

Oktopus putzen und für ca. 3 Stunden einfrieren (dient zum Entspannen der Muskel), dann in kochendem Meersalzwasser für ca. 45 Minuten abkochen und im Kochwasser auskühlen lassen.

Polentagrieß mit Schalotten in Olivenöl anrösten, mit Geflügelfond und Weißwein auffüllen und langsam weich köcheln, mit Butter, Parmesan, Mandeln und Zitrone vollenden, mit Zitronenpfeffer und Mandelöl abschmecken.

Für die Velouté die Fonds mit Schalotten, Tomaten, Basilikum, den Alkoholika und der Butter um die Hälfte reduzieren, durch ein Haarsieb passieren, mit Olivenöl und Seeigelzungen aufmontieren. Danach nochmals passieren und evtl. mit Fleur de Sel und Vinho Verde abschmecken.

Den Oktopus in daumengroße Stücke schneiden und in Olivenöl mit Thymian und Knoblauch rösten, Mandeln und Favas zugeben und mit Fleur de Sel und Zitronensaft dezent würzen.

Polenta in ein tieferes Gefäß einfüllen, Oktopus mit dem Gemüse und den Mandeln aufsetzen und abschließend mit der Velouté nappieren.

Zutaten

1	Gabeldorsch, ca. 1 kg
8	frische Gambaretti
etwas Olivenöl zum Braten	
1	angedrückte Knoblauchzehe
2	Thymianzweige
1	Basilikumzweig
20 g	Rohmilchbutter mit Fleur de Sel
10 g	gehackte Blattpetersilie

150 g	gewaschene Scheidenmuscheln
1	Schalotte
2	getrocknete Kamillenblüten
3	getrocknete Verveineblätter
30 ml	Weißwein
Olivenöl	

150 g	Miesmuscheln
1	Schalotte
1	angedrückte Knoblauchzehe
30 ml	Weißwein
Olivenöl	

150 g	Venusmuscheln
1	Schalotte
1	angedrückte Knoblauchzehe
1	Zweig Blattpetersilie
30 ml	Weißwein
Olivenöl	

Paella

150 g	Paella-Reis, gewaschen
1,5 g	Safranfäden
15 ml	Olivenöl
200 ml	Geflügelfond
100 ml	Tomatensaft
6	Schalotten, in Streifen geschnitten
2	Lauchstangen, in Streifen geschnitten
3	frische Korianderzweige

4	Zweige frisch geschnittener Basilikum
Saft von 1 Bio-Zitrone	
20 ml	Vinho Verde
Fleur de Sel	

Zubereitung

Gabeldorsch schuppen, ausnehmen und filetieren. Die Filets portionieren und zur besseren Garung die Schwanzenden entfernen. Die Dorschfilets und die Gambaretti mit den Kräutern und dem Knoblauch in Olivenöl anbraten, zum Ende der Garzeit Butter und Petersilie zugeben.
Die Muscheln getrennt voneinander mit den angegebenen Zutaten in Olivenöl anschwitzen, jeweils mit dem Wein ablöschen und für ca. 3–4 Minuten garen.

Paella-Reis mit Safran in Olivenöl anziehen lassen, mit Geflügelfond und Safran auffüllen, Schalotte, Lauch und Koriander zugeben, langsam einköcheln. Später die Muscheln mit dem entstandenen Fond, aber ohne die Kräuter, zugeben. Basilikum, Zitronensaft, Vinho Verde und Fleur de Sel zum Würzen verwenden.

JENS RITTMEYER
GEANGELTER GABELDORSCH
IM PAELLA-SUD

Zutaten

1	europäischer Hummer, ca. 1,5 kg oder 2 Stück à 700 g

hochwertiges Olivenöl

3	Basilikumzweige
1	Estragonzweig
2	dünne Ingwerscheiben
3–4	Limonenblätter (Mittelstrunk entfernt)

Fleur de Sel
etwas Saft von 1 Bio-Zitrone

Entenzungen-Spieß

12	Entenzungen, geputzt

etwas Geflügelfond

1 TL	Orangenblüten
1	halbe Knoblauchzehe (Mittelstrunk entfernt)

Püree

250 g	Kartoffelpüree
150 g	Lauchpüree

etwas Fleur de Sel
etwas weißer Pfeffer aus der Mühle
etwas gemahlene Muskatblüte

4	Babyfenchel

etwas Mineralwasser mit Kohlensäure
ca. 10 g Rohmilchbutter mit Fleur de Sel

etwas Basilikum-Pesto

Zubereitung

Den Hummer für eine Minute in kochendem Salzwasser abkochen, sofort in Eiswasser abkühlen, den Hummerschwanz ausbrechen und mit Panzer in Medaillons schneiden. Die Medaillons in Olivenöl mit den angegebenen Kräutern und Ingwer in einer Grillpfanne rösten, mit Fleur de Sel und Zitronensaft würzen.

Die Entenzungen im Geflügelfond mit Orangenblüten und Knoblauch ca. 1 Stunde garen, danach den Zungenknochen entfernen. Nun die Entenzungen auf einen Spieß stecken.

Für das Lauchpüree die Zutaten warm rühren und dezent abschmecken.
Den Babyfenchel in Mineralwasser garen und in der Butter anschwitzen.

Das Püree auf vorgewärmte Teller geben, die Hummermedaillons aufsetzen, mit dem Spieß und dem Babyfenchel arrangieren. Einige Pestotupfen aufträufeln.

GEGRILLTES HUMMERMEDAILLON MIT ENTENZUNGEN-SPIESS UND KARTOFFEL-LAUCH-PÜREE

Zutaten

4	Gambas Carabiniera (Größe 6–8 cm), ersatzweise Tiger-Prawns
	Olivenöl zum Braten
1	Knoblauchzehe
2	Basilikumzweige
20 g	Sauerrahmbutter
	Saft von 1/2 Bio-Zitrone
	Fleur de Sel
4	mittelgroße Kartoffeln (mehlig kochend)
12 g	Meersalz

warme Knoblauch-Kräuterbutter

2	Knoblauchzehen (Mittelstrunk entfernt), in Scheiben geschnitten
60 g	Rohmilchbutter mit Fleur de Sel
30 ml	Olivenöl bester Qualität
	Tomatenconcassée von 2 Roma-Tomaten
	etwas gehacktes Basilikum
	etwas gehackte Blattpetersilie
	Saft von 1/2 Bio-Zitrone

Zubereitung

Carabineira ausbrechen, mit Olivenöl, Knoblauch und Basilikum grillen, mit Fleur de Sel und Zitronensaft würzen.

Die Kartoffeln waschen und in 1 Liter Wasser mit dem Meersalz gar kochen, ausdämpfen lassen, schälen und mit einer Gabel zerdrücken.

Knoblauch in Olivenöl und Butter anziehen lassen, mit Tomatenconcassée, Kräutern und Zitronensaft vollenden.

JENS MITTELEIER
GEGRILLTE CARABINIERA
MIT KNOBLAUCH-KRÄUTERBUTTER
UND ZERDRÜCKTEN KARTOFFELN

UND GETROCKNETEN TOMATEN

284

Zutaten

400 g	Bauch vom schwarzen Schwein
3	Schalotten
2	Knoblauchzehen
1	kleine Karotte
etwas Staudensellerie	
2	Thymianzweige
etwas Meersalz und weißer Pfeffer aus der Mühle	
Olivenöl	

für die Schwarte

50 ml Olivenöl

Tintenfisch

Arme von einem kleinen Tintenfisch
16 Baby-Calamari, geputzt
Olivenöl zum Braten
1 Basilikumzweig
1 angedrückte Knoblauchzehe
Saft von 1 Bio-Zitrone
12 getrocknete Tomatenfilets
Fleur de Sel

Erbsen

200 g frische Erbsen
20 g Rohmilchbutter mit Fleur de Sel
10 g Zucker
1 Zweig Blattpetersilie

Zubereitung

Schweinebauch würzen und in Olivenöl anbraten, Gemüse würfeln und mit dem Thymian zugeben. Im Bräter bei 180 °C für ca. 2 1/2 Stunden in den Ofen schieben. Nach dem Garen direkt die Schwarte entfernen und im Ofen bei 75 °C für ca. 25 Minuten nachtrocknen, danach mit dem Olivenöl fein mixen und wieder durch ein Sieb passieren. Die Schwarten-„Streusel" auf ein Küchentuch zum Entfetten geben.

Tintenfisch-Arme und Calamari in Olivenöl mit Basilikum und Knoblauch sautieren, mit Fleur de Sel und Zitronensaft abschmecken, im letzten Moment die Tomatenfilets zugeben.

Die Erbsen in der Butter mit dem Zucker und der Petersilie glasig anschwitzen.

Schweinebauch portionieren und mit den Schwarten-Streuseln bei Oberhitze knusprig gratinieren. Auf vorgewärmten Tellern anrichten und mit dem Tintenfisch, Tomaten und Erbsen vollenden. Dazu nur gutes Brot und sehr feines Olivenöl servieren.

MARINIERTE MEERESSPINNE
MIT CANNELLONI UND TOMATENVINAIGRETTE

Zutaten

4	Meeresspinnen (ersatzweise Taschenkrebse)

Meersalz, Kümmel, Senfkörner, Rosenpaprikapulver, Koriandersamen

Concassée von 4 Roma-Tomaten

3 EL	fein geschnittenes Basilikum
40 ml	Olivenöl bester Qualität

Fleur de Sel

Cannelloniteig

130 g	Mehl
1	Ei
3	Eigelb
1 TL	Olivenöl
1 EL	Vollmilch (3,5% Fett)

etwas Meersalz

2 TL	getrocknete Tomatenflocken
5	schöne, gereifte Kirschtomaten

etwas Olivenöl
Fleur de Sel und weißer Pfeffer aus der Mühle

Zubereitung

Die Meerespinnen in kochendem Salzwasser mit den Gewürzen für ca. 10 Minuten garen, danach auf einem Blech auskühlen lassen. Später ausbrechen und mit den Concassée, dem Basilikum, Olivenöl und mit Fleur de Sel abschmecken.

Cannelloniteig aus den angegebenen Zutaten herstellen, dabei zügig durchkneten, in Klarsichtfolie eingeschlagen 2 Stunden ruhen lassen. Später hauchdünn ausrollen und in quadratische Blätter schneiden, diese in kochendem Salzwasser garen. Kirschtomaten kurz abkochen, sofort in Eiswasser abkühlen, häuten, halbieren und das Kerngehäuse entfernen. Diese Tomatenhälften mit Olivenöl, Fleur de Sel und Pfeffer kurz anziehen lassen.

Zwei Drittel des Meeresspinnenfleisches im Ring als Törtchen anrichten, Cannelloniblätter mit der restlichen Masse füllen und aufsetzen. Die sautierten Tomaten außen herum drapieren.

Zutaten

2	Rotbarben à 500 g, filetiert
10 g	fein geschnittener Basilikum
10 g	fein geschnittene Blattpetersilie
5 g	fein geschnittene Staudensellerieblätter
150 ml	hochwertiges Olivenöl

4	Poveraden

Olivenöl zum Braten
Geflügelfond
Fleur de Sel und weißer Pfeffer aus der Mühle

Entenmuscheln

12	schöne, große Entenmuscheln

Meersalz

Zitronen-Kartoffelpüree

150 g	Kartoffelpüree
20 ml	hochwertiges Olivenöl
	Saft von 1 Bio-Zitrone
10 g	pürierte, eingeweckte Bio-Zitronen

Fleur de Sel

Petersilienöl

50 ml	Traubenkernöl

einige Zweige Blattpetersilie, gezupft, blanchiert und ausgedrückt

Zubereitung

Rotbarbenfilets in der Hälfte längs einschneiden und mit den Kräutern füllen, im Olivenöl mit der Hautseite nach unten, in einer nur 70–80 °C warmen Pfanne langsam garen.
Poveraden zurecht putzen und in Olivenöl anbraten, mit etwas Geflügelfond ablöschen und mit Fleur de Sel und weißem Pfeffer würzen.

Die Entenmuscheln in kochendem Meersalzwasser für ca. 3 Minuten abkochen, direkt auslösen. Kartoffelpüree erwärmen und mit Olivenöl, Zitronensaft, pürierten Zitronen und Fleur de Sel abschmecken.
Traubenkernöl mit der Blattpetersilie mixen und passieren.

Das Püree auf vorgewärmte Teller aufdressieren, den Fisch, die Entenmuscheln und die Poveraden darauf arrangieren. Das Petersilienöl herumträufeln.

Zutaten

4	Europäische Langusten, 400–450 g (ersatzweise Südafrikanische)
	Olivenöl zum Braten
2	Basilikumzweige
1	angedrückte Knoblauchzehe
	Fleur de Sel
	Saft von 1/2 Bio-Zitrone

Mango-Frühlingslauch-Saute

1	Pattaya-Mango (ersatzweise aus Venezuela)
8	Frühlingslauchstangen (nur den weißen Teil verwenden)
6	Pfefferminzblätter, in sehr feine Streifen geschnitten
6	Basilikumblätter, in sehr feine Streifen geschnitten
	etwas hochwertiges Olivenöl
	etwas Piment d´Espelette

Zitronengrassauce

5	Zitronengrasstängel, in feine Scheiben geschnitten
3	Schalotten, geviertelt
3	Limonenblätter (Mittelstrunk entfernen)
30 g	Rohmilchbutter mit Fleur de Sel
50 ml	Weißwein (vorzugsweise Chardonnay)
30 ml	weißer Port
150 ml	Geflügelfond
60 g	Sahne
50 ml	Milch
	etwas Vanillezucker

Zubereitung

Languste für eine halbe Minute in kochendem Salzwasser abkochen, sofort in Eiswasser abkühlen, dann halbieren, Darm und Innereien entfernen. Nun mit Basilikum und Knoblauch grillen, mit Fleur de Sel und Zitrone abschmecken.

Mango und Frühlingslauch in 4 cm lange Balken schneiden und mit den Kräutern in Olivenöl anziehen, mit dem Pfeffer würzen.

Für die Sauce Zitronengras, Schalotten und Limonenblätter in der Butter anziehen, mit den Flüssigkeiten auffüllen und um die Hälfte reduzieren, dann Milch und Sahne zugeben und nochmals um die Hälfte reduzieren, mit etwas Vanillezucker und Fleur de Sel abschmecken.

Langustenschwanz in dünne Scheiben schneiden und mit Mango und Frühlingslauch kreisrund anrichten. Mit etwas Zitronengrassauce beträufeln.

291

Zutaten

Krabbengelee

330 g	gepulte Büsumer Krabben
50 g	Krabbenkarkassen
3	Schalotten
20 g	Staudensellerie
50 g	Champignons
50 g	Lauch
1	Tomate
20 g	Mango (Thai)
1	Zitronengrasstängel
5 g	frischer Ingwer
1	Chilischote
400 ml	Krustentierfond
1	Eiweiß
1 Prise	Safran
2 Blatt	Gelatine
50 g	Eiswürfel
50 g	Papaya, fein gewürfelt
50 g	Mango, fein gewürfelt
50 g	Pfirsich, fein gewürfelt
50 ml	weißer Portwein, Noilly Prat und Sauternes

Olivenöl
Meersalz, Pfeffer
50 ml Krustentierreduktion

Gänsestopfleber

100 g	Gänsestopfleber (aus den Landes, Frankreich)

grobes Meersalz, Pfeffer

Verveine-Pfirsich

2	Pfirsiche
20 g	Zucker
50 ml	Peachtree
	Weißwein
1	Verveine-Zweig
5	Himbeeren
1/2	Vanilleschote

Saft von 2 Zitronen

Verveine-Zweige zur Dekoration

Zubereitung

Für das Krabbengelee zunächst Schalotten, Staudensellerie, Champignons, Lauch und Krabbenkarkassen in heißem Olivenöl leicht anrösten. Anschließend mit weißem Portwein, Noilly Prat und Sauternes ablöschen. Tomate, Mango, Zitronengras, Ingwer und eine Chilischote hinzugeben und kurz einkochen lassen. Das Ganze mit Krustentierfond bedecken und ca. 3 Stunden ziehen lassen. Danach mit Meersalz und Pfeffer würzen und durch ein Tuch passieren.

Im nächsten Schritt aus ca. 30 g fein gehacktem Krabbenfleisch, Eiweiß und Safran einen Kläransatz zubereiten, diesen in den erkalteten Fond einrühren und langsam unter ständigem Rühren aufkochen. Dann die Hitze reduzieren und den Fond 30 Minuten ziehen lassen, bis er klar ist. Diesen anschließend durch ein Tuch in eine Schüssel passieren und die im kalten Wasser eingeweichte Gelatine in den Fond einrühren. Die Mischung schließlich abschmecken und auf Eiswasser kaltrühren. Zum Schluss die gewürfelten Papayas, Mangos und Pfirsiche sowie die Krabben in einer Form schichten und mit dem Gelee binden.

Die Krustentierreduktion wird als Sauce zu der gebratenen Gänsestopfleber serviert.

Für die Zubereitung der Gänsestopfleber 4 Tranchen à ca. 40 g schneiden und mit Salz und Pfeffer gewürzt in einer heißen Grillpfanne von beiden Seiten grillieren. Von dem Rest der Gänsestopfleber 4 große Scheiben dünn herunterhobeln und mit Meersalz und gestoßenem schwarzen Pfeffer würzen.

Für die Verveine-Pfirsiche den Zucker karamellisieren, mit Peachtree und Weißwein ablöschen, Verveine-Zweig, Vanilleschote und die Himbeeren zugeben. Die halbierten Pfirsiche auf ein hohes Blech geben, mit dem Fond übergießen und bedeckt ca. 25 Minuten im Ofen bei 160 °C pochieren. Aus dem Fond nehmen und abkühlen bzw. abtropfen lassen.

Mit Verveine-Zweig und roher Gänsestopfleber garnieren.

Zutaten

Thunfisch
500 g	Thunfisch-Mittelstück
	Olivenöl
	Fleur de Sel

Thunfischbeize
120 g	graues Meersalz
90 g	Zucker
1	Thymianzweig
1	Rosmarinzweig
2	Knoblauchzehen
1	Lorbeerblatt
1/2 TL	Senfkörner
5	Wacholderbeeren

Grünes Apfelgelee
100 ml	frisch gepresster Granny Smith-Saft
1 Stück	kandierter Ingwer
1 g	Agar-Agar
2 g	Ascorbinsäure

Herzmuscheln
200 g	Herzmuscheln
	Olivenöl
	Weißwein

Vanille-Vinaigrette
1	Vanilleschote, ausgekratzt
30 ml	Traubenkernöl
15 ml	weißer Balsamicoessig
2 g	Korianderjulienne
	Fleur de Sel, Pfeffer
1 Prise	Zucker
	Saft einer 1/2 Zitrone

Taschkrebstatar
200 g	ausgelöstes Taschenkrebsfleisch
60 ml	Limettensaft
	Limettenschale
	Forellenkaviar
	Olivenöl

Salat
Blattpetersilie
Kerbel
gelber Frisée
Radicchio

Salatdressing
50 g	Keimöl
30 g	Balsamico
20 ml	Geflügelfondreduktion
2 EL	Sojasauce
20 ml	Läuterzucker
40 ml	Champagneressig
1 EL	Ingwer, fein gewürfelt
1/2 TL	Knoblauch, fein gewürfelt
1 Bund	Koriander
	Salz
	Pfeffer aus der Mühle
	Puderzucker

Zubereitung

Für die Zubereitung des Thunfisches muss zunächst die Beize vorbereitet werden. Dazu alle Zutaten miteinander vermengen. Anschließend das Thunfischloin in Stränge mit den Maßen 3 x 3 x 15 cm zuschneiden und in die Beize legen. Die Thunfischstränge komplett mit der Kräutermischung bedecken und 10 Minuten beizen. Danach aus der Beize nehmen, kalt abspülen und mit Küchenpapier trocken tupfen. Den Thunfisch zum Schluss in einer sehr heißen Grillpfanne mit Muster kurz von allen Seiten markieren, mit Olivenöl benetzen und mit Fleur de Sel bestreuen.

Für das grüne Apfelgelee den Granny Smith-Saft mit dem eingelegten Ingwer aufkochen und durch ein Sieb passieren. Zudem Agar-Agar-Pulver einrühren und die Ascorbinsäure zugeben. Das Ganze auf ein gerades Blech mit Rand gießen und durchkühlen lassen. Zum Servieren abschließend in kleine Würfel schneiden.

Für die Zubereitung der Muscheln diese zunächst unter fließendem Wasser gut wässern und über einem Sieb abtropfen lassen. Danach in einem Topf Olivenöl erhitzen, die Muscheln hinzugeben und mit wenig Weißwein ablöschen. Den Topf anschließend mit einem Deckel abdecken und vom Herd nehmen. Das Muschelfleisch lässt sich nun aus der Schale lösen.

Den Taschenkrebs je nach Größe 8–13 Minuten in kochendem Wasser ziehen lassen. Anschließend abschrecken, vorsichtig auseinanderbrechen und die Fleischfasern von der Schale und der Haut behutsam lösen und zerteilen. Das Krebstatar mit etwas Salz, Pfeffer, Limettenschale, Limettensaft, Forellenkaviar und Olivenöl abschmecken.

Für die Vanille-Vinaigrette alle Zutaten mit einem Schneebesen vermischen.

Für die Zubereitung des Salates den Radiccio in feine Streifen schneiden und mit Petersilien- und Kerbelblättern mischen. Dazu gibt man noch etwas feinen gelben Frisée.

Das Dressing mit Keimöl, Balsamico, Geflügelfond-Reduktion, Sojasauce, Läuterzucker und Champagneressig zubereiten. Ingwer und Knoblauch in sehr feine Würfel schneiden und mit dem Koriander zu dem Dressing geben. Abschließend mit Salz, Pfeffer und Puderzuucker abschmecken.

KÖNIGSKRABBE
MIT BOUCHOTMUSCHELN, ERDNUSSCREME UND ZIMTBLÜTEN-MACISSCHAUM

Zutaten

Königskrabbe
1	Königskrabbe (ca. 2–3 kg)
	Bouquet garni
	Nussbutter

Bouchotmuscheln
200 g	Bouchotmuscheln
50 g	Möhren
50 g	Schalotten
	Olivenöl
25 ml	Noilly Prat
75 ml	Weißwein

Zimtblüten-Macisschaum
200 ml	Milch
30 g	Orangenhonig
10 g	Speisestärke
1/2 TL	Macisblüte
1/2 TL	Zimtblüte

Erdnusscreme
50 g	Schalotten
100 g	Butter
25 ml	Noilly Prat
75 ml	Weißwein
150 ml	heller Geflügelfond
3 g	Kurkumapulver
80 g	Erdnussbutter
50 g	Erdnussöl
	Fleur de Sel, Pfeffer aus der Mühle

Garnitur
	Kerbel
20 g	Crème fraîche
20 g	Forellenkaviar

Zubereitung

Die Königskrabbe in stark gesalzenem Wasser mit dem Bouquet garni 8 Minuten kochen und weitere 8 Minuten ziehen lassen. Anschließend im Eiswasser abschrecken. Das Fleisch aus der Karkasse lösen, vorsichtig mit aufschäumender Nussbutter übergießen und tranchieren.

Für die Zubereitung der Muscheln diese zunächst putzen und wässern. Die Möhren und Schalotten in sehr feine Würfel hacken und diese zusammen mit den Muscheln in heißem Olivenöl anschwitzen. Mit einem Schuss Noilly Prat und Weißwein ablöschen und bei geschlossenem Deckel kochen lassen. Danach die Muscheln abpassieren, aus der Schale lösen und beiseite stellen.

Für den Zimtblüten-Macisschaum die Milch mit dem Orangenhonig zum Kochen bringen und mit der angerührten Speisestärke abziehen. Die Zimtblüte und Macisblüte im Ofen trocknen, danach im Mörser fein reiben und in die Milch geben. Dort 10 Minuten ziehen lassen und dann durch ein feines Spitzsieb abpassieren. Das Ganze in einen Sahnesiphon abfüllen und eine Nacht lang kühlen lassen. Aufgrund der Menge reicht eine Patrone aus.

Die restlichen Schalotten werden für die Erdnusscreme ebenfalls fein gewürfelt und in Butter angeschwitzt. Die Schalotten mit Weißwein und Noilly Prat ablöschen und das Ganze auf ein Drittel reduzieren. Danach 100 ml Geflügelfond hinzugeben und noch einmal um die Hälfte reduzieren. Kurkumapulver, Erdnussbutter und Erdnussöl einrühren und mit Salz und Pfeffer abschmecken. Die Creme zum Schluss durch ein feines Spitzsieb passieren.

Als Garnitur empfehle ich fein portionierte Crème fraîche mit Forellenkaviar und etwas Kerbel.

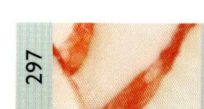

Zutaten

Taschenkrebstatar

1	Taschenkrebs (ca. 800 g)
	Saft und Schale von einer Limette
	Olivenöl
	Fleur de Sel, Pfeffer
300 g	Taschenkrebskarkassen
1	Pelati-Tomate
1 EL	gesalzene Butter
1	Thymianzweig

Octopus

1	Octopus (1–2 kg)
4 EL	Matchatee (Grüner Tee)
1	Bouquet garni

Avocados und Cavaillon-Melone

2	reife Avocados
	Tabasco
1 EL	Sweet Chilli-Sauce
1/2 EL	Honig
	Fleur de Sel, Pfeffer
1	reife Cavaillon-Melone

Zubereitung

Für die Zubereitung des Octopus wird das Grüntee-Pulver mit Wasser glattgerührt und das Bouquet garni hinzugefügt. Darin wird der Octopus ca. 2–2 1/2 Stunden gegart.

Den Taschenkrebs je nach Größe 8–13 Minuten in kochendem Wasser ziehen lassen. Anschließend den Taschenkrebs abschrecken, vorsichtig auseinanderbrechen und die Fleischfasern von der Schale und der Haut behutsam lösen. Das Krebstatar mit etwas Salz, Pfeffer, Limettenschale, Limettensaft und Olivenöl abschmecken. Die Taschenkrebskarkassen werden gereinigt, ausgewaschen und mit einer Tomate in Wasser ausgekocht. Anschließend wird alles durch ein Tuch passiert und der entstehende Fond auf 1/4 reduziert. Zum Schluss die gesalzene Butter einmontieren und den Thymianzweig kurz mit hineingeben.

Für die Zubereitung der Avacados diese zunächst entkernen und das Fleisch aus der Schale lösen. Das Avocadofleisch mit Tabasco, Sweet Chilli-Sauce, Honig, Salz und Pfeffer pürieren, durch ein Haarsieb streichen und schließlich abschmecken.

Die Cavaillon-Melone schälen und das Kerngehäuse entfernen. Danach die verbleibende Melone in einen größeren Würfel schneiden, der so in einer Grillpfanne gebraten wird, dass ein Muster entsteht. Der restliche Teil der Melone wird in kleine Würfel geschnitten.

Mit Hilfe eines Metallringes kann man das Avocadopüree, das Krebsfleisch und die gewürfelte Melone geschichtet als Zylinder servieren. Als Garnitur zusätzlich Karamell mit Kaffee und Fleur de Sel aromatisieren und als Plättchen in den Zylinder stecken.

TASCHENKREBS MIT CAVAILLON-MELONE, AVOCADO UND IN GRÜNEM TEE GEGARTER OCTOPUS

Zutaten

16 Langoustinen (Kaisergranat)

Limonengelee

60 ml Limettensaft
1 Limette
40 ml Läuterzucker
1 g Agar-Agar
1/2 Blatt Gelatine

Lavendelmayonnaise

1 Eigelb
1 TL Senf (gestrichen)
Champagneressig
Salz, Pfeffer
100 ml Traubenkernöl
1 EL getrocknete Lavendelblüten

Wildkräutersalat

Kerbel
Blattpetersilie
Estragon
Pimpernelle
Löwenzahn
Blüten von Lavendel, Veilchen und Gänseblümchen
weißer Balsamicoessig
Traubenkernöl
1 TL Lavendelhonig
Salz, Pfeffer

Zubereitung

Die Langoustinenschwänze ausbrechen und 4 Stück zum Braten beiseite stellen. Von den restlichen 12 die Hälfte nebeneinander legen und die andere Häfte quer darüber platzieren. Das Ganze in Klarsichtfolie und dann in Alufolie einwickeln. Die Enden der beiden Folien in entgegengesetzte Richtung fest zusammendrehen, sodass eine „Wurst" entsteht. Diese im Eisfach gut durchfrieren lassen.
Für das Limonengelee den Limettensaft mit Abrieb der Limette, Läuterzucker und Agar-Agar aufkochen. Die Gelatine einweichen und dazugeben. Das Ganze durch ein Sieb passieren und danach in eine flache Form gießen und kalt stellen.
Für die Lavendelmayonnaise das Eigelb mit dem Senf verrühren, Traubenkernöl und Champagneressig ganz langsam, nach und nach in einem dünnen Strahl zugeben. Mit Pfeffer und Salz würzen. Anschließend die Lavendelblüten klein hacken und ebenfalls dazugeben.
Für den Salat Kräuter und Blüten abwaschen und in einer Schlüssel vermengen. Für das Dressing Balsamicoessig und Traubenkernöl mit dem Lavendelhonig abschmecken und mit Salz und Pfeffer würzen und den Wildkräutersalat mit der Vinaigrette dressieren.
Zum Anrichten von der gefrorenen Langostinorolle auf einer Aufschneidemaschine oder mit einem scharfen Messer hauchdünne Scheiben herunterschneiden, rosettenförmig auf die Teller auflegen, mit Salz und Pfeffer würzen und mit Traubenkernöl bestreichen.
Den Wildkräutersalat in der Mitte des Langoustinocarpaccios platzieren und mit gewürfeltem Limonengelee, Lavendelmayonnaise, einem gebratenen Langoustinenschwanz und getrockneten Lavendelblüten servieren.

BERND STOLLENWERK
LANGOSTINOCARPACCIO MIT WILDKRÄUTERSALAT, LAVENDELMAYONNAISE UND LIMONENGELEE

Zutaten

8	Riesengarnelen (8/12)

Olivenöl, Butter
1 zerdrückte Knoblauchzehe
1 Thymianzweig
Meersalz, Pfeffer

Mandel-Knoblaucheis

200 g	Sahne
200 ml	Milch
100 g	gemahlene Mandeln
1–2	Knoblauchzehen
3	Eigelb
50 g	Zucker

Meersalz

Parmesankruste

65 g	Butter
50 g	Mie de pain (gemahlenes Weißbrot)
1	Eigelb
2	Schalotten
100 g	geriebener Parmesan

Salz, Pfeffer

Steinpilze

200 g	Steinpilze

Olivenöl, Butter
Salz, Pfeffer
frische Petersilie

Zubereitung

Vorbereitend für das Mandel-Knoblaucheis einen Tag zuvor die Mandeln mit den Knoblauchzehen anrösten und für 24 Stunden in der Milch-Sahne-Mischung ziehen lassen. Am eigentlichen Kochtag die Sahne zusammen mit der Milch aufkochen lassen. Die Mandeln abpassieren und mit dem Eigelb, Zucker und ein bisschen Meersalz zur Rose abziehen. Die Eismischung erkalten lassen und in einer Eismaschine frieren.

Für die Parmesankruste die Schalotten in Butter anschwitzen und danach abkühlen lassen. Anschließend Eigelb, Mie de pain und Parmesan unterrühren. Die Parmesanmischung in kleinen Portionen auf ein Backblech streuen und im Ofen zu einer Kruste schmelzen. Parmesan aus dem Ofen nehmen und abkühlen lassen.

Die Riesengarnelen in einer heißen Pfanne im Olivenöl mit Knoblauch und Thymian kurz anbraten, Butter zugeben und die Garnelen mehrmals mit dem Bratfett übergießen. Mit Salz und Pfeffer aus der Mühle würzen.

Die Steinpilze putzen und halbieren und in Olivenöl und Butter scharf anbraten. Mit Salz und Pfeffer würzen und zum Schluss frische Petersilie dazugeben.

Zum Servieren Scampi mit Pilzen und Parmesan anrichten und zum Schluss das Mandel-Knoblaucheis zugeben.

SCAMPI UNTER DER PARMESANKRUSTE
MIT GEBRATENEN STEINPILZEN UND MANDEL-KNOBLAUCHEIS

Zutaten
12 Flusskrebse

Nudelteig
70 g Pastagrieß
70 g Mehl
25 g Eigelb
30 g Vollei
Olivenöl
Salz

Kalbskopffüllung
1 Kalbskopfmaske (vom Metzger, ausgelöst)
Wurzelgemüse
Lorbeer, Wacholder, Nelke, Pfefferkörner
Senfkörner
Balsamicoessig
Trüffelöl
Salz, Pfeffer

Spargel
200 g wilder Spargel
Salz, Pfeffer, Muskat

Estragon-Gemüsesud
200 ml Geflügel- oder Gemüsebrühe
Estragonessig
Sellerie, Karotte, Lauch
Butter, Olivenöl
frischer Estragon

Zubereitung
Für den Nudelteig alle Zutaten unter Zugabe von Wasser verrühren und mit Salz abschmecken. Den Teig in Klarsichtfolie einschlagen und ruhen lassen. Für die Füllung die Kalbskopfmaske in Brühe mit Wurzelgemüse, Lorbeer, Wacholder, Nelke, Pfefferkörnern und Senfkörnern 2–3 Stunden weich kochen lassen. Anschließend etwas auskühlen lassen, putzen und im warmen Zustand in Streifen schneiden. Nun mit Balsamicoessig, Trüffelöl, Salz und Pfeffer abschmecken. Die noch warme Mischung in eine Pressform geben und darin erkalten lassen. Nach mehreren Stunden herausnehmen und in ca. 1 cm große Würfel schneiden. Den Nudelteig aus der Folie nehmen und mit Hilfe einer Nudelmschine dünne Bahnen ausrollen. Mit einem runden Ausstecher Kreise aus dem Teig ausstechen. Die Kalbskopfwürfel mittig auf die Teigkreise platzieren, die Teigränder mit Eigelb bestreichen und über die Hälfte einschlagen. Die beiden Enden zusammendrücken, sodass ein Tortellino entsteht und diesen dann auf ein leicht bemehltes Blech setzen. Zum Servieren die Tortellini in siedendem Salzwasser einige Minuten garen.
Zur Zubereitung des wilden Spargels die Enden 1 cm abschneiden und kurz in Schalottenbutter anschwitzen. Den Spargel anschließend mit Salz, Pfeffer und Muskat abschmecken.
Für den Gemüsesud die Brühe mit Estragonessig aufkochen. Wenn der Sud reduziert ist, eine Brunoise von Sellerie, Karotte und Lauch dazugeben und mit kalter Butter und Olivenöl aufmontieren. Anschließend den frischen Estragon hacken und ebenfalls dazugeben.
Zum Schluss die Flusskrebse 1 Minute im Gemüse-Essigsud abkochen und alles auf vorgewärmten Tellern anrichten.

ESTRAGON-GEMÜSESUD

Zutaten

2 Hummer

Königsberger Klöpse

1 Scheibe	Toastbrot
Milch zum Einweichen	
100 g	Kalbfleisch
20 g	grüner Speck
25 g	Schalotten
2	Sardellenfilets
1 EL	Kapern
1	Ei
Hühnerfond	
Salz, Pfeffer	

Tomaten-Kapernnage

200 ml	Fischfond
100 ml	klarer Tomatenfond
3 EL	Kapernsaft
2	Tomaten
2 EL	feine Kapern
Blattpetersilie	
Butter, Olivenöl	

Garnitur

Sellerie
Lauch
Karotten

Zubereitung

Für die Königsberger Klöpse das Toastbrot zunächst von der Rinde befreien und gut in Milch einweichen lassen. Anschließend das Kalbfleisch und den grünen Speck durch den Fleischwolf drehen. Die Sardellenfilets, die Schalotten und die Kapern in kleine Stücke hacken und gemeinsam mit dem eingeweichten Toast und einem Ei zu dem gewolften Fleisch geben. Alles gut durchmengen und mit Salz und Pfeffer abschmecken. Zum Schluss mit angefeuchteten Händen kleine Klöpse formen, diese in dem weißen Hühnerfond garen und warmhalten.

Für die Tomaten-Kapernnage den Fisch- und Tomatenfond durch Aufkochen auf ein Drittel reduzieren. Anschließend den Kapernsaft hinzugeben. Die Tomaten kurz in kochendes Wasser geben und anschließend in Eiswasser abschrecken. Mit einem Tourniermesser die Haut abziehen und die enthäuteten Tomaten vierteln, die Kerne vom Fruchtfleisch abschneiden und die Tomatenfilets in feine Würfel schneiden. 2 EL feine Kapern und feine Julienne von Blattpetersilie dazugeben. Abschließend den Fond mit dem Tomatenconcassée mit einem Stück Butter und Olivenöl aufmontieren. Zum Schluss die Hummer 3 Minuten in Gemüsefond mit Essig abkochen und ausbrechen.

Zum Servieren die Hummerstücke mit jeweils einem Königsberger Klops auf der Tomaten-Kapernnage servieren.

Als Garnitur empfehle ich in Schalottenbutter angeschwitzte Streifen von Sellerie, Lauch und Karotten.

HUMMER
UND KÖNIGSBERGER KLOPS
IN TOMATEN-KAPERNNAGE

Zutaten

8	frische Jakobsmuscheln

Koriander aus der Mühle
Olivenöl, Butter
Salz, Pfeffer

Pfifferlinge

200 g	Pfifferlinge

Blattpetersilie

Aprikosen-Fenchelmarmelade

1	Fenchel
6–8	Aprikosen
100 g	Aprikosenmark
50 g	Zucker
2	Sternanis
Pernod	
3 Blatt	Gelatine

Zubereitung

Für die Aprikosen-Fenchelmarmelade die Aprikosen kurz in kochendem Wasser blanchieren und in Eiswasser abschrecken. Anschließend die Haut abziehen, entkernen und in kleine Würfel schneiden. Die Fenchelknolle vom Strunk befreien und ebenfalls in kleine Würfel schneiden. Die Fenchelwürfel in Butter anschwitzen, die Sternanis dazugeben und mit einem Schuss Pernod ablöschen. Nun noch die Aprikosenwürfel mit Aprikosenmark und Zucker hineingeben. Die Gelatine einweichen und etwas Fenchelgrün hacken. Abschließend beides unter die nicht mehr kochende Masse rühren und in ein Einmachglas abfüllen.

Für die Jakobsmuscheln diese zunächst auslösen, putzen und säubern. Anschließend in heißem Olivenöl braten, mit Salz, Pfeffer und Koriander würzen und ein Stück Butter dazugeben.

Die Pfifferlinge in Butter braten und ebenfalls würzen. Erst zum Schluss die gehackte Blattpetersilie dazugeben.

JAKOBSMUSCHELN AUF GEBRATENEN PFIFFERLINGEN

Zutaten

2 Kaisergranat royale

Thunfischschinken

500 g	Thunfischfilet am Stück, geputzt und pariert
15 g	Zucker
10 g	Pökelsalz
40 g	grobes Meersalz

Gegrillte Melone

300 g	Wassermelone

Estragonessig, Limonensaft
Salz

Erdnussaioli

2	Eigelb
80 g	Erdnusspaste
14 g	Knoblauchöl
2 g	Sesamöl
14 g	Limonensaft

Salz, Zucker, Cayenne

Zitronenzesten, eingelegt

3	Zitronen
40 g	Zucker
30 g	Zitronensaft
70 g	Weißwein
70 g	Noilly Prat
130 ml	Wasser
1/4	Vanillestange
5 g	Mondamin
70 g	Zitronen, in Salz eingelegt
50 g	Zucker
100 g	Zitronensaft
200 ml	Wasser

Abrieb von 1 Zitrone

4 g	Agar-Agar
2 g	Citras

Gartenkresse zur Dekoration

Zubereitung

Die Kaisergranate ausbrechen, das letzte Segment mit Schwanzstück stehen lassen. Darm ziehen und mit einem Zahnstocher das Schwanzstück fächerartig fixieren.

Für den Thunfischschinken den Thunfisch mit Salz und Zucker einvakuumieren, 36 Stunden marinieren. Anschließend abwaschen, trocken tupfen und anfrieren. Das angefrorene Stück in hauchdünne Scheiben schneiden und bei Bedarf direkt auf die angerichteten Kaisergranatschwänze legen.

Für die gegrillte Melone die Wassermelone in 4 cm dicke Scheiben schneiden und in einer heißen Pfanne angrillen. Auskühlen lassen. Zu Rauten schneiden und von der Hälfte der Abschnitte kleine Würfel schneiden.

Die andere Hälfte aufmixen, passieren, um 50% einkochen, mit Estragonessig, Limonensaft und Salz abschmecken. Melonenrauten darin einlegen.

Für die Erdnussaioli Eigelb anschlagen, Erdnusspaste dazugeben, Öl unter Rühren einlaufen lassen. Limonensaft zugeben und mit Salz, Zucker und Cayenne abschmecken.

Für die eingelegten Zitronenzesten die Zitronen mit dem Sparschäler schälen, eventuell Weißes von der Schale entfernen. In Julienne schneiden und viermal blanchieren und abschrecken. Beiseite stellen. Zucker hell karamellisieren, mit Zitronensaft und Alkohol ablöschen, Wasser und Vanillestange dazugeben, auf 180 ml reduzieren mit Stärke aufkochen und über die Zesten geben. Abgedeckt auskühlen lassen.

Für den Zitronengelee alles zusammen aufkochen, anmixen, passieren auf 200 ml reduzieren.

Agar-Agar und Citras dazugeben, nochmals aufkochen, 3–4 mm hoch ausgießen, auskühlen lassen, und in rechteckige Stücke von ca. 4 x 12 mm schneiden.

Zum Anrichten die Kaisergranate in Olivenöl rundherum wenig anbraten und glasig garen. Die Melonenrauten und -Würfel abgetropft wie abgebildet anrichten und den Kaisergranet anlegen. Den Thunfischschinken darüberlegen und mit Erdnussaioli, Zitronengelee, Zitronenzesten sowie Gartenkresse vollenden.

JOACHIM WISSLER
KAISERGRANET MIT THUNFISCHSCHINKEN UND GEGRILLTER WASSERMELONE

INDEX

A
Abalone 178
Afrikanische Tellmuschel 157
Algen 212
Amerikanischer Hummer 18
Arche Noah 154
Austern 158

B
Babylonischer Turm 199
Bänderfeigenschnecke 201
Bärenkrebs 52
Beilpyramide 203
Black Tiger Prawn 95
Blaualge 230
Blaue Schwimmkrabbe 72
Blutender Zahn 197
Bohrer-Schraubenschnecke 203
Braunalge 220
Braune / Glatte Venusmuschel 141
Buckelschnecke 198
Bunte Trogmuschel 153

C
Carabiniera 106
Chinesische Auster 163

D
Dicke Mondmuschel 155
Dickrippige / Knotige Herzmuschel 137

E
Echte Tulpenschnecke 193
Einsiedlerkrebs 88
Eischnecke 201
Eismeergarnele 96
Entenmuschel 108
Erdbeer Herzmuschel 137
Essbare Herzmuschel 138
Europäische Abalone 179
Europäische Rundauster 162
Europäischer Hummer 16

F
Fadenalge 222
Feigenschnecke 200
Felsen-Klaffmuschel 154
Flamingozunge 201
Flower Crab 86
Flügelschnecke 192
Flügelschnecke „Kleiner Bär" 189
Fluss- / Edelkrebs 32

G
Galizischer Flusskrebs 34
Gebänderte Dreiecksmuschel / Sägezähnchen 157
Gegitterte Venusmuschel 140
Gekielte Felsschnecke 185
Gemeine Bischofsmütze 202
Gemeine Uferschnecke 177
Gemeine Venusmuschel 142
Gemeiner Kalmar 117
Gemeines Tritonshorn 182
Genarbte Arche 154
Geoduck 154
Gepunktete Tonne 197
Gewickelte Schraubenschnecke 203
Gewöhnliche / Europäische Languste 58
Gewöhnlicher Tintenfisch 116
Große Pilgermuschel 132
Große stachelige Herzmuschel 137
Grünalgen 227
Grünschalenmuschel 128

H
Helmschnecke 197
Herkuleskeule 183
Herzmuschel 136
Heuschreckenkrebs 90
Hornschnecken 193
Hummer 14
Hundsflügelschnecke 189

I
Indopazifische Venusmuschel 142

J
Jakobs- / Pilgermuschel 133
Japanische Teppichmuschel 145
Jellyfish 208

K
Kaisergranat 42
Karibik-Languste 56
Kegelschnecken 194
Kleine japanische Scheidenmuschel 149
Kleine Pilgermuschel 134
Knorpeltang 223
Knotige Birnenschnecke 177
Knotiges Tritonshorn 182
Königs- / Kamtschatkakrabbe 68
Kreiselschnecke 202
Kurze Scheidenmuschel 149

L
Langusten 54
Lazarus Schmuckkästchen 155

M
Mangrovenkrabbe 84
Marron 40
Medusen 208
Meeresschnecken 174
Meermandel 151
Meersalat 226
Messerscheide 148
Miesmuschel 126
Mitraschnecken 202

N
Nabelschnecken 193
Nixenschnecke 197
Nordische Venusmuschel 141
Nordseegarnele 97

O
Oktopus 114
Olivenschnecken 200

P
Pantoffelschnecke 186
Passe Pierre / Queller / Glaskraut 232
Pazifische Felsenauster 160
Perspektivschnecke 196
Pferdeschnecke / Trapez-Bandschnecke 193
Pilgermuschel 132
Plankton 228
Portugiesische Auster 161
Porzellanschnecke 198
Pyramidenschnecke 203

Q
Quallen / Medusen 208
Queller 232

R
Rauhe Venusmuschel 143
Riesen-Fass-Schnecke 196
Riesenflügelschnecke 188
Ringkegelschnecke 195
Rosa / Mauretanische Languste 57
Rosenberg-Süßwassergarnele 104
Rotalge 224
Rote Fadenalge 222
Rote Fechterschnecke 189
Rote Riesengarnele 106

S
Sägegarnele 93
Sägezahnmuschel 156
Samtkrabbe / Wollige Schwimmkrabbe 70
Samtmuschel 150
Sattelmuschel 151
Schlamm- / Mangrovenkrabbe 84
Schlüssellochschnecken 193
Schmetterlingskegel 195
Schraubenschnecken 203
Schrift-Venusmuschel 142
Schwimmkrabbe 70
Seegurken 206
Seeigel 205
Seenadeln 211
Seespinnen 66
Seesterne 210
Signalkrebs 36
Sonnenuhrschnecke 196
Stachelschnecke oder Riesen Murex 184
Stachelschnecke oder Schuppenapfel 184
Strahlige Tellmuschel 157
Südafrikanische Languste 60

T
Taschenkrebs 64
Täubchenschnecke 193
Tellmuschel 157
Teppichmuscheln 144
Tiefseegarnele 96
Tigerschnecke 198
Tonnenschnecke 196
Treppenschnecke 185
Trogmuschel 152
Tulpenschnecke 192
Turbanschnecken 195

V
Venusmuschel 141
Veränderliche Flügelschnecke 192
Violette Samtmuschel 151

W
Walzenschnecken 201
Weiße Trogmuschel 153
Weiße Venusmuschel 141
Western White Shrimp 94
Westindische Spitzschnecke 187
Winkerkrabbe 74

Y
Yabbie 38

Z
Zackenauster 163
Zelt-Olivenschnecke 200